Q&A

空き家に関する法律相談

空き家の予防から、管理・処分、利活用まで

日本司法書士会連合会［編著］

日本加除出版株式会社

推薦のことば

～空き家問題を法的にみるプロの視点が満載～

2010年代前半に巻き起こった空き家条例ブームは，2014年の空家特措法制定およびその後の条例対応を経て，現在の市町村行政に大きな影響を及ぼした。「空き家をめぐる法律問題」それ自体は，今に始まったものではないが，この数年の間に，社会として，これを真剣に考える機会が増えてきたのである。

事務を進める行政実務において悩ましい問題とされているのが，働きかける相手方を特定するための登記や戸籍の調査，それに際しての相続関係の理解，さらには，ときとして発生する成年後見制度や財産管理人制度の利用といった手続である。空家特措法にせよ空き家条例にせよ，これを適切に実施するには，民事的法律手続に対する周到な理解が不可欠である。

いうまでもなく，司法書士は，こうした問題に関する法律専門家である。そこには，専門家集団としての，広くかつ深い経験知の蓄積がある。

日本司法書士会連合会は，空き家問題に対する自らの社会的使命や要請に応えるべく，2015年度に「空き家・所有者不明土地問題等対策部」を立ち上げ独自の検討を進めるとともに，2015年に市民向けの電話相談「全国空き家問題110番」を実施するなどの活動を展開してきた。単位会においても，地域特性を踏まえた多様な活動が行われている。この点において，法律関係士業の先頭を走っているといってよい。寄せられる市民からの相談は予想外に多く，空き家問題の根深かさを実感されているようである。

こうした活動を通じて，相当の知見が集積されてきている。そのなかには，個別事案に特殊な問題もあれば，汎用性を持つ問題もある。それらを持ち寄り，この問題に強い関心を寄せる司法書士がさらなる検討と議論を踏まえて完成させたのが，本書『Q&A空き家に関する法律相談』である。個別事務所としてでもなく単位司法書士会としてでもなく，全国的組織である日本司法書士会連合会としての出版である点に，大きな意義がある。

とりわけ空家特措法に関する解説書は，多く出版されている。本書がこれらと大きく異なるのは，不動産管理，相続，成年後見，賃貸借，事務管理，近隣関係といった，空き家に関する民事法関係に関する記述が中心となっている点にある。それも，抽象的な法律解説ではなく，絶えず実例を念頭に置いた具体的な内容である。市民のそばにいる市井の法律家たる司法書士の面目躍如たるものがある。この点において，類書を見ない。全国で活動する司法書士はもとより，他の法律関係士業に対しても，それぞれの活動に当たって有益な情報を提供している。

現在の空き家対策は，地域の生活環境に深刻な影響を与える特定空家等に焦点を当てて実施されている。ときには保安上の危険を及ぼすような建築物への的確な対応は，市町村の大きな責任である。たしかにそれは重要ではあるけれども，今後は，それと同様に，あるいは，それ以上に，市町村は，特定空家等の状態には至っていない空家等，さらには，近い将来，空家等になる可能性の高い建築物への対応に迫られるであろう。未然防止的対策である。

これは，空家特措法や多くの空き家条例が正面からは対応を規定していない事柄であり，基本的には，民事法関係で整理される。しかし，当事者の自発的な対応だけに委ねていたのでは，近未来に特定空家等となるのを社会として座視するだけになってしまう。市町村は，こうした分野にも踏み込み，特定空家化を回避する方策を可能な範囲で探る必要がある。空家等の利活用の必要性については，多くの指摘がある。本書は，それを法的に可能にするための法的知見を提供している。

本書『Q&A空き家に関する法律相談』は，事後的な空き家対策にとどまらず，未然防止的な空き家対策にとっても貴重な情報を提供する実務書である。法律実務家，行政実務家，NPOはもとより，私のような法律研究者にとっても，有用な書物である。多くの司法書士の努力によって本書が上梓されたことを，心から喜びたい。

2017年７月

上智大学法学部教授　北　村　喜　宣

はしがき

日本全国に820万戸の空き家が存在するという驚くべき数字が出現したのは，平成25年に総務省が実施した住宅・土地統計調査の結果であった。ただ，その調査結果の公表以前から空き家は徐々に増加傾向にあり，管理が不十分な空き家は防災，防火，防犯，衛生，環境などの点から深刻な問題が生じていた。そこで，条例を制定して適正に空き家を管理しようとする自治体も存在していたが，この問題の解消に向けて，平成26年11月に「空家等対策の推進に関する特別措置法」が議員立法により成立したのである。

一方，当連合会では，平成25年度から，司法書士総合研究所において既に問題視していた空き家・空き地及び未登記道路問題について検討をはじめ，司法書士会員や自治体への実態に関するアンケート調査を行った。また，平成27年度には空き家・所有者不明土地問題等対策部を設置し，空き家問題への取組みを強化した。平成27年５月にプレスセミナー「空き家問題解決への第一歩～30分でわかる『空家等対策の推進に関する特別措置法』～」を開催し，８月には市民向けに「全国空き家問題110番」を開催して全国から電話による相談377件を受け，11月にその集計結果をプレスリリースした。

また，同対策部において，平成28年３月に「空家等対策の推進に関する特別措置法Ｑ＆Ａ」，10月には「司法書士による空き家対策想定相談事例集」を，司法書士会を通して司法書士会会員に配布し，空き家問題解消に向けて全国的展開の推進を図った。

空き家問題の解消には，不動産登記，相続，成年後見，財産管理などの専門知識が必要であり，それらは全て司法書士の専門業務である。現在，全国の司法書士会では自治体と協定を締結して空き家問題の解消のために協働するとともに，空家特措法７条の協議会に委員として多くの司法書士会員が参画している。

本書は，同対策部で検討された様々な事案や問題と，その解決・対応策をＱ＆Ａの相談事例の形式でまとめたものである。空き家にまつわる問題を様々な視点から実務的に解説しているので，司法書士会員には必携の書となるであろうし，空き家問題に取り組む自治体職員の方々や実務家の方々にとっても，大いに役立つものであると確信している。

本書が空き家問題の解消の一助となることを願うものである。

平成29年７月

日本司法書士会連合会

会長　今　川　嘉　典

凡　例

［法令等］

文中に掲げる法令・告示・資料については，主に以下の略語を用いました。

空家特措法　←　空家等対策の推進に関する特別措置法
任意後見法　←　任意後見契約に関する法律
後見登記法　←　後見登記等に関する法律
区分所有法　←　建物の区分所有等に関する法律

基本指針　←　空家等に関する施策を総合的かつ計画的に実施するための基本的な指針
（平成27年２月26日付け総務省・国土交通省告示第１号・最終改正平成28年４月１日付け総務省・国土交通省告示第３号）

ガイドライン　←　「特定空家等に対する措置」に関する適切な実施を図るために必要な指針（ガイドライン）（平成27年５月26日国土交通省公表）

［判例・出典略語］

判例・出典については，主に以下の略記法・略称を用いました。

最二小判昭和43年３月15日民集22巻３号607頁
←　最高裁判所第二小法廷　昭和43年３月15日　判決　民集22巻３号607頁

民集　←　最高裁判所民事判例集
裁判集民　←　最高裁判所裁判集民事
高民集　←　高等裁判所民事判例集
判時　←　判例時報

目　次

第1章　総　論

第3章 事例集

第1章

総　論

第1　空き家の発生とその問題

Question 01

空き家に関する問題に取り組むことには，どのような意義がありますか。

A　空き家問題は，所有者の把握が困難な土地とともに国土保全，まちづくりに関する問題です。日本の将来を作るため，この問題の解決に向け官民を超え，国全体で取り組むべきです。

解　説

不動産を取り巻く社会情勢

日本の社会は，戦後の混乱期より高度成長期を経て，バブル経済に突入し，少子超高齢社会を迎えました。人口が増加することに伴い，限られた国土のさらに限られた平地部分（「平成27年度土地所有・利用概況調査報告書」によれば宅地の面積は国土の約5.9%にすぎません。）に多数の人口を抱える私たち日本では，不動産を購入し，所有することがライフステージにおける１つの大きな目標となっていた時期もありました。

しかし65歳以上の高齢者の総人口に占める割合が，25%を超え，人口が流入し続ける都会と過疎が急速に進む農村部で，世代的，地域的人口分布のアンバランスを抱えている現在，建物と土地を所有（特に流通に乗りにくい郡部の不動産）することは，ステイタスや憧れではなく，どちらかといえば負担になるという意味で「負動産」などと呼ばれさえするようになりました。

国立社会保障・人口問題研究所によれば，2019年の5,307万世帯をピークに世帯総数は減少を開始し，2035年には4,956万世帯まで減少，また人口も減少が進み，2016年現在１億2,699万人いる人口は，32年後の2048年には１億人を割り込み9,913万人になることが推計されています。これから私たちの社会は，世帯数や人口がどんどん減少していく時代に突入します。

2 空き家問題と条例，法律制定の経緯

このような社会情勢の大きな変化を踏まえ，様々な調査・研究機関が将来の空き家の数を予想しています。富士通総研・経済研究所による2012年の研究レポート№392において現段階での新築着工数を半減し，空き家の除却を増加したとしても2028年における空家率は上昇してしまう，という計算をしています。株式会社野村総合研究所は，既存の住宅の除却や，住宅用途以外への有効活用が進まなければ，現在13.5％である空家率が2033年には30.4％に上昇するという予測を発表しています。

空き家は「防災，防火，防犯，衛生，環境など様々な点で多大な問題を惹起して」（空き家対策推進議員連盟「設立趣意書」）おり，また相続などの手続を行っていないケースが多く，すぐには空き家の所有者が特定しにくいことが空き家を原因とする問題の特徴の１つとして挙げられます。この空き家を原因とする問題は，所有者を特定すること１つをとっても，時間的，金銭的に負担となる要素を多く含んでおり，当事者やコミュニティ自らの力で迅速に解決するには限界がありました。

また，この問題のもう１つの特徴は，人口が流入し続ける大都市，人口が流出し続ける過疎に悩む地域，様々なコミュニティに共通する問題であることが挙げられます。典型例としては流通性の低い土地上の建物に関するものです。

大都市圏では，戦前，戦後の間もない時期に建てられた古い家屋が，耐震強度や接道に関して現行の基準にそぐわず建築基準法等の問題で建て替えることができず，結果として買い手が見つからないというような例があ

ります。

過疎に悩む地域では，若い世代が，通勤通学に便利な場所で新たに住宅を建て，その後，農村部にある建物に居住していた親世帯に相続等が発生し，そのまま放置されるというような例があります。

このように様々な地域，規模で問題が生じていたところ，条例等を定め先駆的に取り組む自治体が出始め，解決へ向けた努力がなされました。しかしながら市区町村での条例に基づく取組には様々な限界があり，その一方で空き家はどんどん増加していくため，早急な対応が必要とされました。また，問題の性質上，国土交通省や，総務省，法務省等各省庁にまたがり，「政治のリーダーシップを強く発揮することが必要な状況（『空家等対策特別措置法の解説』（大成出版，2015）５頁）であったため，議員立法という形で2014年に空家特措法が制定されるに至りました。

3 空き家問題へのこれからの取組

空き家問題と同様に，昨今取り上げられている問題に「所有者不明土地問題」というものがあります。不動産の登記簿等により所有者が直ちに判明しない又は判明しても連絡がつかない土地について，「公共事業用地の取得，農地の集約化，森林の適正な管理を始め様々な分野で，多くの都道府県，市区町村等が直面する喫緊の課題となっている。」（平成28年３月国土交通省・所有者の所在の把握が難しい土地への対応方策に関する検討会「所有者の所在の把握が難しい土地への対応方策　最終とりまとめ」）という問題です。この問題へ対応するため，国土交通省では，所有者探索の方法や所有者が不明である場合の解決方法について，対象となる土地の状況別等に整理し，具体事例を添付することで，実務に携わる担当者向けのガイドラインを作成しました（平成28年３月「所有者の所在の把握が難しい土地に関する探索・利活用のためのガイドライン（第１版）」）。平成29年３月には，関係法律等の改正による制度改正を反映し，相続財産管理人による国庫引継事務等の内容を個別制度の詳細部分に補い，制度活用事例を拡充した上記ガイドライン第２版が作られています。

空き家問題と所有者不明土地問題には，その発生原因と問題の性質に共通点があります。その発生原因に関してはいずれも「相続」と密接に関連していること，問題の性質に関する共通点としては，管理にコストがかかる流通しにくい不動産であることが挙げられます。

また，戦後の復興期，高度成長期，それ以前の時代において先人の多大な労苦をもって獲得した建物・土地をそのストーリーに触れる機会のない相続人が増えていることも相続手続が放置される遠因となっているかもしれません。土地や建物の由縁，かつて森林であったところに，重機等の乏しい時代，人の手をもって想像を絶する苦労の末に開墾した土地や，建設した建物等，先人の取得に至る経緯を知ることなく，思いがけず不動産を相続するケースや，相続人間での話合いがつかずそのまま放置される不動産，どこにあるかが分からず当事者にとって名義を書き換える動機付けの薄い山林，相続人全員に営農の意思がなく耕作放棄されていく農地，農業による収入に比して著しくバランスを欠く土地改良費等の負担を強いられる農地等，相続を契機に様々な問題点が顕在化しています。

空き家問題と所有者不明土地問題について取り組むことは，家族や地域の歴史と向き合うことであり，過去から現在そして未来へとバトンをつないでいくための現在の我々の重要なつとめです。また，空き家の問題等をきっかけにして「自分たちはどのような街に住みたいのか」を住民一人一人が改めて考えるチャンスでもあります。さらに，不動産の利活用の促進，相続登記等，様々な手続を通じた，関係省庁，市区町村，各業界団体を始めとして官民一体となった，日本の国土への取組であり，日本の将来の国づくりの大きなステップになると考えられます。

Question 02　空き家問題と相続との関連を教えてください。

A　空き家の発生原因として最も大きな割合を示しているのが相続です。国土交通省による平成26年空家実態調査では，空き家の取得原因として相続が52.3%，日本司法書士会連合会が平成27年度に実施した「全国空き家問題110番」では，空き家となった理由として相続が52%を占めています。空き家の相続登記が放置されることにより様々な問題の発生が予想されます。

解　説

空き家発生の一番の原因～相続の発生

国土交通省による平成26年空家実態調査で，空家となっている住宅を取得したきっかけが「相続」であるケースが52%であるということが分かっています。

住宅を取得した経緯	人数	割合
新築した・新築を購入した	501	23%
中古を購入した	359	17%
相続した	1,119	52%
無償で譲渡された	46	2%
不明	35	2%
無回答	80	4%
総数	2,140	

国土交通省「平成26年空家実態調査」より

調査の内容からは，空き家になっている建物を取得したのか，若しくは取得してから空き家になったのかは分かりませんが，取得の経緯としては

「相続」が最も大きな原因になっています。

また，同調査で建物が空き家となった理由として，住んでいた人の「死亡」であるケースが35％に上ることも分かっています。

人が住まなくなった理由	人数	割合
別の住宅へ転居した	474	28％
老人ホーム等の施設に入居した	238	14％
転勤，入院などにより長期不在となった	80	4％
建替え・増改築・修繕のために一時的に退去した	10	1％
死亡した	598	35％
無回答	300	18％
総数	1,700	

国土交通省「平成26年空家実態調査」より

また，日本司法書士会連合会が平成27年８月に開催した「全国空き家問題110番」においても，空き家になった原因の回答者344名，52％の方が所有者の死亡＝相続が原因であると回答しています。

日司連「全国空き家問題110番」	人数	割合
所有者の死亡	178	52％
転居・転職・転勤	58	17％
入院・入所	42	12％
居住者死亡	2	1％
不明	25	7％
その他	39	11％
総数	344	

この２つの調査結果から，空き家となっている建物の取得や人が住まなくなった理由と「相続」は密接に関わっていることが分かります。

2　相続未登記と空き家の管理

上記空家実態調査の実施において，所在地の特定できた空き家10,905件のうち，登記簿謄本を取得したものの所有者等が特定できなかったものが

1,037件，所有者等を特定し調査票を送付したが宛先不明であったものが1,927件であったことが分かっています（「空家実態調査　集計結果」19頁【図２－４】）。つまり登記簿が権利の現状を公示できていないものが少なくとも2964件，調査対象全体の27％に上ることを示しています。これには様々な理由が考えられますが，その中には相当程度の相続未登記物件が含まれていると考えられます。

空家実態調査においては建物に関し，腐朽・破損の有無についても統計があり，調査対象の3,116件のうち，相続により取得した建物に何らかの形で腐朽・破損があるものが594件となっています（【表９　腐朽・破損の状態】）。空家特措法においては，後述するとおり「特定空家等」が問題となりますので，その適正な管理が重要となってきます。

空き家に関する相続手続が行われないことは，相続人にとっては当事者意識の希薄化につながり，責任の所在が相続人間であいまいになる原因となりますし，ひいては空き家の管理放棄につながり，空き家がいわゆる「特定空家」化してしまう大きな原因となります。

3　相続手続が進まない理由

このように，空き家に関する適正管理を進める上では相続手続を円滑に行うことが重要となりますが，手続がスムーズに進まない理由として，

①　数代にわたり相続未登記であり，当事者が多数

②　遺産分割協議が難航

③　相続人の判断能力の問題

④　相続人の一部が行方不明になっている場合

などの問題が考えられます。これらの問題を解決し，登記手続につなげていくことが空き家問題への取組を円滑にしていくためのカギとなります。それぞれ遺産分割調停の申立て，成年後見制度等の活用，不在者財産管理人制度の利用等，司法書士が法的手続に関与し問題を解決することが期待されています。

上記のような相続手続の困難な事例においては，司法書士には家庭裁判

所での手続を推進するための努力がより一層求められています。

4 これからの課題

前述の空家実態調査では，人が住まなくなってから３年以上経っている空き家が約70％，昭和55年よりも前に建てられた空き家が約68％，空き家の現在の所有者の約70％が60歳以上であることが分かっています。将来に向けて，高齢の方が所有している，利用可能性及び価値ともに低くなっている建物を次の世代に承継するための方策が課題になると思われます。また，維持するためのコストと手間だけがかかり続けることを踏まえれば，相続放棄により管理すべき当事者がいないが，相続財産管理制度の利用も難しいようなケースに対応すべく，受け皿となる制度作りも検討すべき課題であると考えられます。

Question 03　空き家に関する現状と将来予測を教えてください。

A　総務省による住宅・土地統計調査によれば，空き家は年々増加しています。様々な調査機関，研究機関が，将来的に空き家がどのくらい増加するかを予想しており，大きな割合で増加していくことを予想されます。

解　説

空き家に関する統計資料

空き家に関する主な統計資料としては，

① 総務省による住宅・土地統計調査

② 国土交通省による空家実態調査

が挙げられます。その他，調査機関や研究機関による調査があります。

総務省による住宅・土地統計調査は，５年に１度，全国で実施されており，直近では平成25年の調査結果が公表されています。住宅・土地統計調査は，住宅の種類，世帯数，構造，建て方，所有の関係，耐震改修工事の状況等，様々な角度から調査されており，180を超える統計表が作成されています。また，平成20年，平成15年，平成10年，平成５年と統計を遡ることができ，若干の評価項目の変更をしながら今日に至っています。

国土交通省による空家実態調査についても昭和55年よりほぼ５年ごとに調査目的に応じて調査対象・方法の見直しを図りつつ調査を実施しており，平成26年の調査は８回目に当たります。平成26年の調査においては，総務省による住宅・土地統計の調査対象住宅のうち戸建て空き家等から無作為に抽出したものの所有者に，

① 空き家の物的情報

当該住宅の建築時期，延べ面積，腐朽・破損の程度

② 空き家の利用・管理状況

当該住宅の利用状況，管理の状況，空き家の継続期間

③ 空き家となった経緯

当該住宅の取得の経緯，従前の居住者

④ 所有者の意識・意向

今後の利用・除却等にかかる意向・課題

等を調査しています。こちらも各調査項目別に40もの統計表があります。

各調査機関や研究機関はこの２つの調査と独自の調査，人口や世帯数の統計，住宅着工数等を踏まえながら将来予想をしています。

2 住宅・土地統計調査上の分類と調査結果

各調査の中で最も基本となるものが総務省による住宅・土地統計調査の第１表であり「居住世帯の有無別住宅数及び建物の種類別住宅以外で人が居住する建物数」として全国，市部，人口集中地区，都道府県別での調査結果が示されています。

第１表中，普段人の居住していない「居住世帯なし」の住宅総数が852万6,400戸に上り，それをさらに大きく「一時現在者のみの住宅」「空き家」「建築中の住宅」の３つに分類し，それぞれ「一時現在者のみの住宅：24万2,800戸」「空き家：819万5,600戸」「建築中の住宅：８万8,100戸」とされています。上記の「空き家」は，さらに「二次的住宅」「賃貸用の住宅」「売却用の住宅」「その他の住宅」の４種類に分けられています。

「二次的住宅」とは，別荘や普段住んでいる住宅とは別に残業で遅くなったときに寝泊まりするなど，たまに寝泊まりしている人がいる住宅で，総数41万2,000戸となっています。「賃貸用の住宅」「売却用の住宅」は文字どおり，賃貸や売却のために空き家になっている住宅でそれぞれ429万1,800戸，30万8,200戸とされ，「その他の住宅」は上記３種類の中分類でカウントされているもの以外の住宅であり，長期にわたって不在の住宅等を指しており，その数は318万3,600戸にも上ります。

「居住世帯なし」	852万6,400戸
──「一時現在者のみの住宅」	24万2,800戸
──「空き家」	819万5,600戸
──「二次的住宅」	41万2,000戸
──「賃貸用の住宅」	429万1,800戸
──「売却用の住宅」	30万8,200戸
──「その他の住宅」	318万3,600戸
──「建築中の住宅」	8万8,100戸

【空き家の内訳】

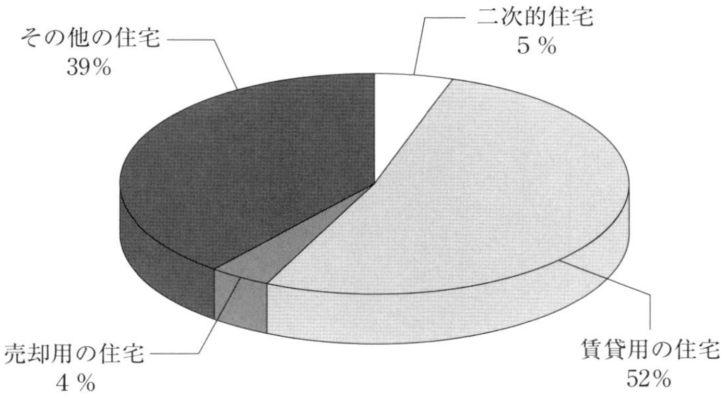

「平成25年度　住宅・土地統計調査」第１表より作成

昨今話題となっている空き家問題は，上記大分類の「空き家」で，かつ中分類の「その他の住宅」が急速に増加しているという現象を主に指していると思われます。現に平成５年は148万7,000戸であった「その他の住宅」は，平成25年にはその数を318万3,600戸とし，この20年の間に約２倍になっています。

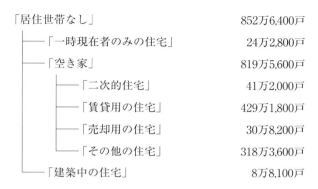

3 「その他の住宅」の増加と問題点

「その他の住宅」は，他の人に貸すわけでも，売るわけでもない住宅に当たります。賃貸用あるいは売却用の建物は，商品として一定のクオリティを保つためのメンテナンスを期待できますが，「その他の住宅」の所有者に賃貸用あるいは売却用の建物と同等のメンテナンス等の管理を期待することは難しいと思われます。つまりＱ１において各研究機関が予想しているとおり，将来的には「安全性の低下，公衆衛生の悪化，景観の阻害等多岐にわたる問題を生じさせ，ひいては地域住民の生活環境に深刻な影響を及ぼ」（基本指針）す管理の行き届くことが期待できそうにない「その他の住宅」が急増することが，今まさに問題視されています。

現に，「平成25年度住宅・土地統計」第27表，第29表によれば，「居住世帯あり」でかつ建物の「腐朽・破損あり」の住戸の割合は全体の９％であるのに対し，「居住世帯なし」で建物の「腐朽・破損あり」の住戸の割合は全体の26％に上り，さらに，そのうち「賃貸用の住宅」「売却用の住宅」の場合，建物の「腐朽・破損あり」の住戸は22％ですが，「その他の住宅」の場合は33％にも上ることが示されています。

	総　数	腐朽・破損なし	腐朽・破損あり
居住世帯あり	5210万2,200戸	4761万9,900戸	448万2,200戸 （総数の約９％）
空き家全体	819万5,600戸	606万5,100戸	213万0,500戸 （総数の約26％）
空き家のうち 賃貸用の住宅	429万1,800戸	331万9,600戸	97万2,200戸 （総数の約23％）
空き家のうち 売却用の住宅	30万8,200戸	25万6,200戸	５万2,000戸 （総数の約17％）
空き家のうち その他の住宅	318万3,600戸	212万8,700戸	105万4,800戸 （総数の約33％）

また，上記の表からも分かるとおり，空き家のうち「賃貸用の住宅」の割合が約半分を占めます。2019年をピークに日本の世帯数が減少に転ずることとなり，その６年後には，2025年問題として近年話題の，日本で最も人口が多いといわれている「団塊の世代が75歳に達する」というターニングポイントを迎えます。人口減少，世帯数減少が加速し，今後「賃貸用の

住宅」への需要が減少していくこととなると，それに伴う競争の激化により新築される住宅の数が増加するごとに「賃貸用の住宅」や「売却用の住宅」としての商品価値を維持できなくなる古い住宅が，住宅・土地統計の「その他の住宅」として管理が行き届かない状況になっていくことも予想されます。空家特措法の適用を受けない空き貸家，空きマンションの維持管理の問題が顕在化しつつあり，今後の検討課題です。

国立社会保障・人口問題研究所は，将来，大都市圏の人口の全国の総人口に占める割合が増大する（「日本の地域別将来推計人口」2013（平成25）年３月推計より）と予想しています。大都市圏においては，戦前，戦後まもなくの時期に建築された古い建物と，現行の建築基準法，耐震基準との兼ね合いで，一度解体してしまうと再建築できなくなるため，そのままでは壊すことができない住宅が「その他の住宅」となっていくことが予想されます。また，農村部ではさらに事態は深刻であり，都市部への若い世代の人口流出により，現在居住している世代の相続の発生により空き家となり「その他の住宅」化し，地域コミュニティの維持も難しくなるということが予想されます。

このように，空き家の増加は，その性質は異なりますが，様々な地域で現在問題となっており，将来的にもその数が増えることで，問題がさらに拡大することが想定されます。

4 「その他の住宅」の将来予測

前記の表のとおり，「その他の住宅」のうち約３分の１は建物の腐朽・破損があることが現段階での調査結果により，示されています。今後，そのカテゴリの空き家が，急速に増加することが想定されます。国土交通省の発表による新設住宅着工数で，近年最も水準の低かった平成21年の約77万戸の住宅を今後毎年作り続けると仮定し，ここ20年の「住宅・土地統計」と「新設住宅着工数」を差し引き計算した「新築住宅の40％の戸数を毎年解体する」という条件の下で，国立社会保障・人口問題研究所による2025年の世帯数を踏まえ，「その他の空き家」の将来予想を試算しますと，

2023年には「居住世帯なし」の住戸が1238万9,000戸に上ることとなります。また，野村総合研究所が，2016年6月7日に空き家数について，2023年には1404万戸になると予想しています。

統計結果から，将来空き家が増加し，住宅ストックとしての需要との関係により「その他の住宅」が急増し，管理の行き届かない空き家に関する問題も拡大することにどのように備えていくかが，現在の私たちに問われています。

Question 04

空き家の増加には，どのような要因がありますか。

A　空き家は相続に密接に関連して発生していますが，増加している背景には，そのほかにも住宅ストックや新築志向，不動産価値への意識変化，家族単位の変化等の様々な社会的に要因があると考えられます。

解　説

1 空き家の発生原因

Ｑ２で見ましたとおり，空き家の発生は相続をきっかけにして顕在化することが分かりました。その急激な増加の社会的背景には，住宅ストックや家族単位の変化，中古市場よりも新築市場が好まれる等の事情が考えられます。

2 住宅ストックと新設住宅着工数，解体数の統計

国土交通省による平成27年度住宅経済関連データでは，住宅ストックは，昭和33年に１世帯当たりの住宅数が0.96と世帯数が住宅数を上回っていましたが，昭和43年に１世帯当たりの住宅数が1.01と世帯数を上回り，以後順調に住宅ストックが増加してきました。平成25年には１世帯当たりの住宅数が1.16を記録し，その数は年を追うごとに増加の一途をたどっています。つまり住宅が余っているという状態になっています。

【１世帯当たりの住宅数】

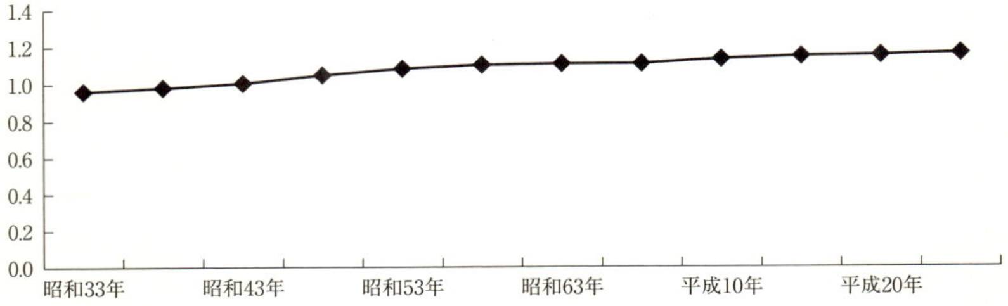

同じく国土交通省の住宅着工統計によれば，新設住宅着工数をここ20年遡ると，平成元年には166万戸を超えていた着工数が，平成２年をピークに，小さな幅で増減を繰り返しながら，平成５年には148万戸，平成10年には119万戸，平成15年には116万戸，平成20年には109万戸，平成21年はリーマンショックの後遺症などにより78万戸と過去20年で最低水準となり，平成25年で98万戸，と推移しています。

【新設住宅戸数】

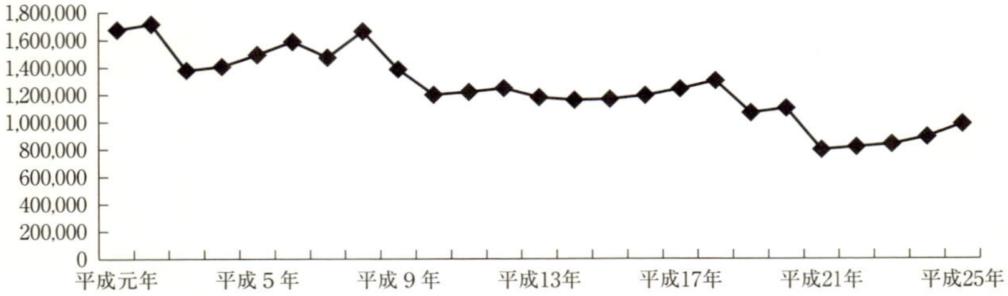

建物の解体については，国土交通省による建築物滅失統計調査の結果より，平成22年度より平成27年度まで毎年10万～12万戸の住宅を除却していることが分かっています。

現状ではＱ３記載のとおり空き家が年々増加し，住宅ストックもどんどん増えているところ，まだなお一定量の住宅を新築しつづけ，住宅除却数も大きな変化がないということがいえます。

【除却による住宅滅失戸数】

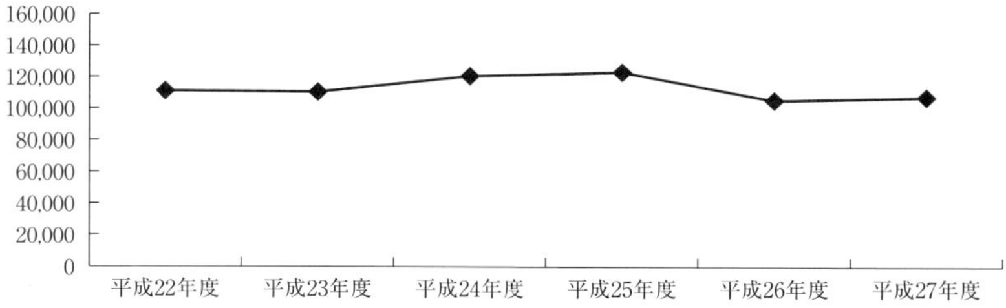

3 家族単位の変化

Ｑ１のとおり国立社会保障・人口問題研究所の統計によれば，世帯総数は，1970年に約3030万世帯であったものが，1990年には4067万世帯，40年後の2010年には約5185万世帯と増加してきました。同研究所の将来推計では2019年をピークに世帯数が減少することが予想されています。

1970年から2010年までの40年間で，世帯人数は大きく変化しました。1970年においては世帯人員が１人若しくは２人の世帯が全体の34％であり，５名以上の世帯が全体の25％であったものが，2010年においては世帯人員が１人若しくは２人の世帯が全体の約60％であり，５名以上の世帯が全体の約８％となっています。

【世帯数の割合】

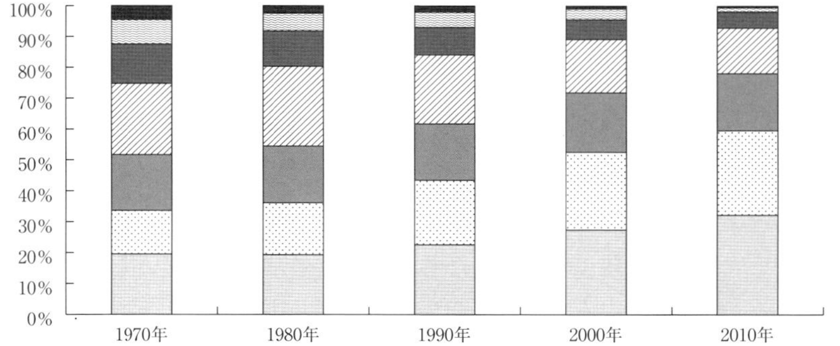

現在1世帯，２人世帯の割合が急増しており，相続が発生することで，その住宅が空き家になりやすいという傾向にあると考えられます。

4 不動産への意識の変化

国による新築優遇政策，新築住宅を入手しやすい金融商品の開発により，中古住宅への割高感と新築住宅のお得感が，市場原理として働いていることも考えられます。平成27年度「土地問題に関する国民の意識調査」において，「土地は預貯金や株式などに比べて有利な資産である」と考える人の割合も平成５年度では，61.8％に上っていましたが，平成27年度の調査では30.1％になり，ほぼ２分の１となっています。逆に，土地が預貯金や株式などに比べて有利な資産であると思わない人の割合が，平成５年度では全体の21.3％でしたが，平成27年度の調査では41.3％となりほぼ２倍になっています。つまり，資産として不動産への魅力が失われていることを表わしていると考えられます。

【土地は預貯金や株式などに比べて有利な資産であると……】

	平成５年度	平成27年度
思う	61.8％	30.1％
思わない	21.3％	41.3％

平成27年度「土地問題に関する国民の意識調査」より

また，日本人の新築への志向も遠因として考えられます。平成27年度「土地問題に関する国民の意識調査」において，「新築住宅，中古住宅のどちらを所有したいか」を調査したところ，「新築住宅」が62.9％，「新築・中古どちらでもよい」が31.0％，「中古住宅」が2.2％という結果になっています。

以上のとおり，空き家，特に総務省の住宅・土地統計調査上のいわゆる使い道の決まっていない「その他の住宅」が急増している背景には，住宅ストックと新設住宅の着工数，解体数，家族単位の変化等があります。また，新築住宅志向が高く中古住宅市場が活性化しておらず，今後は新築よりも安価な中古住宅にメンテナンス等を施して居住するための方策の検討が期待されるところです。

Question 05

空き家の増加によって，具体的にどのようなことが問題となりますか。

A　空き家が適正に管理なされないことによって，空き家の周囲の地域住民に，防災，防犯，景観上の様々な影響を及ぼし，損害を与える可能性があります。

解　説

1 管理が低下した空き家が与える影響

空き家が増加するということは，生活に必要のない空き家の維持のため，税金を含めたコストを支払い，所有し続けなければならない人が増えるということでもあります。

すべての所有者が適切なメンテナンスを施し，建物が腐朽・破損しない状態であれば，問題は生じにくいわけですが，Ｑ３で見たとおり，総務省の住宅・土地統計調査でいうところの「空き家」のうち，「その他の住宅」として分類される住宅の３分の１に腐朽・破損があることから考えますと，一定割合で建物の腐朽・破損が生じ，その結果，地域社会へ影響を与えることが懸念されます。

2 ガイドラインにて想定される問題

現在，国土交通省が発表しました「『特定空家等に対する措置』に関する適切な実施を図るために必要な指針（ガイドライン）」において以下のような事象が想定されています。

(1)　**そのまま放置すれば倒壊等著しく保安上危険となるおそれのある状態**

例：建物倒壊，屋根・外壁の脱落・飛散等，擁壁の老朽化

⑵　そのまま放置すれば著しく衛生上有害となるおそれのある状態

例：石綿の飛散，浄化槽の放置・破損等による汚物の流出，排水等の流出による臭気の発生があり，地域住民の日常生活に支障を及ぼす。

ごみ等の放置による臭気の発生，多数のネズミ，はえ，蚊等が発生し，地域住民の日常生活に支障を及ぼす。

⑶　適切な管理が行われていないことにより著しく景観を損なっている状態

例：多数の窓ガラスが割れたまま放置，立木等が建築物の全体を覆うまで繁茂，ごみ等が散乱，山積したまま放置される。

⑷　その他周辺の生活環境の保全を図るため放置することが不適切である状態

例：立木の枝等がはみ出し歩行者の通行を妨げている。

空家等に住みついた動物等が原因で，動物の鳴き声その他の音が頻繁に発生し，地域住民の日常生活に支障を及ぼす。

門扉が施錠されていない，窓ガラスが割られている等不特定の者が容易に侵入できる状態で放置されている。

空き家からの落雪で歩行者の通行が妨げられている。

3　周辺住民に与える影響

このように管理の行き届かない空き家が増えると，その周辺の地域住民や通行人へ不利益や損失を及ぼすこととなり，不測の損害を与えかねず，万が一損害等が生じた場合は，法的な責任を問われることも考えられます。また，空き家の増加によって地域住民からの苦情等が増加し，地域住民や行政が対応しなければならないことが増えることにもなります。街づくり的な観点からは，防犯や防災機能の低下等も懸念されます。

第2 空家特措法の解説

Question 06

空家特措法上の「空家等」とは，何ですか。

A 空家特措法２条において，「空家等」とは，建築物又はこれに附属する工作物であって居住その他の使用がなされていないことが常態であるもの及びその敷地（立木その他の土地に定着するものを含む。）をいうと定義されています。ただし，国又は地方公共団体が所有し，又は管理するものを除くとされています。

解　説

1 空家特措法上の「空家等」とは

上記空家等の定義において，「常態である」とは，長期間にわたって使用されていない状態をいい，例えばおおむね１年間を通して建築物等の使用実績がないことが１つの基準となるとされています。現に居住している者がおらず，人の出入りもない状態が長期間継続している家屋などは一般的に空家等と認められると考えられます。

なお，これまでのＱで参照してきました住宅・土地統計上の空き家は，アパートやマンション，長屋の一室が空いている場合，一戸の空き家として数えられますが，空家特措法ではその建物の全室が空いていなければ空家等と判断されません。また，同統計は住宅に関するものに限られていますが，空家特措法上の空家等は，住宅に限られません。

2 「空家等」に関する具体的な考え方

空家について，〈『「特定空家等に対する措置」に関する適切な実施を図るために必要な指針（ガイドライン）（案）』に関するパブリックコメントに寄せられたご意見と国土交通省及び総務省の考え方〉において定義に関する具体的な考え方が示されており，一部を要約して抜粋します。

・建物が諸事情により存在しないが，残っている植栽が危険で放置されている場合であっても，空家特措法上は建築物又はこれに附属する工作物である必要があるため「空家等」には該当しません。

・年に一度部屋の空気を入れ替えに来ている場合や，別な物件に居住しているが，状況確認時に一泊している場合，賃貸物件であり，入居者が決まり次第使用することが想定されている場合，いずれの場合であっても使用の実態がなく「居住その他使用」がなされていないものとして「空家等」に該当すると考えられます。

・建物を住居として使用するものではないものの，建築物として物品を保管する「物置」用に現に意図をもって使用されている場合，「居住その他の使用」がなされていると考えられることから「空家等」に該当しないと考えられます。ただし，所有者等が出入りすることが数年に一度というような場合は，物品を放置しているにすぎず，「物置として使用している」と認められない結果，「空家等」と認定され得ます。

・建築物に付随する工作物については，空家等と一体となった壁付看板など門又は塀以外の建築物に附属する工作物が該当し，「空家の敷地内の自立看板」は「建築物の敷地に定着するもの」に該当することから，同様に「空家等」に含まれることとなります。

以上のとおり，空家特措法上の「空家等」は，住宅に限られず，その建物の敷地や敷地にある立木も含まれます。

空家特措法上の「空家等」とは，長期間にわたって使用されていないことが常態である建築物等とされるので，人が居住をしていれば，著しく衛生上有害ないわゆるゴミ屋敷であっても，「空家等」とはなりません。この場合，生活環境等に関する他の条例等により対応することになると考えられます。なお，長期間にわたって使用されていないことが常態であるいわゆるゴミ屋敷は，空家特措法による対応の対象となります。

Question 07　空家特措法上の「特定空家等」とは，何ですか。

A　空家特措法２条において，「特定空家等」とは，そのまま放置すれば倒壊等著しく保安上危険となるおそれのある状態又は著しく衛生上有害となるおそれのある状態，適切な管理が行われていないことにより著しく景観を損なっている状態その他周辺の生活環境の保全を図るために放置することが不適切である状態にあると認められる空家等をいうと定義されています。

解　説

1　空家特措法上の「特定空家等」とは

空家等のうち上記回答の定義に当てはまるものを，市区町村が調査し，特定空家等と判断します。判断に当たっては地域の実情に合わせて，協議会等において学識経験者等の意見も聞きながら，総合的に判断することが望まれます。

特定空家等に関するガイドラインの〔別紙１〕～〔別紙４〕において，空家等が定義に示された状態であるか否かの判断に際して参考となる基準が示されています。

2　「特定空家等」の判断基準

ガイドライン〔別紙１〕～〔別紙４〕は，空家等の物的状態の判断に際して参考となる基準を示すものです。次のものは例示であり，個別事案に応じてこれによらない場合も適切に判断していく必要があります。

〔別紙１〕
そのまま放置すれば倒壊等著しく保安上危険となるおそれのある状態

１．建築物が著しく保安上危険となるおそれがある。
(1)　建築物が倒壊等するおそれがある。
イ　建築物の著しい傾斜
・基礎に不同沈下がある　・柱が傾斜している　等
ロ　建築物の構造耐力上主要な部分の損傷等
・基礎が破損又は変形している　・土台が腐朽又は破損している　等
(2)　屋根，外壁等が脱落，飛散等するおそれがある。
・屋根が変形している　・屋根ふき材が剥落している
・壁体を貫通する穴が生じている　・看板，給湯設備等が転倒している
・屋外階段，バルコニーが腐食，破損又は脱落している　等
２．擁壁が老朽化し危険となるおそれがある。
・擁壁表面に水がしみ出し，流出している　等

〔別紙２〕
そのまま放置すれば著しく衛生上有害となるおそれのある状態

(1)　建築物又は設備等の破損等が原因で，以下の状態にある。
・吹付け石綿等が飛散し暴露する可能性が高い状況である。
・浄化槽等の放置，破損等による汚物の流出，臭気の発生があり，地域住民の日常生活に支障を及ぼしている。
・排水等の流出による臭気の発生があり，地域住民の日常生活に支障を及ぼしている。
(2)　ごみ等の放置，不法投棄が原因で，以下の状態にある。
・ごみ等の放置，不法投棄による臭気の発生があり，地域住民の日常生活に影響を及ぼしている。
・ごみ等の放置，不法投棄により，多数のねずみ，はえ，蚊等が発生し，地域住民の日常生活に影響を及ぼしている。

〔別紙３〕
適切な管理が行われていないことにより著しく景観を損なっている状態

(1)　適切な管理が行われていない結果，既存の景観ルールに著しく適合していない状態となっている。
・景観法に基づき景観計画を策定している場合において，当該景観計画に定める建築物又は工作物の形態意匠等の制限に著しく適合していない状態となっている。
・地域で定められた景観保全に係るルールに著しく適合しない状態となっている。　等
(2)　その他，以下のような状態にあり，周囲の景観と著しく不調和な状態である。

・屋根，外壁等が，汚物や落書き等で外見上大きく傷んだり汚れたまま放置されている。
・多数の窓ガラスが割れたまま放置されている。
・立木等が建築物の全面を覆う程度まで繁茂している。 等

〔別紙4〕
その他周辺の生活環境の保全を図るために放置することが不適切である状態

(1) **立木が原因で，以下の状態にある。**
・立木の枝等が近隣の道路等にはみ出し，歩行者等の通行を妨げている。 等

(2) **空家等に住みついた動物等が原因で，以下の状態にある。**
・動物のふん尿その他の汚物の放置により，臭気が発生し，地域住民の日常生活に支障を及ぼしている。
・シロアリが大量に発生し，近隣の家屋に飛来し，地域住民の生活環境に悪影響を及ぼすおそれがある。 等

(3) **建築物等の不適切な管理が原因で，以下の状態にある。**
・門扉が施錠されていない，窓ガラスが割れている等不特定の者が容易に侵入できる状態で放置されている。 等

また，特殊な事例として前記パブリックコメントより紹介します。

・建築物が老朽化等により既に倒壊した状態のものや，火災等により残材等が残る状態のものも建築物に該当し，要件に該当する状態にあると認められる「空家等」であれば「特定空家等」に該当します。

・擁壁が老朽化し危険であるために特定空家等と判断されたものについて，その後，建物のみが取り壊され，擁壁のみが残された場合に，「特定空家等」と判断される原因となった擁壁について必要な措置が講じられていないのであれば，擁壁が残されている限り「特定空家等」に該当することとなります。

・「特定空家等」と判断し，所有者等に指導・勧告等を行っている途中で，改善措置がなされていない当該空き家に占有者が現れた場合，「居住その他の使用がなされていない」という要件を満たさない（＝使用されている）場合は「特定空家等」には該当しません。

Question 08　空家特措法上の「所有者等」とは，何ですか。

A　空家特措法上の所有者等とは，「空家等の所有者又は管理者」を指しており（空家特措法３条），不動産登記記録上の所有者が死亡している場合は，その相続人となります。管理者とは，賃借人，使用借人，相続財産管理人，破産管財人，成年後見人等が考えられます。

解　説

1 「所有者」とは

空家特措法３条における所有者とは，対象となる空き家の登記記録に記載されている所有者のほか，登記記録がない未登記建物の場合は課税台帳に記載されている者であると考えられます。登記記録，課税台帳に記載された所有者に相続が発生し，複数の相続人間で遺産分割協議等が未了の場合は，その相続人全員が所有者として空家特措法の手続を受けると考えられます。

また，所有者に相続が発生し，遺産分割協議が未了のうちに，相続人の一部が死亡し兄弟姉妹が相続人となる場合等，数次に相続が発生すると，相続人の範囲が急激に拡大する場合もあり，本人の気づかない間に管理義務が発生していることもありますので注意が必要です。

2 「管理者」とは

空家特措法３条における管理者とは，賃借人，使用借人，相続財産管理人，破産管財人，成年後見人等が考えられます。ガイドラインでは，「今後，法に基づく措置の事例等の知見の集積を踏まえ，適宜見直される場合がある」とされておりますので，実務を踏まえた形でその範囲がある程度明確に示されることも考えられますので，その動向を注視していく必要があります。

Question 09

空家特措法が制定されたことにより，行政による対応はどのように変わりますか。

A これまでは，空家等に関する問題が生じた場合，あくまでも私人間での問題であり，行政としても積極的，総合的な対応が困難でした。

空家特措法により，市区町村，都道府県，国には努力義務が定められ，行政側が取り組むための具体的な根拠ができ，問題解決に向けたスムーズな取組が期待されます。

解 説

空家特措法の制定を必要とした背景

これまで，空き家等に関する問題が生じた場合，あくまでも私人間での問題であるため，行政として積極的に関わることが難しく，行政の窓口で相談を受ける場合も担当部署がまちまちであり，今困っている市民の方々がタイムリーに相談する窓口を探すことに労力を強いられることがありました。そのような中で，空き家に関する問題が多岐にわたり，また問題解決のためにアプローチをすべき相手方である空き家等の所有者の特定も困難でした。

また，例えば保安上危険な建物等の建築物に関しては，法律上は建築基準法10条４項により準用される９条12項に基づく行政代執行を行うことが可能でしたが，同法10条に定める要件について明確な基準がなく，同条に基づき具体的な措置を代執行することは非常にまれでした。国土交通省による「既存不適格建築物に係る是正命令制度に関するガイドライン（平成27年５月）」によれば，「平成17年度から平成25年度までの適用実績も全国で16件に留まっている状況」でした。

人口減少が進む中で社会的な問題として危険な空き家等の問題が表面化し，現状の住宅新設着工数と，国立社会保障・人口問題研究所による世帯数が近い将来減少に転ずるという将来予測を踏まえると社会問題が肥大化していくことが予想され，今からそのための対策を講じる必要性が明らかになりました。

2　空家特措法を制定するに至った経緯

これまでは，各自治体単位で適切な管理が行われていない空き家に対し，既存の法令（建築基準法など）や条例等に基づき，地域の実情に応じた空き家・空き地の施策を行ってきました。しかし，全国各地で空き家が増加し，適切な管理が行われていない空き家等が防災，衛生，景観等の地域住民の生活環境に深刻な影響を及ぼしていることから，地域住民の生命，身体又は財産を保護し，その生活環境の保全を図ることを目的に，空家等に関し国を挙げて総合的かつ計画的な施策を推進する必要がありました。

また，スムーズな問題解決のために施策の充実，例えば空家等への立入調査，空家等の所有者等に関する税情報の内部利用，固定資産税の住宅用地特例への対応等，税制上の措置が求められ，平成26年11月17日に「空家等対策の推進に関する特別措置法」が成立し，11月27日に公布され，平成27年５月26日に完全施行されました。

Question 10

空家特措法の施行により従来の空き家条例は，どのような扱いになりますか。

A 空家特措法と条例が併存する場合，法に抵触しない範囲で条例の効力は存続すると考えられます。しかし，特に特定空家等に対する措置に関する助言，指導，勧告，命令，代執行に関する手順を省略することはできません。空家特措法を省略した手続を定めた場合，条例の当該部分は，無効になる可能性があります。

解 説

1 現状での条例の制定状況

全国の各市区町村において，近年空き家が適正に管理されないために生じる問題が顕在化し，豪雪地帯においては雪によるもの，住宅密集地においては近隣関係によるもの，その他公道に面した住宅等，空き家に関する問題が多岐にわたり，それぞれの自治体で条例を制定する等で工夫を凝らしながら対応をしてきました。平成22年10月に所沢市において空き家等の適正管理に関する条例が施行されたことを皮切りに全国各地で，空き家化を防止したり，利活用を促進したり，さらには除却等に関する条例を制定して対策を行ってきました。平成27年10月１日現在で455の自治体で空き家の適正管理に関する条例が制定・施行されています。

2 空き家に関する条例の内容

地域の実情に応じて様々な問題へのアプローチが見られます。豪雪による倒壊事故防止，火災予防，景観保全，突風による倒壊防止等に対応するために，それぞれが独自の要件等で対応してきました。勧告，命令，公表，罰則規定，代執行と様々なレベルで規定されています。また，国土交通省による調査では，既に条例を制定している又はこれから条例を制定する564の自治体からの回答で，条例に既に盛り込まれている若しくはこれから盛り込む予定の各規定についての統計が出ています。

【条例における各規定の調査結果】

1	市民等が空家等に関して情報提供する旨	80.3%
2	地方公共団体が空家等の実態調査を行う旨	72.5%
3	地方公共団体が空家等の立ち入り調査を行うことができる旨	78.7%
4	地方公共団体が空家等について助言又は指導できる旨	89.4%
5	地方公共団体が空家等について勧告できる旨	89.7%
6	地方公共団体が空家等について命令できる旨	84.0%
7	地方公共団体が空家等について緊急安全措置をとることのできる旨	55.5%
8	地方公共団体が空家等の処分について公表できる旨	70.9%
9	地方公共団体による命令等に従わない場合の罰則を科す旨	16.7%
10	地方公共団体が空家等を行政代執行できる旨	58.2%
11	地方公共団体が空家等の除却等を行政代執行した場合の補償について	24.6%
12	地方公共団体が空家等に関する審議会等を設置できる旨	40.4%

国土交通省・空家等対策の推進に関する特別措置の施行状況・調査概要

・その他の具体的な回答内容として，警察署等関連機関との連携，災害時等の応急措置，改善が見込めない所有者の公表，金銭的な理由で改善が難しい所有者への補助，相続財産管理人の選任申立て，空き家等の自治体への寄付等が示されています。

3　空き家に関する条例と空家特措法との関係

空家特措法の施行により，直ちに空き家に関する条例が廃止になるものではありません。ただし，当該条例による措置が空家特措法上，最低限満たすべき基準や遵守すべき手順に抵触する場合はその部分は無効となると考えられます。

例えば，上記条例における各規定の調査結果３について，空家特措法９

条に定められた方法を取らずに行う旨の規定が定められている場合や，調査結果４，５，６，10について空家特措法にて定められた手順を取る必要のない省略された内容である場合等が考えられます。

なお，〈『「特定空家等に対する措置」に関する適切な実施を図るために必要な指針（ガイドライン）（案）』に関するパブリックコメントの募集の結果について〉において緊急性の高い場合に関する事項が意見として挙げられており，意見への回答として，「台風が通過して突然著しく悪化した状態となった場合等であっても，「特定空家等」の所有者等を確知している以上は，この法律に基づき対応するのであれば，助言・指導，勧告，命令の三段階のプロセスを省略することはできない。」（筆者要約）としながらも「なお，法は応急措置について何ら規定をしていませんが，これは，所有者等の同意を得て緊急安全措置を実施する旨の規定を有する条例を各団体が有することを妨げるものではなく，緊急事態にそれぞれの条例に基づいて手続きを行っていただくことは他法令に反しなければ可能と考えます。また，緊急事態において，災害対策基本法に基づく応急公用負担等，他方に基づく応急措置を行うことも，もちろん可能です。」と示されています。

市区町村は，上記のような空家特措法以外の法律に基づき，危険な空き家に対する取扱いについての手続を取りうることを条例で明確にしておき，そのための要件等を定めた上で，協議会等での判断に基づきを行うこと等を条例や要綱等で定める等の対応をすることも可能であると思われます。

Question 11　空家特措法が制定されたことによって，空き家問題はすべて解決するのですか。

A　空家特措法に基づく手続を実施することにより，解決できる問題もありますが，その一方で手続に伴い発生が想定される問題や，予算やマンパワーによる限界もありますので，すべてを解決できるわけではありません。より多くの空き家問題を解決するためには，特措法を含めた総合的な視点による取組が望まれます。

解　説

1 空き家の管理等に関する問題

空家特措法上の所有者や市区町村，都道府県，国の責務等により総合的な取組が可能となりましたが，手続の実施における様々な段階で問題が生じることが予想されます。また，空家特措法において，空き家を自治体が直接管理できるようにするための手続は用意されていません。第一義的には空家等の所有者等による適正な管理，適正な手続を行う必要があります。

2 空家特措法による措置について

(1) 代執行の範囲について

市区町村による代執行は，義務者に対し命じた，除却，修繕，立木竹の伐採その他周辺の生活環境の保全を図るための措置の範囲で行われますが，「そのまま放置すれば倒壊等著しく保安上危険となるおそれのある状態」又は「著しく衛生上有害となるおそれのある状態」ではない特定空家については，当該建物の除却をすることができません。よって修繕や，立木竹の伐採等による措置の場合は，代執行後も継続して所有者等へ適正管理を促す必要があります。

(2) 代執行の費用負担

代執行に要した一切の費用は，市区町村が義務者から徴収することとなりますが，実際に代執行に要した費用に限られ，作業員の賃金，請負人に対する報酬，資材費，第三者に支払うべき補償料等は含まれますが，義務違反の確認のために要した調査費等は対象外となります。なお，費用の徴収は国税滞納処分の例による強制徴収が認められています。

一方，略式代執行の場合，強制徴収の規定がないため，義務者が任意に支払いをしない場合，市区町村は義務者を相手方として民事訴訟を提起し，裁判所による給付判決を債務名義として民事執行法の規定に基づく強制執行を要することになります。

以上のとおり，代執行による費用は最終的には所有者等に請求しますが，一時的に市区町村側で負担し，市区町村の予算の範囲で行うこととなります。また，場合によっては費用を回収ができなくなる可能性もあり，市区町村は周辺環境へ及ぼす影響等の公益性を踏まえて代執行をすべき特定空家等を判断する必要があります。そのため予算等の制限もあり，空家等に関わる問題のすべてを解決できるわけではありません。

3 総合的な取組

空家特措法の制定により，修繕，立木竹の伐採等の措置を行うことで適正管理がなされない特定空家に伴う様々な問題を解決しやすくなりました。しかしＱ３でも触れましたとおり，今後空き家が増えていくことが予想されますので，空家特措法14条に基づく代執行のみならず，12条による所有者等の空家等の適切な管理の促進のための助言や援助，13条による空家等及び空家等の跡地の活用のために必要な対策を講ずることも重要になります。また，交換価値の乏しい不動産の流通がすぐに促進されるというわけではなく，各市区町村の予算状況や，マンパワーの問題等を踏まえれば，かなり長い期間で取り組んでいく問題であり，かつ除却することだけでは解決できない，総合的な街づくりを踏まえた視点からの取組が求められると考えられます。

Question 12

住民からの空き家等に対する相談先と相談対応は，どのように変わりますか。

A　これまでは，空き家に関する条例等において相談窓口を設けていない自治体では，空き家問題を専門的に取り扱う相談窓口が限られていました。今回，空家特措法の制定により，行政の相談窓口ができ，空き家に関する総合的な相談が可能となりました。

解　説

今までの相談先について

(1)　日本司法書士会連合会の電話相談会

日本司法書士会連合会が平成27年８月に開催しました，空き家に関する電話相談会「全国空き家問題110番」において，相談者に対するアンケートを実施しましたところ，今までどこにも相談していなかった（今回の相談が初めての相談である）という「相談歴なし」が60％を占めていました。アンケート結果は，これまで市民の方々は，いま自分が抱えている「空き家」という問題について，相談すべき相手と相談する内容が分かりにくかった，ということをはっきりと示していると考えられます（「全国空き家問題110番」の実施報告については，巻末資料をご参照ください。）。

相談先	件　数	割　合
相談歴なし	242	60.8%
行　政	59	14.8%
不動産業者	36	9.0%
司法書士	11	2.8%
弁護士	9	2.3%
その他	17	4.3%
回答なし	24	6.0%
合　計	398	

⑵　これまでの行政による相談対応について

これまで空き家に起因する様々な問題について，その問題の種類に応じて，自治体の建築に関する部署，道路に関する部署等で，対応してきたケースが多いと思います。発生原因は空き家という１つの事象でありますが，その結果生じる様々な問題は，複数にわたる場合もあり，また所有者等への直接的な連絡手段がない場合は，手の施しようがない，ということも少なからず生じていました。空き家の所有者や，空き家の近隣住民は発生した問題の種類に応じて，担当の部署を探し，相談をしてきたようです。

さらに言えば，問題の種類によってはどこに相談してよいのかが分からず，そのまま放置されていたということもあったかもしれません。

2　市区町村における相談体制づくり

空家特措法６条において，市区町村は，空家等の総合的かつ計画的な実施のために，基本指針に基づく「空家等対策計画」を策定することができるとした上で，同条２項７号において，その空家等対策計画で住民等からの空家等に関する相談への対応に関する事項を定めるものとする，と規定されています。また，空家特措法12条では，市区町村は，所有者等の空家等の適切な管理を促進するため所有者等に対し，情報の提供や助言などの必要な援助を行うように努める必要がある旨を定めています。

平成27年２月26日に総務省・国土交通省から公表された「空家等に関す

る施策を総合的かつ計画的に実施するための基本的な指針」において，相談体制について

① 一般的な相談はまず市区町村において対応した上で，専門的な相談については，宅地建物取引業者等の関係事業者や関係資格者等の専門家の団体と連携して対応する。

② 空家の所有者等に限らず，例えば空家等の所在地の周辺住民からの当該空家等に対する様々な苦情や，移住，二地域居住又は住み替えを希望する者からの空家等の利活用の申入れに対しても，市区町村は迅速に回答できる体制を整備することが望ましい。

との内容が示されました。

現状で，既に空き家問題に関する相談窓口を設けている市区町村もありますが，まだ一般の方々から見た場合にその相談窓口が分かりにくい，若しくは空き家に関する取組を始めたばかりで相談窓口を設けていない市区町村も多くあります。一方で，近時，様々な専門家による相談活動が活発になり，多くの専門家が一堂に会した相談会等が行われるなど，所有者等が様々なところで相談できる状況が整いつつあります。空き家に関連する問題の入り口である相談活動は，解決に向けた重要なステップであるだけに，専門家団体と市区町村が互いに連携しながら，活発に相談活動に当たることが望まれます。そのための体制をできるだけ速やかに作ることが喫緊の課題といえます。

3 都道府県における相談体制整備への支援

上記のとおり，市区町村において相談体制を整備することが喫緊の課題ではありますが，現状で，各市区町村及び専門家団体をメンバーとして組織体をつくり，相談体制を整備している都道府県もあります。市区町村のマンパワー等の問題により，なかなか人員を割けない場合も出てくること，各専門家団体と連携を取りやすいこと，市区町村よりも大きな地域単位で，それぞれの地域性を踏まえた相談ができること等を考えますと，このような相談体制の整備も非常に有効であると考えられます。

Question 13 **空家特措法上の市区町村，都道府県，国の役割について教えてください。**

A 第一義的には，所有者等が自らの責任によって空き家に関連する問題に対応することが前提とはなりますが，市区町村は空家特措法に基づき，具体的な対策を実施していきます。都道府県は，市区町村に対し様々な形で支援等を行います。国は，法律の内容の周知し，空家特措法に基づく様々な手続の実施に必要な指針を示し，財政的，税制的な支援を行います。

解 説

1 空家特措法上の市区町村の役割

市区町村には，空家特措法４条において，同法６条に規定する空家等対策計画の作成や，その対策の実施，その他の必要な措置を適切に講ずる努力義務が課されています。空家特措法６条では，空家等に関する対策を総合的かつ計画的に実施するために，基本指針に即した対策計画（以下「空家等対策計画」といいます。）を定めることができるとされています。また，空家等対策計画の作成，変更及び実施に関する協議を行うための協議会を組織することができ（空家特措法７条），市区町村がこの協議会を中心にして空家等対策を直接的に実施することとなります。

市区町村では，空き家問題に関する施策として，主に以下のような事項を実施していくこととなります。

① 基本指針の策定

② 空家等対策計画の作成

③ 協議会の設置

④ 調査等の実施

⑤　空き家等に関するデータベースの整備
⑥　「特定空家等」にかかる措置
⑦　空き家等及びその跡地利活用の支援等，施策を推進するために必要な事項

なお，国土交通省から発表されています平成29年３月31日現在の市区町村における施行状況は以下のとおりです。

【空家等対策計画の策定状況】

		市区町村数	比　率
既に策定済み（公表済み）		357	21%
策定予定あり		1116	64%
	平成29年度	534	31%
	平成30年度以降	74	4%
	時期未定	508	29%
策定予定なし		268	15%
合　計		1741	100%

【法定協議会の設置状況】

		市区町村数	比　率
設置済み		370	21%
設置予定あり		729	42%
	平成29年度	272	16%
	平成30年度以降	26	1%
	時期未定	431	25%
設置予定なし		642	37%
合　計		1741	100%

現在の状況としては先進的な市区町村では取組が進んでおり，多くの自治体で今後，取組を本格化させるということが読み取れます。

一方で，空家等対策計画は策定する予定であるが協議会を設置する予定がない，という市区町村の数が全体の３分の１を超えており，空家等対策計画の作成及び実施に関する協議を市区町村の関係部局のみで行うことが

想定されます。

公権力による私有財産への強制力を伴う手続であるだけに，可能な限り司法書士を始めとする様々な専門家による意見聴取の場を設けていただき，計画そのものや実施に関する適正手続を確保するための方策が期待されます。

2 空家特措法上の都道府県の役割

空家特措法６条４項において，市区町村は都道府県知事に対し，空家等対策計画の作成及び変更並びに実施に関し，情報の提供，技術的な助言その他必要な援助を求めることができるとされています。また，同法８条において都道府県知事は，空家等に関して市区町村が講ずる措置について，当該市区町村に対する情報の提供及び技術的な助言，市区町村相互間の連絡調整その他必要な援助を行うよう努めなければならないと定められています（空家特措法８条）。さらに同法15条１項においては，国及び都道府県は市区町村が行う空家等に関する対策の実施費用に対する補助，その他の必要な財政上の措置を講じ，同法16条２項において国及び地方公共団体は同様に必要な税制上の措置を行うと規定されています。

空家措置法６条，８条について，具体的には市区町村間での情報共有を支援したり，各市区町村の担当者の意見交換の場を設けたり，特に建築部局の存在しない市区町村に対し，特定空家等に該当するか否かの判断をする場面での技術的な助言を行う等のサポートが想定されています。現に，各都道府県において，空き家に関する市区町村担当者と各専門家団体から派遣されたメンバーで組織する会議体を組成し，研修活動や相談活動，意見交換等を行っています。

3 空家特措法上の国の役割

国土交通省及び総務省は，空家特措法に関し，「空家等に関する施策を総合的かつ計画的に実施するための基本的な指針」（以下「基本指針」といいます。）を定めました（空家特措法５条）。また，国は市区町村が行う空家等対策の費用の補助，交付金制度による支援，特別交付税措置を講ずる等の手段で市区町村を支援するとされています。なお，財政上の支援は，都道府県の責務ともされています。

国土交通省及び総務省により，基本指針として，①空家等に関する施策の実施に関する基本的な事項，②空家等対策計画に関する事項，③その他空家等に関する施策を総合的かつ計画的に実施するために必要な事項が定められ，平成27年２月26日に告示されました。

さらに，特定空家等に該当するか否かを判断するための参考となる基準や，空家特措法14条14項に基づく特定空家等に対する措置を行う上での具体的な手続に関し「『特定空家等に対する措置』に関する適切な実施を図るために必要な指針（ガイドライン）」を平成27年５月26日に定めました。

Question 14

空き家の所有者等は，空き家の管理について，どのようなことに気をつけるべきですか。

A　空き家の所有者等は，周辺の地域社会へ生活の影響を及ぼさないように，空き家を適正に管理するように気を付ける必要があります。適正に管理がなされない場合は，民事上の損害賠償義務を負うこととなったり，特定空家等と判断されると様々な不利益をこうむる可能性があります。

解　説

所有者等に課される管理責任

今般，空家特措法の施行により，３条にて空家等の所有者等の責務が明確化されました。

> **空家特措法３条**
> 空家等の所有者又は管理者（以下「所有者等」という。）は，周辺の生活環境に悪影響を及ぼさないよう，空家等の適切な管理に努めるものとする。

上記のほか具体的には壊れたり崩れたりのほかに草木がおいしげらないようにする等，Ｑ７で記載した物理的状態とならないようにする必要があると考えられます。民法の不法行為責任や土地工作物等の占有者及び所有者の責任，建築基準法上の責任も規定されています。

> **建築基準法８条**
> 建築物の所有者，管理者又は占有者は，その建物の敷地，構造及び建築設備を常時適法な状態に維持するように努めなければならない。
> （２項・省略）

民法717条

1　土地の工作物の設置又は保存に瑕疵があることによって他人に損害を生じたときは，その工作物の占有者は，被害者に対してその損害を賠償する責任を負う。ただし占有者が損害の発生を防止するのに必要な注意をしたときは，所有者がその損害を賠償しなければならない。

2　前項の規定は，竹木の栽植又は支持に瑕疵がある場合について準用する。

3　前二項の場合において，損害の原因について他にその責任を負う者があるときは，占有者又は所有者は，その者に対して求償権を行使することができる。

2　空家特措法上の「所有者等」の責務と費用負担

空き家に関する基本指針では，所有者等が自らの責任により的確に対応することを前提としながらも，経済的な事情等から自らの空き家等の管理を十分に行うことができず，その管理責任を全うしない場合，市区町村が地域の実情に応じて所要の措置を実施することが重要となるとしています。

ここで所有者等が命令された措置を行わない等，その責務を果たさず，市区町村が代執行を行った場合の費用負担の問題が生じますが，通常の行政代執行の場合であっても略式代執行であっても，最終的には当該空家等の所有者等から費用を徴収することになっていますので，何もしない所有者等が得をする等の問題は生じにくいと考えられます（Q11参照）。なお，勧告による住宅用地特例の除外についてはQ22を参照してください。

3　市区町村からの様々なアプローチへの対応

ここまで見てきましたとおり，空き家が特定空家と判断される過程及びその後の手続において，様々な段階で市区町村からアプローチが想定されます。適正に管理をすることが困難であるケース等においては，空家特措法及び民法等に基づき所有者等の義務若しくは，行政から措置として指導等がなされることとなりますので，注意が必要です。

Question 15

空家特措法上の協議会とは，どのようなことを行う組織ですか。

A　空家特措法上の協議会は，市区町村が実施する空家対策のベースとなる空家等対策計画の作成やその変更，計画の実施等に関する協議を行う組織です。空き家に関する対策の実施において実務的に非常に重要な組織になると考えられます。

解　説

空家特措法上の協議会について

空家特措法７条１項において，市区町村は空家等対策計画の作成及び変更並びに実施，その他空家等に関する協議を行うために協議会を設置することができるとされています。

協議会の構成員について空家特措法７条２項にて，市区町村長のほか，地域住民，市区町村の議会の議員，法務，不動産，建築，福祉，文化等に関する学識経験者その他の市区町村長が必要と認める者をもって構成すると定められています。

また，基本指針において，協議会の構成員の例として，弁護士，司法書士，行政書士，宅地建物取引業者，不動産鑑定士，土地家屋調査士，建築士，社会福祉士等の資格を有して地域の福祉に携わる者，郷土史研究家，大学教授・教員等，自治会役員，民生委員，警察職員，消防職員，法務局職員，道路管理等公物管理者，まちづくりや地域おこしを行うＮＰＯ等の団体等が示されています。

基本指針において，１つの市区町村で複数の協議会を設置したり，複数の市区町村で１つの協議会を設置したりすることも可能であることが示されており，市区町村の規模や地理，気候，地域的特性を踏まえ，共通の課題を持つ近隣の市区町村と連携した取組を行うことも可能とされています。

空家特措法７条に基づかない任意の組織体を構成し，空家等対策の対応を行う市区町村もあります。

2 協議会の役割

協議会においては，市区町村における空家等対策計画の作成及び変更に関する協議のほか，計画の実施に関し，任意に必要な事項を協議する場として活用されることになります。基本指針においては，

① 空家等が特定空家等に該当するか否かの判断
② 空家等の調査及び特定空家等への立入調査の方針
③ 特定空家等への措置に関する審査（個別案件審査）
④ 跡地活用に関する協議

について判断していくこととされています。

また，平成27年５月26日に国土交通省住宅局，総務省地域力創造グループが連名で公表しました〈『「特定空家等に対する措置」に関する適切な実施を図るために必要な指針（ガイドライン）（案）』に関するパブリックコメントの募集の結果について〉において，180以上の質問や意見等が寄せられています。その意見等に対し，国土交通省及び総務省の考え方が示されていますが，「協議会等において学識経験者等の意見も聞きながら，市町村が総合的に判断すべき」「地域の実情に応じ，各市町村において判断されるべき」「個別の事案に即して各市町村長において御判断頂く必要がある」と記載されている部分が30か所以上見受けられます。空き家問題に市区町村が取り組んでいく上で，多くの場合に，様々なレベルで時々の状況について判断を下していかなければならないことが分かる良い例であると思われます。

3 協議会の設置

国土交通省による全国47都道府県と1741市区町村を対象とした平成29年３月31日時点での空家特措法の施行状況調査では，Q13のとおり約640の

自治体においては協議会を設置する予定がありません（詳細はQ13参照）。

協議会において，地域の実情に即した対策を計画の中に盛り込み，実施の場面において様々な判断をする上で各専門分野から意見を出し，適切な実施を図っていくことで，透明性があり，地域住民の方々にも理解を得られやすい空き家対策を行うことができるのではないでしょうか。実際の空き家等の対策が進むにしたがって，協議会の必要性や有用性に関する認識が高まることが望まれます。

Question 16 空家等対策計画とは，どのようなものですか。

A 空家等対策計画とは，各市区町村でその地域の実情に応じた空家等に関する対策を総合的かつ計画的に実施するための計画です。その市区町村における空家等対策の全体像及び具体的な内容が地域住民の方々にも容易に分かりやすいように作成するように努める必要があります。

解　説

空家等対策計画とは

空家特措法６条１項には，市区町村の区域内で空家等に関する対策を総合的かつ計画的に実施するため，国が定めた基本指針に即して計画を定めることができると定められています。基本指針一の「５　空家等対策計画の作成」で，各市区町村において以下の事項を定めるとされています。

① 空家等に関する対策の対象とする地区及び対象とする空家等の種類その他空家等に関する対策に関する基本的な方針
② 計画期間
③ 空家等の調査に関する事項
④ 所有者等による空家等の適切な管理の促進に関する事項
⑤ 空家等及び除却した空家等に係る跡地の活用の促進に関する事項
⑥ 特定空家の措置その他特定空家等への対処に関する事項
⑦ 住民等からの空家等に関する相談への対応に関する事項
⑧ 空家等に関する対策の実施体制に関する事項
⑨ その他空家等に関する施策の実施に関し必要な事項

また，空家等対策計画を定めるに当たっては，各市区町村における空家等対策の全体像を住民が容易に把握することができるようにするとともに，空家等の適切な管理の重要性及び管理不全の空家等がもたらす諸問題について広く住民の意識を涵養するように定めることが重要である，この観点から，空家等対策計画については定期的にその内容の見直しを行い，適宜必要な変更を行うよう努めるものとする，とされています。

2 空家等対策計画の具体的内容について

基本指針で，上記内容の作成に当たり，より具体的な内容等が示されています。その内容は以下のとおりです。

(1) 空家等に関する対策の対象とする地区及び対象とする空家等の種類その他の空家等に関する対策に関する基本的な方針

各市区町村長が把握した空家等の数，実態，分布状況，周辺への悪影響の度合いの状況や，これまでに講じてきた空家等対策等を踏まえ，空家等に関する政策課題をまず明らかにした上で，空家等対策の対象地区，対象とする空家等の種類（例えば空き住居，空き店舗など）や今後の空家等に関する対策の取組方針について記載する。

特に，空家等対策の対象地区を定めるに当たっては，各市区町村における空家等の数や分布状況を踏まえ，空家等対策を重点的に推進するべき地区を重点対象地区として定めることが考えられる。また，対象とする空家等の種類は，市区町村長による空家等調査の結果，どのような種類の建築物が空家等となっていたかを踏まえ，重点対象地区を定める場合同様，どの種類の空家等から対策を進めていくかの優先順位を明示することが考えられる。

これらの記載により，各市区町村における空家等対策の今後の基本的な方針を，住民にとって分かりやすいものとして示すことが望ましい。

なお，空家等対策計画の作成に当たっては，必ずしも市区町村の区域全体の空家等の調査を行うことが求められるわけではない。例えば，各市区町村における中心市街地や郊外部の住宅団地等の中で，既に空家等の存在が周辺の生活環境に深刻な影響を及ぼしている地域について先行的に計画を作成し，その後必要に応じて順次計画の対象地区を拡大していく方法も考えられる。

(2) 計画期間

空家等対策の計画期間は，各市区町村における空家等の実態に応じて異なることが想定されるが，既存の計画で定めている期間や住宅・土地に関する調査の実施年と整合性を取りつつ設定することが考えられる。なお，計画期限を迎えるごとに，各市区町村内における空家等の状況の変化を踏まえ，計画内容の改定等を検討することが重要である。

(3) 空家等の調査に関する事項

各市区町村長が空家特措法９条１項に基づき当該市区町村の区域内にある空家等の所在及び当該空家等の所有者等を把握するための調査その他空家等に関しこの法律の施行のために必要な調査を行うに当たって必要となる事項を記載する。具体的には，例えば空家等の調査を実際に実施する主体名，対象地区，調査期間，調査対象となる空家等の種類，空家等が周辺に及ぼしている悪影響の内容及び程度その他の調査内容及び方法を記載することが考えられる。

(4) 所有者等による空家等の適切な管理の促進に関する事項

空家等の適切な管理は第一義的には当該空家等の所有者等の責任において行われるべきことを記載するとともに，空家等の所有者等に空家等の適切な管理を促すため，例えば各市区町村における相談体制の整備方針や，空家等の利活用に関心を有する外部の者と当該空家等の所有者等とのマッチングを図るなどの取組について記載することが考えられるほか，空家等の所有者等の意識の涵養や理解増進に資する事項を記載することが考えられる。

(5) 空家等及び除却した空家等に係る跡地の活用の促進に関する事項

各市区町村において把握している空家等の中には，修繕等を行えば地域交流や地域活性化の拠点として利活用できるものも存在し，また利活用する主体は当該空家等の所有者等に限られていない。例えば各市区町村が把握している空家等に関する情報を，その所有者の同意を得た上でインターネットや宅地建物取引業者の流通ネットワークを通じて広く外部に提供することについて記載することが考えられる。その際，空き家バンク等の空家等情報を提供するサービスにおける宅地建物取引業者等の関係事業者団体との連携に関する協定が締結されている場合には，その内容を記載することも考えられる。また，当該空家等を地域の集会所，井戸端交流サロン，農村宿泊体験施設，住民と訪問客との交流スペース，移住希望者の住居等として活用したり，当該空家等の跡地を漁業集落等の狭隘な地区における駐車場として活用したりする際の具体的な方針や手段について記載することが考えられる。

⑹　特定空家等に対する措置その他の特定空家等への対処に関する事項

「特定空家等」に該当する建築物等は，地域住民の生活環境に深刻な影響を及ぼしているものであることから，各市町村長が「特定空家等」に対してどのような措置を講ずるのかについて方針を示すことが重要である。具体的には，必要に応じて国土交通大臣及び総務大臣が別途定めるガイドラインの記載事項を参照しつつ，例えば各市区町村長が「特定空家等」であることを判断する際の基本的な考え方や，「特定空家等」に対して必要な措置を講ずる際の具体的な手続等について記載することが望ましい。

⑺　住民等からの空家等に関する相談への対応に関する事項

各市区町村に寄せられる空家等に関する相談の内容としては，例えば空家等の所有者等自らによる空家等の今後の利活用方針に関するものから，空家等が周辺に及ぼしている悪影響に関する周辺住民による苦情まで幅広く考えられる。そのような各種相談に対して，各市区町村はできる限り迅速に回答するよう努めることとし，例えば各市町村における相談体制の内容や住民に対する相談窓口の連絡先について具体的に記載することが望ましい。

⑻　空家等に関する対策の実施体制に関する事項

空家等がもたらす問題は分野横断的で多岐にわたるものであり，各市区町村内の様々な内部部局が密接に連携して対処する必要のある政策課題であることから，例えばどのような内部部局が関係しているのかが住民から一覧できるよう，各内部部局の役割分担，部署名及び各部署の組織体制，各部署の窓口連絡先等を記載することが考えられる。また，協議会を組織する場合や外部の関係団体等と連携する場合については，併せてその内容を記載することが望ましい。

(9)　その他空家等に関する対策の実施に関し必要な事項

(1)から(8)までに掲げる事項以外に，各市区町村における空家等の実情に応じて必要となる支援措置や，空家等対策の効果を検証し，その結果を踏まえて計画を見直す旨の方針等について記載することが考えられる。

3　空家等対策計画の公表について

空家特措法６条３項において，市区町村が空家等対策計画を定め，又は変更したときには遅滞なく公表しなければならないとされています。基本指針では，公表手段については各市区町村の裁量に委ねられるものの，単に各市区町村の広報に掲載するだけではなく，例えばインターネットを用いて公表するなど，住民が計画の内容について容易に知ることができる環境を整備することが重要である，という記載がなされています。

空き家等はその性質上，所有者等が同一市区町村に居住していないケースが相当数あることを考えられます，広報手段については，市区町村の内部的な広報のみならず，市区町村において定められた空家等対策計画や変更後の内容の概要を分かりやすく示した書面等を固定資産税の納税通知書に同封する等の踏み込んだ方法の検討も必要であると思われます。空家等対策計画の概要を示し，詳細についてはホームページ等に誘導するなどの工夫を凝らした周知に努めることが，基本指針に定められた「空家等の所有者等の意識の涵養と理解増進」にもつながると思われます。

Question 17　空家特措法上の特定空家等に対する措置について教えてください。

A　特定空家等に対する措置については，「助言又は指導」「勧告」「命令」「代執行」の手続があります。なお，財産権を制約する側面などがあるため，必ずこの手順を経る必要があります。

解　説

特定空家等に対する措置

市区町村長は，特定空家等の所有者等に対し，当該特定空家等について，除却，修繕，立木竹の伐採その他周辺の生活環境の保全を図るために必要な措置を講ずるよう求めることができます（空家特措法14条）。市区町村長は，特定空家等の認定並びに必要な措置の判断等のため，ガイドラインや当該市区町村で定める判断基準をもとに，対象となる空家等の所有者等調査（空家特措法９条１項），立入調査（空家特措法９条２項～５項）を経た上で，所有者等に対して特定空家等に対する措置の履行を求めることになります。

特定空家等に対する措置については以下の手続があります。

① 助言又は指導
② 勧告
③ 命令
④ 代執行

(1) 助言又は指導

助言又は指導はいずれも行政手続法上の行政指導です（空家特措法14条１項）。指導は助言より所有者等に対してより強く措置の履行を求めることとなります。

助言又は指導は口頭によることも許容されていますが，改善しなかった場合の措置を明確に示す必要がある場合は，書面で行うことが望ましいとされています。

なお，そのまま放置すれば倒壊等著しく保安上危険となるおそれのある状態又は著しく衛生上有害となるおそれがある状態のいずれでもない特定空家等については，建築物等の全部を除却する措置を助言又は指導することはできません（空家特措法14条１項括弧書）。

⑵　勧　告

助言又は指導を経てもなお特定空家等の状態が改善がされない場合，行政指導として勧告が行われます（空家特措法14条２項）。対象となる特定空家等の敷地の用に供されている土地について住宅用地に対する固定資産税等の課税標準の特例（住宅用地特例）を受けている場合，勧告を受けることにより，この特例の対象から除外されることになります（地方税法349条の３の２第１項，702条の３第１項）。

⑶　命　令

勧告を受けた者が正当な理由なくその勧告に係る措置を取らなかった場合，特に必要があると認めるときは，不利益処分である行政処分として，相当の猶予期限を付して勧告に係る措置をとることを命じることができます（空家特措法14条３項）。

⑷　代執行

命令を受けてもなお措置を履行しないとき，履行しても十分でないとき又は履行しても命令で定めた期限までに完了する見込みがないときは，行政代執行法の規定に基づき，代執行を行うことができます（空家特措法14条９項）。

2　特定空家等に対する措置の手順

空家特措法上，特定空家等に対する措置は必ず「助言又は指導」「勧告」「命令」「代執行」の手順を経る必要があります。これは，代執行の対象となる特定空家等は，「そのまま放置すれば倒壊等著しく保安上危険となるおそれがある」など，将来の蓋然性を考慮した内容が含まれていること，かつその判断には裁量の余地があること，また措置の内容は所有者等の財産権を制約する側面があることから，前述の順により，所有者等に接触をして必要な措置につき働きかけをすることが望ましいためとされています。

ところで，空家特措法施行前に，全国の多くの自治体でいわゆる空き家条例を制定しており，同条例内に代執行までの手順を定めているケースもあります（条例については，Q10参照）。この空き家条例に基づく代執行が，空家特措法が規定する手順に抵触している場合は，当該部分は無効となります。

なお，対象となる特定空家等の状況により異なりますが，代執行での手続は，以上の手順を経る必要があること，助言又は指導から代執行までの通知は所有者等の全員（所有者が死亡している場合には相続人全員）に対して行う必要があること，代執行の費用はやむを得ない場合の最終手段として予算計上が想定されること，関係者（地元関係者，議会，報道機関，県，担保権者等）への説明等も検討されることなどから代執行に至るまでには長い時間を要することも想定されます。

memo メモ

国土交通省が発表した「空家等対策の推進に関する特別措置法の施行状況（平成29年３月31日時点）」では，特定空家等に対する措置の実績を以下のとおり報告しています。今後の空家等対策計画の策定に伴い，措置件数は増加していくものと思われます。

	市区町村数	措置件数
指導・助言	314	6405
勧告	220	267
命令	19	23
代執行	11	11
略式代執行	29	35

調査対象　1788団体（47都道府県，1741市区町村）
回収数　1788団体（回収率100%）

【特定空家等に対する措置の流れ】

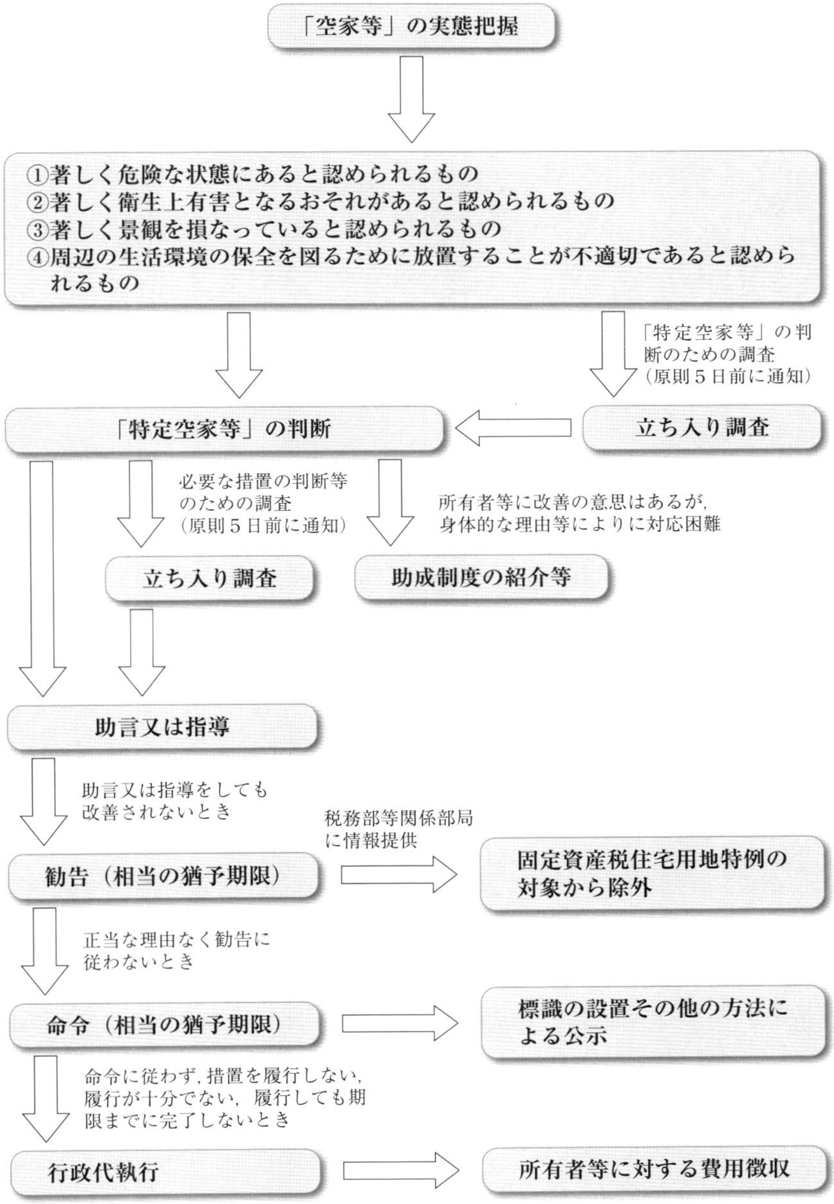

Question 18

特定空家等の代執行の手順について教えてください。

A　市区町村長が特定空家等の所有者等に対し，必要な措置を命じた場合において，その措置を命じられた者がその措置を履行しないとき，履行しても十分でないとき，又は履行しても期限までに完了する見込みがないときは行政代執行法の定めるところにより，代執行を行うことができます。代執行は，所有者等の対応，当該特定空家等の代執行の緊急性などを総合的に判断する必要があります。

また，過失なくしてその措置を命ぜられるべき者を確知できない場合等の対応として，略式代執行の規定を置いています。

解　説

行政代執行ができる要件

行政代執行法では，「他の手段によってその履行を確保することが困難（補充性）」かつ「その不履行を放置することが著しく公益に反すると認められる（公益性）」を判断の上，代執行ができる旨を規定しています（行政代執行法２条）。

空家特措法は，この行政代執行法の特則として，市区町村長が特定空家等の所有者等に対し，必要な措置を命じた場合，その措置を命ぜられた者がその措置を履行しないとき，履行しても十分でないとき又は履行しても期限までに完了する見込みがないときは行政代執行法の定めるところにより，代執行を行うことができる旨を規定しています（空家特措法14条９項）。

市区町村長は，特定空家等に対する措置の助言又は指導，勧告，命令の過程において，上記の補充性及び公益性を十分検討・判断していることから，改めて行政代執行法の要件に該当するか否かの判断をすることを要せず，迅速に代執行が可能とされています。

ただし，代執行を実施するということは，多額の税金を投入することになるため，これまでの所有者等の対応，当該特定空家等の代執行の緊急性や，代執行費用の額とその回収可能性の検討を十分に行うなど，総合的に判断をする必要があります。

行政代執行法

第２条　法律（法律の委任に基く命令，規則及び条例を含む。以下同じ。）により直接に命ぜられ，又は法律に基き行政庁により命ぜられた行為（他人が代ってなすことのできる行為に限る。）について義務者がこれを履行しない場合，他の手段によってその履行を確保することが困難であり，且つその不履行を放置することが著しく公益に反すると認められるときは，当該行政庁は，自ら義務者のなすべき行為をなし，又は第三者をしてこれをなさしめ，その費用を義務者から徴収することができる。

2　代執行の内容

助言又は指導できる措置の内容は，特定空家等についての除却，修繕，立木竹の伐採その他周辺の生活環境の保全を図るために必要な措置となり，代執行もこの範囲に留まります。

また，そのまま放置すれば倒壊等著しく保安上危険となるおそれのある状態又は著しく衛生上有害となるおそれがある状態のいずれでもない特定空家等については，建築物等の全部を除却する助言又は指導をすることはできません（空家特措法14条１項括弧書）。したがって，この場合は，建築物等の全部を除却する代執行が行われることはありません。

3　代執行の手順

特定空家等に対する代執行は，行政代執行法３条の規定及びガイドラインに基づき，以下の手順を踏みます。

①　文書による戒告

② 再戒告

③ 代執行令書による通知

④ 代執行

⑴ 文書による戒告

特定空家等に対して代執行をなすには，相当の履行期限を定め，その期限までに義務の履行がなされないときは，代執行をなすべき旨をあらかじめ文書で戒告をします。この文書の様式は，ガイドライン参考様式６で例示されています。戒告の送達方法について，特に定めはありませんが，勧告の送達方法（直接手交又は配達証明付内容証明郵便など）に準じるものとされています。

相当の履行期限とは，少なくとも戒告の時点から起算して当該措置を履行することが社会通念上，可能な期限とされています。

⑵ 再戒告

戒告に定められた相当の履行期限までに履行がされない場合，市区町村長は直ちに代執行令書による通知の手続を取らず，再度戒告を重ねることも認められるとされています。市区町村長としては，義務者が自ら履行するかどうかを見極めて再戒告をするか否かを判断することになりますが，特定空家等が地域に及ぼしている状況等を考慮して，判断をするものと考えられます。

⑶ 代執行令書による通知

義務者が戒告を受けたにもかかわらず，戒告に定められた相当の履行期限までに履行しないときは，市区町村長は，代執行令書をもって義務者に下記の事項を通知します。代執行令書の様式はガイドライン参考様式７で例示されています。

・代執行をなすべき時期

・代執行のために派遣する執行責任者の氏名

・代執行に要する費用の概算による見積額

なお，行政代執行法３条３項で，非常の場合又は危険切迫の場合において，当該行為の急速な実施について緊急の必要があり，文書による戒告及び代執行令書による通知の手続をとる暇がないときは，その手続を経ないで代執行をすることができる旨が規定されています。

⑷　代執行

ここでは，空家特措法による代執行の事例を紹介します。国土交通省が発表した「空家等対策の推進に関する特別措置法の施行状況（平成29年３月31日時点）」では代執行が11件，後述する略式代執行が35件報告されています。

【代執行の事例】

市区町村名	時　期	対象特定空家等	措　置	解体費用
長崎県新上五島町	平成27年７月	木造２階建	略式代執行	約130万円
神奈川県横須賀市	平成27年10月	木造平家建約60㎡	略式代執行	約150万円
大分県別府市	平成28年２月	木造２階建	略式代執行	約510万円
兵庫県明石市	平成28年３月	木造平家建約30㎡	略式代執行	約100万円
東京都葛飾区	平成28年３月	木造２階建	代執行	約180万円
群馬県前橋市	平成28年７月	木造平家建	略式代執行	約84万円
福岡県飯塚市	平成28年８月	木造２階建約204㎡	代執行	約200万円
新潟県妙高市	平成28年９月	鉄筋コンクリート造４階建て延べ1,080㎡	略式代執行	約3,960万円

4　動産の取扱い

代執行の対象となる特定空家等内に相当の価値がある動産が存在する場合，まず所有者等に運び出すように連絡し，応じない場合は保管し，所有者等に期間を定めて引取りに来るように連絡することが考えられるとされています。いつまで保管するかは，法務部局と協議して適切に定める必要があります。

なお，動産の処置については，行政代執行法上に規定はないため，動産の種類等によって対応は一律ではありません。換価可能な財産については，代執行による除却費用の回収を名目にして，①差押換価（公売），②公売が成立しない場合は任意売却が検討されます。換価価値のない動産は，建物解体時に廃棄することも考えられます。

福井県空き家対策マニュアルでは，動産の取扱い例として次のようなものを紹介しています。

・廃材の撤去も命令書に含め，廃材を含めて除却をかけて行政代執行を実施
・所有者との話合いが可能であったため，解体前に動産を搬出
・事前に建物の内部にまで立ち入りをせず，解体当日に動産の存在を確認し，ゴミと判断されるものは廃棄し，その他の動産を庁舎倉庫に保管した。文書で引取りを催促したが，応答がないため，廃棄処分
・行政代執行による解体後，動産の一部を所有者に引渡し

5 略式代執行（過失なく措置を命ぜられる者を確知することができない場合等）

特定空家等の所有者等に対し，必要な措置を命じようとする場合において，過失がなくてその措置を命ぜられる者を確知することができないとき（過失がなくて助言又は指導及び勧告が行われるべき者を確知することができないため，命令を行うことができないときを含む。）であっても，市区町村長はその者の負担において，その措置を自ら行い，又は命じた者若しくは委任した者に行わせることができます（空家特措法14条10項）。この手続を略式代執行といいます。

「過失がなくて」とは，ガイドライン上，「市町村長がその職務行為において通常要求される注意義務を履行したことを意味する」とされています。「確知することができない」とは，「措置を命ぜられるべき者の氏名及び所在をともに確知し得ない場合，及び氏名を知り得ても所在を確知し得ない場合」とされています。

略式代執行は，相当の期限を定めて，以下をあらかじめ公告（事前の公告）をする必要があります。

① 当該措置を行うべき旨

② その期限までにその措置を行わないときは，市区町村長又はその措置を命じた者若しくは委任した者がその措置を行うべき旨

事前の公告は，当該市区町村の掲示板に掲示し，かつその掲示があったことを官報に少なくとも1回掲示します。相当と認められるときは，官報への掲示に代えて，当該市区町村の「広報」「公報」等に掲載することをもって足りるとされています。

第3 司法書士と空き家問題

Question 19

なぜ司法書士が空き家問題に取り組むのですか。

A 空き家発生の一番大きな原因となっている相続を始めとする不動産の権利に関する登記手続を担ってきた士業の使命として取り組む必要があります。また，依頼者，行政，他の業種との連携により，管理の行き届かない空き家が原因で発生する問題の予防に努めることも不可欠です。

解　説

1 司法書士の業務

司法書士法１条には，登記，供託及び訴訟等に関する手続の適正かつ円滑な実施に資し，もって国民の権利保護に寄与することを司法書士制度の目的としており，司法書士倫理前文では，国民の権利の擁護，公正な社会の実現が司法書士の使命であると定められています。これまで，司法書士は，具体的業務として司法書士法３条各号に掲げられた業務等を行い司法書士法や倫理による目的を果たしてきました。

日本司法書士会連合会が平成27年８月23日に行った空き家に関する相談会「全国空き家問題110番」には，全国津々浦々から377件の相談が電話にて寄せられました。相談内容を分析したところ，空き家となった原因は52%が所有者等の死亡であり，司法書士が日頃より関与している相続に密接に関わる部分でした。

また，同相談会において，これまでどこにも相談をしたことがない「相談歴なし」の相談者が60％にも上ることが分かりました。これは全国に偏りなく存在し，司法書士会として組織だって「相談センター」を整備しており，一番身近な法律家として，改めて使命をもって取り組む必要があるともいえるのではないでしょうか。

2 空き家所有者と司法書士との関わり

上記日本司法書士会連合会による「全国空き家問題110番」による統計のほか，国土交通省による平成26年空家実態調査結果報告書においても，人が住まなくなった理由として「死亡した：35.2％」「別の住宅へ転居：27.9％」「老人ホーム等の施設に入居：14.0％」との報告がなされています。「死亡した」場合は相続登記手続が，「別の住宅へ転居」の場合は売買による所有権移転登記，建物の新築による所有権保存登記が，「老人ホーム等の施設に入居」の場合は成年後見開始の申立書の作成，成年後見人への就任が関連してきます。実に77.1％のケースにおいて，司法書士の日常業務と密接に関連した形で空き家問題への関与が可能となります。空き家を原因とする様々な問題を困難にしているのは，前述のとおり，その所有者が特定しにくいという点です。所有者の特定ができれば迅速な解決に向けた最初の一歩をスムーズに踏み出すことができることとなります。

建物が空き家となる前後で，司法書士が手続に関与する際に，空き家を原因とする様々な影響やリスクを説明すること，アドバイスすることで，管理の促進を図ることができると考えられます。このように，我々が常日頃行っている業務の延長線上で，空き家問題に取り組むことができることも司法書士に期待される一つの要因になっています。

3 行政機関や関連団体と司法書士の関わりについて

空家特措法の施行により，市区町村における空き家問題に対する取組が明確になりました。市区町村が様々な手続を行うに当たり，司法書士の専門的なノウハウを生かすことのできる場面が多く存在します。まずは空家特措法に基づく市区町村の業務のアウトソーシングが挙げられます。登記簿や戸籍等による空き家の所有者・相続人調査，成年後見制度や相続財産管理，不在者財産管理制度の利用に関する申立書の作成，成年後見人，財産管理人等への就任も想定されます。また，市区町村の担当者からの空き家問題に関する相談への対応や，職員研修会への講師派遣，市民向け説明会等への講師派遣など様々な場面で市区町村等の行政機関と連携して問題の解決をサポートすることができます。

また，行政機関以外の関連団体との連携も重要となります。管理の行き届かない空き家を原因とする問題の多くは，流通の対象となりにくい古い建物が中心となっていることを考えますと，問題解決に向け，税務や建築，解体や流通，跡地の再利用等，司法書士以外の様々な団体と連携しながら，重要な役割を果たすことも考えられます。

Question 20

司法書士による空き家問題に対する支援には，どのようなものがありますか。

A　個別業務の支援としては，相続を始めとする不動産登記，遺言の作成支援業務，裁判所へ提出する書面の作成業務として，不在者財産管理人，相続財産管理人の選任申立書，成年後見開始の審判申立書の作成，裁判所から不在者財産管理人，成年後見人，相続財産管理人としての財産管理業務，簡裁代理権を活用した業務，遺産分割協議等の家事調停手続に関する申立支援業務等，多岐にわたります。管理されない空き家を増加させないための予防業務として，相談業務や各種アドバイス等も重要です。

解　説

1 司法書士と依頼者の関わり

司法書士は，依頼者のライフイベントの節目で登記手続をきっかけに関わりを持つことが多いと思われます。また，これまで様々な相談活動を通じて，市民の方々へのサポートを行ってきました。Q19のとおり「どこに相談してよいのかが分からず，相談歴がない。」といった方々はもちろんのこと，マスコミ等で空き家問題が取り上げられる機会が多くなり，市民の方々から寄せられる司法書士への期待も大きなものとなってくることが予想されます。一方で我々から空き家問題や所有者不明土地問題の解決の担い手として，特に司法書士による業務が重要であることを様々な形で周知する活動も不可決であると考えられます。

2 各種業務について

(1)　相続に関する登記

相続登記を促進することは空き家問題への大きな支援となります。前述のとおり日司連アンケートや国土交通省による空家実態調査等，様々な調査において，所有者等の死亡が空き家となった最も大きな原因となっています。そのため，まず相続登記を行い，所有者を確定させることが，その後の建物の適正な管理につながると考えられます。

⑵　所有権登記名義人住所変更登記

空き家対策を実施する上で登記簿上の所有者が所在不明となる大きな原因の１つが住所移転の経緯が追跡できなくなる，という問題です。住民基本台帳法施行令34条において，消除された住民票又は戸籍の附票は，その消除されたときから５年間保存するものとされています。５年を過ぎれば，市区町村に保管義務がないため，住民票の除票を取得することができない場合があり，所有者調査等に支障をきたすことも少なくありません。今後は，住所変更登記の重要性を周知することも検討する必要があります。

⑶　遺言の作成支援業務

遺産承継を円滑に行うという意味においては，遺言の作成も非常に有効です。特に公正証書による遺言である場合，公証役場にて全国的に遺言の検索が可能であるため，被相続人と相続人の住所が離れているケースであっても，容易にその存在の有無を知ることができます。また自筆証書遺言の作成について，その要件を確実に満たすように司法書士が関与するなど，公正証書遺言のみならず自筆証書遺言の作成のサポートも重要な対策の１つです。特に兄弟姉妹が相続人となるケースにおいては，当事者意識が希薄になりがちですので，是非活用し，その思いを次世代に託したいものです。

⑷　裁判所へ提出する書類の作成業務

また，相続人の一部が認知症等で判断能力が衰えている場合，所在が知れない場合，若しくは相続人が不存在の場合，成年後見開始の審判の申立て，不在者財産管理人選任申立て，相続財産管理人選任申立て等の各種申立書の作成を行い，遺産分割調停の申立書類等の作成業務を行います。

(5) 成年後見人等への就任

成年後見人，不在者財産管理人，相続財産管理人への就任，任意後見契約，死後事務委任契約に基づく財産管理人への就任，遺言執行者への就任等，財産管理業務を行うこともできます。また，不在者財産管理人や相続財産管理人の候補者名簿をととのえている司法書士会もあります。

(6) 簡裁代理権を活用した業務

認定司法書士であれば，訴額が140万円を超えない簡裁訴訟等代理業務も多数想起されます。土地所有者からの借地権解除，建物収去土地明渡請求等，周囲に危険を及ぼす可能性のある「特定空家等」の隣地所有者からの訴訟手続を代理できます。

建物収去土地明渡請求の訴額については，所有権に基づく土地の明渡請求として，目的物の価額の２分の１でありますが，土地については平成６年４月１日より当分の間，固定資産評価額の２分の１を乗じた額とされています。そのため，土地の固定資産評価額に２分の１を乗じて，更に２分の１を乗じた価額が140万円を超えなければ簡裁での訴訟代理が可能です。

(7) 相続人調査

司法書士による相続登記手続の知見をいかして，戸籍等による相続人調査業務を空き家問題にいかすことができます。法務局へ登記申請される相続登記は年間100万件（法務省登記統計）にも上りますが，その大部分を司法書士が代理申請しています。２万人を超える司法書士が相続登記の専門家として業務を行っており，すべての司法書士がほぼ例外なく相続登記に取り組んでいるということは，各司法書士が相続人を特定するためのノウハウを保持していることをも意味しています。そのため，相続人からの依頼はもとより，市区町村等からの依頼を受けて，空き家問題に関する所有者の調査を行うことにも大きな期待が寄せられています。

(8) 空き家化前の処分

将来的に空き家となりそうな建物の所有者からの依頼により，贈与や信託，リバースモーゲージ等，司法書士や他の専門家のアドバイスにより処分等を行うことも可能です。

Question 21

司法書士による空き家問題に対する支援として，Q20のほかにどのようなものがありますか。

A 司法書士による支援として，国，都道府県，市区町村，様々なレベルでその専門性を生かした役割が期待されています。

解 説

1 国

これまで日司連では，国土交通省や法務省，農林水産省等による検討会等へ参加してきました。国土交通省の所有者の所在の把握が難しい土地への対応方策に関する検討会の中で，司法書士が問題解決のためにサポートができるということを改めて示し，ガイドラインで司法書士の活用についても触れられています。

また，国による相続登記促進施策「未来へつなぐ相続登記」の一環として，法務省，日本司法書士会連合会，日本土地家屋調査士会連合会が協同し，各地方においては，法務局，司法書士会，土地家屋調査士会と連携した広報活動等を行っています。

さらに，今後は司法書士の専門的知見等を生かした，空き家に関する問題や所有者不明土地問題等について，相続登記手続や家事事件に関する手続について，将来を見据えた政策提言などを行うことも，社会から期待されています。

2 市区町村及び都道府県

国土交通省の基本指針中，一の２「実施体制の整備」において，協議会の構成員の例として司法書士が挙げられています。協議会内で行われている対策計画の策定，変更そして実施の場面において司法書士としての専門的立場からの意見やチェック機能等が期待されているものと思われます。今般の空家特措法により，行政代執行，略式代執行まで手続が行われることが可能となりましたが，私有財産への公権力からのアプローチであることには変わりがありません。司法書士による個別業務以外の関わり方の１つとして，独立した専門家的見解により，空家対策実施の計画内容，実施方法，実施手順の適法性を強化するため，協議会メンバーとして加わることが挙げられます。

また，空家特措法12条に基づき所有者等に対し，空家等の適切な管理を促進するための情報提供，助言等を行う努力義務が課されています。この規定により市区町村は，所有者等や周辺住民からの相談体制の整備が望まれる旨，国土交通省による基本指針により示されています。第一次受付として市区町村の担当窓口における概括的な相談を行った後に，市区町村と司法書士会が設置している司法書士総合相談センター等で専門的相談に当たることができるよう，市区町村と各司法書士会が連携して取り組んでいく必要があります。

先にも述べましたように空家等の実態把握の場面においては，市区町村による所有者等の特定のための調査業務において司法書士がこれまで培ってきた相続に関連するノウハウが生かされることになります。各市区町村において，空き家問題対応の部署と司法書士会等が，秘密保持，守秘義務，手続費用等についての協定等を締結した上で，受託団などを通じて所有者に関する調査を受託する等，実際の業務に結びついた形での取組が始まっています。

空家特措法において，都道府県は「空家等対策計画の作成及び変更並びに実施その他空家等に関しこの法律に基づき市町村が講ずる措置について，当該市町村に対する情報の提供及び技術的な助言，市町村相互間の連絡調整その他必要な援助を行うよう」努める（空家特措法８条）とされています。

情報提供や助言等の１つとして，都道府県による市区町村の担当者等と勉強会などが開催される場合に，その講師として司法書士業務と空き家問題の関わりについて説明する機会もあろうかと思います。

3 市民への啓発広報

各地の司法書士会などでは，空き家と相続に関連した市民公開講座や，シンポジウム等が開催されています。空家等の適正管理を行うことの重要性や管理不全の空家等が周辺地域にもたらす諸問題についての広報等により，関心を広く惹起し，地域全体でその対処方策を検討・共有することが望ましい（基本指針の三の１）とされており，市民公開講座等は司法書士が空家等の所有者等の意識の涵養と理解増進に貢献できる広報活動の１つです。

第2章

各　論
～相談元からのQ&A

第1 本人存命中の空き家管理

Question 22

空家特措法が施行され，空き家にしておくと固定資産税の住宅用地特例の対象から除外されて税額が上がったり，代執行で除却されたりすることがあると聞きましたが，本当でしょうか。

A　空き家であっても適正に管理をしていれば，固定資産税の住宅用地特例の対象から除外されることはありません。管理が不十分で，空家特措法上の特定空家等と認められ，勧告を受けると，固定資産税の住宅用地特例の対象から除外されることになり，その結果，固定資産税が増加することになります。

また，空家特措法上の特定空家等と認められ，命令を受けたにもかかわらず必要な措置を履行しないなどの場合は，代執行により除却，修繕，立木竹の伐採等が行われることになります。

解　説

1 固定資産税等の住宅用地特例の対象からの除外

空家等の中でも特定空家等は地域住民の生活環境に深刻な影響を及ぼすものであり，その除却や適正管理を促す必要性から，固定資産税等の住宅用地特例の対象から除外されるという税制上の措置が講じられました。具体的には，地方税法等の一部を改正する法律（平成27年法律第２号）の施行により，地方税法349条の３の２第１項の規定が改正となり，住宅用地特例の対象地として，空家特措法14条２項の規定により所有者等に対し，勧告がされた特定空家等の敷地の用に供されている土地が除かれました。したがって，特定空家等と認定されることがないよう空家等の適正な管理をしていれば，固定資産税等の住宅用地特例の対象から除外されることはありません。

2　住宅用地特例の内容

固定資産税等の住宅用地特例の対象から除外されると，非住宅用地として取り扱われ，下記の課税標準の軽減特例措置がなくなります。

【住宅用地に対する固定資産税等の課税標準特例】

区　分	面　積	課税標準の軽減特例	
小規模住宅用地	200㎡以下	固定資産税	６分の１
		都市計画税	３分の１
一般住宅用地	200㎡を超える部分（家屋の床面積の10倍まで）	固定資産税	３分の１
		都市計画税	３分の２

※一般住宅用地とは，小規模住宅用地以外の住宅用地をいいます。例えば，300㎡に住宅100㎡が建っている場合は，200㎡までが小規模住宅用地，残りの100㎡が一般住宅用地となります。

住宅用地特例の対象から除外され，非住宅用地となった場合でも，固定資産税額は課税標準額に対する負担調整措置（都市計画税も同様）及び各市区町村による条例減額制度に基づき決定されることになるので，小規模住宅用地の固定資産税について，形式的に６倍に増加するわけではありません。

3　勧告の対象が立木竹等の場合

勧告の対象が空き家の敷地内にある立木竹や倉庫等のみの場合であっても，特定空家等の敷地に対する住宅用地特例の対象から除外となります。これは，特定空家等の前提となる空家等とは，建築物等及び立木竹等を含むその敷地を一体として捉えているからです。

4 勧告にかかる措置を履行した場合

勧告を受けた所有者等が当該勧告にかかる措置を行ったことで，勧告が撤回されると，固定資産税等の住宅用地特例の要件を満たす空き家の敷地については，再度特例の対象となり得ます。

5 施行状況

国土交通省が調査した「空家対策の推進に関する特別措置法の施行状況（平成29年３月31日時点）」では，特定空家等に対する勧告の実績は，267件と報告しています。

Question 23

自治体が実施している解体補助制度・空き家バンクとは，どのようなものですか。また，空き家に関して，自治体には，ほかにどのような支援・補助がありますか。

A　解体対象の建築物を老朽危険家屋に限定し，解体工事費に上限を設け，解体補助制度を設けている自治体があります。

空き家バンクは，空き家の活用を希望する所有者に物件を登録してもらい，利用希望者に対して物件情報を提供する制度です。これに関連して空き家バンクを利用する移住者に対して，リフォーム費用の支援をする自治体も存在します。

また，平成29年３月に国土交通省は市区町村が保有する空き家所有者情報を所有者の同意を得て民間事業者等に提供するためのガイドライン（試案）を公表しました。市区町村と民間事業者等との連携による空き家の流通，利活用の促進が期待されます。

老朽危険家屋を対象とした解体補助制度

空き家の解体に対する補助制度は，その必要性及び公平性の観点から，すべての空き家を対象とすることは困難です。そこで解体補助制度を設けている自治体では，対象となる家屋を「構造の腐朽又は破損が著しく危険性が大きい家屋」「放置すれば倒壊等の危険性がある家屋」など空き家を含めた老朽危険家屋に限定した制度設計をしています。

なお，申請対象者を，登記記録上の所有者又はその相続人（全員又は全員の同意を条件）に限定し，かつ市税滞納者を除外している例があります。対象工事も老朽危険家屋の除却が目的ですので，建築物全部の除却工事を対象とし，補助額は，解体工事費の1/3～2/3の範囲で上限を設けるなどとしています。

補助金申請は，工事着手前に行う必要があるため，解体工事着手前に自治体に制度有無を含め，確認することが必要です。

2 空き家バンク

(1) 空き家バンクとは

空き家バンク制度は，空き家の売買，賃貸借等を希望する所有者に物件を登録してもらい，利用希望者に対して物件情報を，インターネット等を通して提供し，空き家等の遊休不動産を有効活用する制度です。人口減少が予測される地域では，移住・交流の促進による地域活性化を目的としてきた経緯があります。空き家バンク制度は，放置される空き家を未然に防止するためにも有効な施策として用いられています。空き家等の物件情報を提供するだけでなく，利用希望者を登録する制度も設けている場合があります。

自治体が取組をしてきた空き家バンクに不動産取引業団体をはじめとする民間事業者と協定などにより連携・協力体制を構築するケースが増

【自治体と民間の協働事業の例】

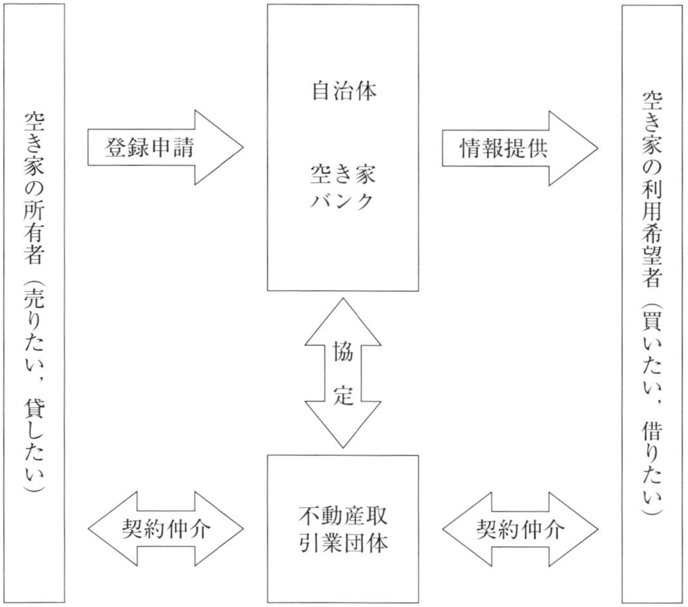

加しています。空き家バンク制度は，あくまで物件登録制度であり，不動産取引業団体等と協働するメリットは，広く物件情報を情報発信できることにあります。

(2)　一般社団法人移住・交流推進機構による空き家バンクの調査

一般社団法人移住・交流推進機構（JOIN）が平成26年3月に発表した「『空き家バンク』を活用した移住・交流促進事業自治体調査報告書」によると，空き家バンクの実施状況（平成25年度調査）は，市区町村では，「現在，実施している」が62.9%，「現在，実施していないが，今後は実施する計画がある」が13.4%と，全体として積極的な姿勢がみられます。一方で平成21年度調査と比較し，登録件数が増加した自治体は30.7%に止まり，48.9%が横ばいであるなど，空き家戸数の増加と比較すると登録件数の伸び悩みも見られ，今後，登録を促す施策が求められます。

空き家バンク開設以来の成約件数の累計は，市区町村では，「1～9件」が34.8%と最も多く，次いで「10～19件」が16.8%，「0件」が14.4%となっており，一定の実績を残しています。

3　自治体による空き家への支援・助成制度

当該自治体への定住を促すため，空き家を含めた中古住宅の購入に対して支援・助成制度を設けている自治体があります。代表的なものを下記に掲げますが，具体的には当該自治体に確認が必要です。

①　定住促進家賃補助制度

空き家バンクに登録されている物件への市外からの転入者に対し，家賃の一部を補助

②　空き家改修費補助制度

空き家の有効活用を通して，移住及び定住の促進による地域の活性化を図ることを目的。空き家バンクに登録された物件を購入又は賃借した者が，市内事業者により施工される改修費用を補助

③　住宅リフォーム資金補助制度

市民の居住環境の向上を目的とし，空き家住宅と認定された住宅のリ

フォームに対し補助

④　中山間地域移住者用住宅改修補助制度

中山間地域のコミュニティの維持及び活性化を図るため，中山間地域に所在する空き家バンクに登録された住宅について，移住者のための改修費用を補助

4 空き家所有者情報の外部提供

空き家対策は除却と並行して，流通を中心とした利活用の促進が必要であり，そのためには，宅地建物取引業者等との連携が重要です。一方，宅地建物取引業者等が空き家を流通市場に乗せるためには，空き家所有者に接触するための所有者情報の提供を受けることが不可欠です。

空家特措法の施行により，市区町村の税務部局が保有する課税情報を空き家対策のために内部利用することや，当該情報を基に空き家所有者への接触が可能となりましたが，この課税情報を含む空き家所有者情報を利活用のため民間事業者等の外部に提供することは各市区町村が定めている個人情報保護条例で制限しています。

そこで，平成29年３月，国土交通省は市区町村の空き家部局が収集・保有する空き家所有者情報を外部に提供するに当たっての法制的な整理，所有者の同意を得て外部に提供していく際の運用の方法及びその留意点等を取りまとめ，「空き家所有者情報の外部提供に関するガイドライン（試案）」として公表しました。所有者本人の同意を得てその同意の範囲内で外部提供する限り，前記個人情報保護条例に抵触しない旨の法制的整理がされています。

上記ガイドラインでは，所有者の同意は，共有の場合は共有者全員の同意を原則としています。また，空き家の利活用には，空き家の売却や賃貸，リフォーム解体のみなならず相続登記の問題，境界の問題，その他法律問題等の解決等も考えられることから，目的に応じた情報の提供先である民間事業者等の検討も想定しています。

なお，民間事業者等との連携方法としては，次の２種類を想定しています。

①　市区町村に登録等をしている民間事業者に直接情報を提供

②　市区町村と連携している民間事業者団体を通じて民間事業者に情報を提供

このガイドラインを基に市区町村が積極的に関与するとともに，苦情対応やトラブル防止に配慮しながら，地域の実情に応じた仕組みが構築されていくことで，市区町村と民間事業者等の連携による空き家の流通，利活用の促進が期待されます。

【参考】

国土交通省ホームページ

・「空き家所有者情報の外部提供に関するガイドライン（試案）」の策定・公表について～市町村と民間事業者の連携による空き家の利活用促進～

(http://www.mlit.go.jp/report/press/house02_hh_000117.html)

【空き家所有者情報の外部提供スキーム（イメージ）】

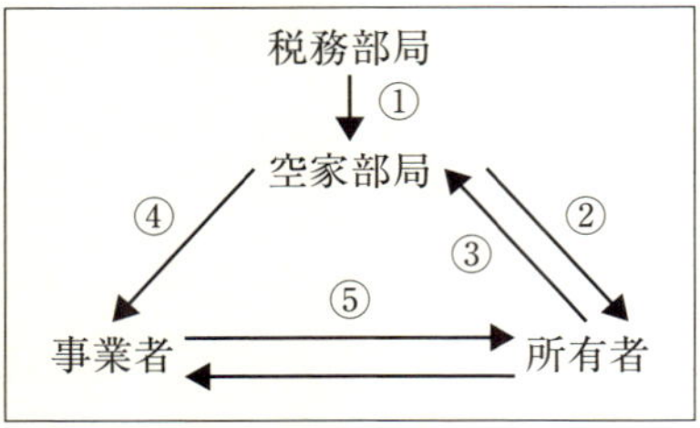

①市町村による空き家の特定・所有者調査（課税情報も活用）
②空き家所有者に外部提供の意向確認
③空き家所有者の同意
④所有者情報を提供
⑤事業者と所有者の接触

国土交通省「空き家所有者情報の外部提供に関するガイドライン（試案）について」より

Question 24　金融機関の空き家解体ローンやリフォームローンとは，どのようなものですか。

A　空家特措法の施行に伴い，空き家対策の推進への対応，解体やリフォームの需要の高まりに対応するため，全国各地の金融機関で空き家解体やリフォームローンの取扱いを開始しています。

解　説

空家等の所有者等は，周辺の生活環境に悪影響を及ぼさないよう，空家等の適切な管理に努めることが必要です（空家特措法３条）。しかしながら，老朽化した空き家を利用することが困難で，売却等の予定もない場合，解体をしたくとも，多額の費用を一度に捻出することは容易ではありません。また賃貸として活用するにもリフォームに多額の費用を要する場合があります。管理を放置しておけば，特定空家等と認定され，最終的に代執行を受けることになり，当該代執行費用の請求を受けることも否定できません。

ところで，平成26年12月27日閣議決定した「まち・ひと・しごと創生総合戦略」では，『地方に，「しごと」が「ひと」を呼び，「ひと」が「しごと」を呼び込む好循環を確立することで，地方への新たな人の流れを生み出すこと，その好循環を支える「まち」に活力を取り戻し，人々が安心して生活を営み，子どもを産み育てられる社会環境をつくり出す』ことを基本的な考えとし，その施策の一つとして空き家対策の推進を述べています。具体的には空家特措法に基づく空き家対策の促進を推進するとともに，空き家の利活用や，空き家物件に関する円滑な流通・マッチングの促進などを挙げています。

全国各地の金融機関では，この空き家対策の推進に対応したり，解体やリフォームの需要の高まりに対応するため，空き家の解体やリフォーム資金の支援として，ローンの取扱いを開始しています。

1 空き家解体やリフォームの内容

融資資金の使途につき，下記のように空き家解体，リフォーム，解体後の駐車場等の土地活用などを目的として商品化しているケースがあります。

・空き家の解体資金
・空き家のリフォーム資金
・空き家の解体，解体後の土地活用資金
・防災・防犯上の設備対策資金

など。

2 自治体からの補助金との併用

自治体では空き家解体につき，補助金制度を設けている場合があります。補助を受ける場合には，空き家解体ローンの金利の優遇をしているケースもあります。また，この場合の融資額は，解体費用から補助金額を控除した金額を上限としているようです。

Question 25

親から相続した遠方にある放置空き家について，自治体から空き家に関する意向調査（アンケート）を受けました。これはどのような目的で行われるのでしょうか。

A　自治体は，当該自治体の行政区域内に存在する空き家の実態を把握し，適正管理の助言，利活用に関する情報提供，有効な空き家等対策の実施のため，意向調査を行うことがあります。所有者等としては，資産価値の劣化の防止や将来の利活用に繋げるためにも，当該意向調査に回答し，必要に応じて情報提供を受け，空き家の管理，処分又は活用方法を検討することが必要です。

解　説

自治体からの空き家に対する助言

空家等の所有者等は，周辺の生活環境に悪影響を及ぼさないよう，空家等の適切な管理に努めることが必要です（空家特措法３条）。

これに対し，自治体は空家等の所有者等における適切な管理に繋げるため，次の２つの助言を行うことがあります。

①　所有者等による空家等の適切な管理を促進するため，これらの者に対し，情報の提供，助言その他必要な援助（空家特措法12条）

②　特定空家等の所有者等に対し，当該特定空家等に関し，除却，修繕，立木竹の伐採その他周辺の生活環境の保全を図るために必要な措置をとるよう助言又は指導（空家特措法14条１項）

自治体としては，普段より①のように空家等の所有者等に対し，現在の空き家の状態の確認，適切な管理を行うことの重要性や管理不全の空家等が周辺地域にもたらす諸問題の説明，処分又は活用の意向調査，空き家バンク制度，老朽危険家屋の除却費用の補助制度，無料相談会などの情報の提供や助言を行うことが考えられます。

一方，②の助言・指導は，特定空家等に対する行政指導です。特定空家等の所有者等に対し，改善個所を明確に示した上で，必要な措置をとるよう助言又は指導をします。

2 空家特措法12条の規定に基づく助言

この助言は，空家等の所有者等に対し，広報誌等や直接の連絡によって適切な管理を促すとともに，管理や利活用に必要な情報を提供することを目的としています。また，所有者等のみならず，広く住民全体で空き家に関する情報を共有することにより，地域全体で管理不全の空家等がもたらす諸問題を共有し，その対策を検討できるよう情報提供をすることも考えられます。

そこで，自治体は空き家の実態把握や所有者等への必要な情報を把握するため，空き家の所有者等と思われる方に対し，空き家に対する意向調査（アンケート）を行うことがあります。所有者等に「空き家となった理由」「現在の管理状況」「今後の活用の意向」「自治体に求めること」などをアンケートすると同時に，空き家バンク制度の紹介や所有者等が必要としている制度の把握などを行います。

自治体では，この調査結果を当該自治体の行政区域内の空き家の基礎データとして活用し，有効な空家等対策計画の実施に繋げるように図ります。また，意向調査の結果を公表して，空き家の状況・問題を住民全体の問題として情報共有を図ることも考えられます。既に空き家に対する意向調査を行った自治体では，調査結果をホームページ上に公開していますので参考にされるとよいでしょう。

空き家の所有者等としては，自治体から空き家に関する意向調査を受けた場合には，回答をするとともに，更に情報を求める場合には当該自治体へ連絡し，空き家バンク制度の説明や空き家管理業者・仲介業者の紹介などの必要な情報提供を受けることで，資産価値の劣化の防止や将来の利活用に繋げることが必要です。

【参考：空き家に関する意向調査（例）】

空き家に関する意向調査（例）

空き家と思われる建物の所有者又は管理者の方にお尋ねします。

問１．空き家の所有者について

⑴　あなたの年齢を教えてください。

________歳代

⑵　あなたの性別を教えてください。

男　　　女

⑶　空き家と思われる建物はだれが所有者ですか。

１．回答者
２．回答者の親族
３．亡くなった親族
４．所有者が分からない
５．その他

問２．現在の建物はどのような状態でしょうか。

１．回答者又は親族が居住
２．倉庫又は駐車場で利用している
３．賃貸中又は賃貸予定
４．解体予定
５．空き家となっている
６．その他（　　　　　　　　　　　　　　　　　　　　　　　　　　）

問３．空き家の現状について

⑴　建築時期はいつ頃ですか。

１．昭和35年以前
２．昭和36年～昭和45年
３．昭和46年～昭和55年
４．昭和56年～平成２年
５．平成３年～平成12年
６．平成13年以降
７．不明

⑵　空き家となってからどのくらいの年数が経ちますか。

１．１年未満
２．１年以上３年未満
３．３年以上５年未満

　　４．５年以上10年未満
　　５．10年以上
　　６．不明
　⑶　空き家となったのは，どのような理由ですか。
　　１．居住者が死亡したため
　　２．居住者が施設入所したため
　　３．居住者の転勤のため
　　４．親や子世帯との同居のため
　　５．その他（　　　　　　　　　　　　　　　　　　　　　　　　）

問４．空き家の管理について
　⑴　空き家の管理をどのような頻度で行っていますか。
　　１．週１回以上
　　２．２～３週間に１回程度
　　３．１か月に１回程度
　　４．２～３か月に１回程度
　　５．半年に１回程度
　　６．ほとんどしていない
　⑵　管理としてどのようなことをしていますか。
　　１．家屋内の清掃
　　２．庭の手入れ
　　３．空気の入れ替え
　　４．破損個所の修繕
　　５．特に何もしていない
　　６．その他（　　　　　　　　　　　　　　　　　　　　　　　　）
　⑶　管理上で困っていることはありますか。
　　１．特に困っていない
　　２．管理の手間
　　３．管理の経費
　　４．身体的・年齢的な問題
　　５．現住所地からの距離
　　６．管理者を探すのが困難
　　７．その他（　　　　　　　　　　　　　　　　　　　　　　　　）

問５．空き家の今後の活用について
　⑴　空き家についてどのような活用を考えていますか。
　　１．売却
　　２．賃貸
　　３．将来親族が居住

４．建て替え
５．解体
６．未定
７．その他（　　　　　　　　　　　　　　　　　　　　　　　　　）
(2)　空き家の活用について困っていることはありますか。
１．どのように利用してよいか分からない
２．売却や賃貸したいが相手が見つからない
３．解体費用を捻出できない
４．解体すると固定資産税が上がる
５．家財や仏壇を置いたままである
６．愛着があり，他人に賃貸・売却できない
７．相続の話し合いがつかない
８．建物が老朽化している
９．その他（　　　　　　　　　　　　　　　　　　　　　　　　　）

問６．空き家バンクについて
(1)　空き家バンクの登録制度をご存知ですか。
１．知っている
２．知らない
(2)　今後，空き家バンク制度の登録についてどのようにお考えですか。
１．今後利用したい
２．利用したくない
３．条件によっては利用したい
(3)　問６(2)で利用したくないと答えられた方にお尋ねします。その理由はなんですか。
１．利用の予定がある
２．制度に不安がある
３．その他（　　　　　　　　　　　　　　　　　　　　　　　　　）

問７．今後の活用について市（町）へのご要望があれば教えてください。
１．空き家の活用事例などの情報
２．売却又は賃貸する場合の相手方，仲介業者の情報
３．解体除却に対する補助制度の情報
４．空き家の購入に関する補助制度の情報
５．空き家の修繕等に関する補助制度の情報
６．その他（　　　　　　　　　　　　　　　　　　　　　　　　　　）

Question 26

空き家とその敷地を処分しようと考えていますが，敷地に古い抵当権が残っています。どうすればよいですか。

A　抵当権設定登記の抹消登記手続をすることが必要です。抵当権者あるいはその相続人（承継者）を探索し，抵当権設定登記の抹消登記手続への協力を求めます。

抵当権者あるいはその相続人（承継者）の協力が得られない場合やその所在が分からない場合には，状況に応じ，①除権決定を得る方法，②被担保債権の消滅情報等を提供する方法，③被担保債権や利息等の全額の供託情報を提供する方法，④確定判決等を提供する方法により単独で抵当権の抹消登記を申請します。

解　説

1 抵当権

抵当権は，債務者又は第三者が占有を移転しないで債務の担保に提供した不動産につき，他の債権者に先立って自己の債権の弁済を受けることができる権利です（民法369条１項）。抵当権を有する債権者は，債務者が債務を履行しない場合，抵当不動産を換価して自己の債権を回収することができます。

抵当権の特徴としては，一般に，物上代位性，不可分性，随伴性，附従性が指摘されます（**注１**）。

本問の抵当権は，抵当権の特徴である附従性により，被担保債権が消滅している場合には，抵当権も消滅していることになります。

2 抵当権の抹消登記手続

抵当権の被担保債権が弁済や消滅時効等によって消滅すると，抵当権の附従性によって抵当権自体も消滅しますので，この場合には抵当権設定登記の抹消登記を申請することになります（なお，抵当不動産の特定承継人に対しては，被担保債権と無関係に抵当権そのものが時効により消滅する場合があります（民法396条の反対解釈）が，実例は多くないと思われます。）。

抵当権設定登記の抹消登記手続は，原則として，登記権利者である抵当不動産の所有者と登記義務者である抵当権者が共同して申請します（不動産登記法60条）。

抵当権者の所在が知れないために，抵当権者と共同して抵当権設定登記の抹消登記の申請をすることができない場合には，次の方法によることができます。

① 公示催告の後に除権決定を得て，除権決定があったことを証する情報を提供し，登記権利者が単独で登記申請をする（不動産登記法70条１項・２項，不動産登記令７条１項６号，別表26ロ）。

② 抵当権の被担保債権が消滅したことを証する情報として，政令で定めるもの（**注２**）を提供し，登記権利者が単独で登記申請をする（不動産登記法70条３項前段）。

③ 被担保債権の弁済期から20年を経過し，かつ，その期間を経過した後に，被担保債権，その利息及び債務不履行により生じた損害の全額に相当する金銭を供託したことを証する情報を提供し，登記権利者が単独で登記申請をする（不動産登記法70条３項後段，不動産登記令７条１項６号，別表26ニ）。

④ 公示送達の方法（あるいは不在者等の財産管理人を選任する方法）等により，訴訟を提起し，勝訴の確定判決等を提供し，登記権利者が単独で登記申請をする（不動産登記法63条１項，不動産登記令７条１項５号ロ(1)）。

3 本問の検討

本問では，空き家の敷地に古い抵当権の登記が残ったままになっています。実務上，明治や大正時代，あるいは昭和初期頃に登記された抵当権が残ったままの登記情報を見かけることがあります。

上述したとおり，抵当権設定登記の抹消登記を申請するためには，被担保債権が消滅していることを確認する必要があり，また，その登記手続は，原則として，登記権利者及び登記義務者が共同してする必要があることから，まずは抵当権者あるいはその相続人（承継者）を探す必要があります。

抵当権者が個人である場合には，一般的な相続人探索の方法，例えば，戸籍情報や住民票情報等の調査，住所地の現地調査及び近隣住民の聞き取り調査等を行うことが考えられます。

抵当権者が法人である場合には，例えば，現在の登記情報や閉鎖登記簿等の調査，登記情報等が取得できる場合には，登記された役員の住民票情報等の調査を行うことが考えられます。

これらの調査によって抵当権者あるいはその相続人（承継者）が判明する場合には，抵当権設定登記の抹消登記手続への協力を求めることになります（被担保債権が消滅しているのにもかかわらず，その協力が得られない場合には，訴訟を提起する等の方法によるほかありません。）。

様々な調査をしたにもかかわらず，抵当権者の所在を知ることができない場合は，上述した①～④の方法の中から適した方法を選択し，抵当権設定登記の抹消登記申請をすることになります。

（注１）　抵当権の特徴

物上代位性：抵当不動産が焼失すると不動産としての交換価値はなくなりますが，債務者に火災保険が支払われる場合，その保険金は抵当不動産の交換価値が形を変えたもので抵当権の効力が及び，これを差し押さえて債務の弁済に充てることができます。

不可分性：1000万円の債務を担保するために，土地に抵当権を設定した後，残債務額が500万円となった場合でも，抵当権の効力が及ぶ範囲は土地の半分になるのではなく，依然として土地全体に抵当権の効力が及びます。

随伴性：抵当権付債権の債権者が，第三者に債権を譲渡した場合には，抵当権も債権に伴って第三者に移転します。

附従性：抵当権が担保している債務が弁済等によって消滅した場合，抵当権も債権とともに消滅します。

（注２）　**被担保債権消滅を証する情報（不動産登記令７条１項６号，別表26ハ）**

1　債権証書並びに被担保債権及び最後の２年分の利息その他の定期金（債務不履行により生じた損害を含む。）の完全な弁済があったことを証する情報

2　登記義務者の所在が知れないことを証する情報

Question 27

空き家とその敷地を処分しようと考えていますが，敷地は公道に接していません。どうすればよいですか。

A　建築物の敷地は一定の公道に接する必要があります。敷地が公道に接していない空き家等の処分は相当困難であり，仮に処分できたとしても，その価格はかなり低額になると思われますので，隣接地の一部を購入する等，接道要件を満たす方法等を検討することが考えられます。

解　説

1 建築基準法上の接道要件

建築物の敷地は，幅員が４メートル以上の建築基準法上の道路に２メートル以上接していなければなりません（**注１**）。

なお，建築基準法の施行当時，既に建築物が立ち並んでいる幅員４メートル未満の道で，特定行政庁（**注２**）が指定したものは，建築基準法上の道路とみなし，その中心線からの水平距離２メートルの線を道路の境界線とみなします（建築基準法42条２項）。

建築基準法上の接道要件を満たさない場合，原則として，既存の建物を解体したとしても，新築をすることができません（例外：建築基準法43条１項ただし書）。

2 現　状

平成25年住宅・土地統計調査結果（総務省統計局）によれば，道路に敷地が接している住宅（5107万戸）を道路の幅員別にみると，２メートル未満の幅員の道路に接する住宅が全体の4.5％（232万戸），２メートル以上４メートル未満の幅員の道路に接する住宅が全体の26.5％（1354万戸）存在します。

3 本問の検討

一般に，接道要件を満たしていない土地の処分は困難です。道路に全く接道していない，いわゆる無接道の土地の処分はさらに難しいといわざるを得ません。

本問は無接道の土地ですので，隣接地所有者から接道要件を満たすよう土地を購入した上で売却処分する，現状のまま隣接地所有者に土地を売却処分する等の方法を模索するほかありません。

なお，敷地の処分が困難な場合には，空き家の修繕を行った上で賃貸する方法も考えられます（注３）。

（注１）　**建築基準法上の道路（建築基準法42条１項）**

1　道路法による道路
2　都市計画法，土地区画整理法等による道路
3　建築基準法施行当時に存在した幅員４メートル以上の道路
4　道路法，都市計画法，土地区画整理法等による新設又は変更の事業計画のある道路で，２年以内に事業執行の予定があるものとして特定行政庁が指定したもの
5　建築物の敷地として利用するために，他の法律によらないで造られる幅員４メートル以上で，かつ，一定の技術的基準に適合する道路で，特定行政庁からその位置の指定を受けたもの（いわゆる「位置指定道路」）

（注２）　**特定行政庁（建築基準法２条35号本文）**

特定行政庁とは，建築主事を置く市区町村の区域については当該市区町村の長，その他の市区町村の区域については都道府県知事です。

（注３）　接道要件を満たさない場合であっても，その敷地の周囲に広い空地を有する建築物その他国土交通省令で定める次の基準に適合する建築物で，特定行政庁が交通上，安全上，防火上及び衛生上支障がないと認め，建築審査会の同意を得て許可を受けられる場合には，その敷地の処分もある程度は見込めるのではないかと思われます。

建築基準法43条１項ただし書の国土交通省令で定める基準は，次の各号のいずれかに掲げるものとなります（建築基準法施行規則10条の２の２）。

1　その敷地の周囲に公園，緑地，広場等広い空地を有すること
2　その敷地が農道その他これに類する公共の用に供する道（幅員４メー

トル以上のものに限る。）に２メートル以上接すること

３　その敷地が，その建築物の用途，規模，位置及び構造に応じ，避難及び通行の安全等の目的を達するために十分な幅員を有する通路であって，道路に通ずるものに有効に接すること

Question 28

空き家を活用したいと考えていますが，耐震上の心配があります。どうすればよいですか。

A　空き家を利活用する前提として，専門家による耐震診断を行い，その結果に応じ必要な対策（耐震改修工事等）を行います。この耐震診断等の費用については，各自治体で支援制度を設けている場合があります。

解　説

1 耐震基準

地震が頻発する日本では，大きな地震の発生により建物の耐震設計基準の見直しが行われ，その基準が強化されてきました。耐震設計基準が大きく見直されたのは昭和56年６月１日であり，同日前の耐震設計基準は旧耐震基準といわれ，同日以降の耐震基準は新耐震基準といわれます（その後も耐震設計基準の見直しは行われています。)。

旧耐震基準では，震度５程度の地震に耐えられることが求められていたのに対し，新耐震基準では，震度６～７程度の地震で建物が倒壊等することがないという耐震性を求めています。

なお，建物が旧耐震基準によるものか，新耐震基準によるものかについては，建築確認を受けた日で判断することになりますので，建物の登記情報の新築日だけで耐震基準を判断しないよう注意が必要です。

2 現　状

平成26年空家実態調査（国土交通省）の調査結果によれば，調査時点（平成26年11月から平成27年２月）で人が住んでいない戸建の空き家の67.3％が旧耐震基準となる昭和55年以前に建築されたものであり，多くの戸建の空き家が旧耐震基準による建物です。

多くの戸建の空き家が旧耐震基準によるものであることは，空き家の処分や利活用をするに当たり，大きな障害になると考えられます。

3 支援制度

建物が旧耐震基準によるものである場合，その耐震性に問題がある可能性がありますので，まずは耐震診断を行う必要があるといえます。耐震診断の結果，耐震改修工事が必要であるとされた場合には，耐震設計を行った上で，耐震改修工事に着手することになります。

全国の各自治体では，この耐震診断，耐震設計，耐震改修工事について，それぞれ支援制度を設けている場合があります。耐震診断等を行う際，まずはこの支援制度の有無やその内容等を確認します。

国土交通省のウェブサイトの中の「建築物の耐震改修の促進に関する法律等の改正概要（平成25年11月施行）」のページには，各種の支援制度や支援制度のある自治体の一覧（一般社団法人日本建築防災協会HPへリンク）が掲載されています。

4 本問の検討

本問は，空き家の利活用を検討しているものの，その空き家の耐震基準に問題がありそうという事案です。まずは空き家の耐震基準が旧耐震基準によるものか，新耐震基準によるものかを調査を行います。

本問の空き家が旧耐震基準による建物である場合には，利活用に当たり，専門家による耐震診断を行うことが妥当です。

上述のとおり，全国の各自治体では，耐震診断等の支援制度を設けていることがありますので，その支援制度の有無を確認した上で，耐震診断を行い，その結果に従い必要な耐震改修工事を行うことになります。

memo メモ

耐震性のある空き家売却時の税制上の特例

空き家を売却する際には，建物の耐震性があることを前提に，空き家の発生を抑制するための特例措置として，空き家の譲渡所得の3000万円の特別控除の制度があります。

この制度は，相続日から起算して３年を経過する日の属する年の12月31日まで（かつ，特例の適用期間である平成28年４月１日から平成31年12月31日まで）に，被相続人の居住の用に供していた家屋を相続した相続人が，当該家屋（耐震性のない場合は耐震リフォームをしたものに限り，その敷地を含む。）又は取壊し後の土地を譲渡した場合には，当該家屋又は土地の譲渡所得から3000万円を特別控除するというものです。

この特例が受けられる家屋は，①相続の開始の直前において被相続人の居住の用に供されていたものであること，②相続の開始の直前において当該被相続人以外に居住をしていたものがいなかったものであること，③昭和56年５月31日以前に建築された家屋（区分所有建築物を除く。）であること，④相続の時から譲渡の時まで，事業・貸付・居住の用に供されていたことがない（相続した家屋を取り壊して土地のみを譲渡する場合には，取り壊した家屋について，相続の時から取壊しの時まで，事業・貸付・居住の用に供されていたことがない，かつ，土地について，相続の時から譲渡しの時まで，事業・貸付・居住の用に供されていたことがない。）こと，⑤譲渡価格が１億円以下であること，⑥家屋を譲渡する場合（その敷地の用に供されている土地等も併せて譲渡する場合も含む。），当該譲渡時において，当該家屋が現行の耐震基準に適合するものであること，の各要件を満たすものであることが必要です（巻末資料No.10のURL参照）。

Question 29

転勤により，自宅が空き家となりました。いずれ戻ることを予定していますが，その間の管理をどのようにすればよいですか。

A

空き家の管理を不動産管理業者へ委託することが考えられます。近くに親族が居住している場合には，その親族に管理を依頼することや，無償で住宅の管理をしてもらうことを考慮し，親族に無償で貸すことが考えられます。また，転勤が一定期間である場合，定期建物賃貸借契約を締結し，建物を賃貸することも検討されます。

解　説

管理サービスの利用

空き家のまま放置しておくと，室内の湿気等による腐食や，敷地内の雑草の繁茂などの問題，防犯上の問題が発生することがあります。また適切な管理を怠ると老朽化が進み後に多額の修繕費を要したり，資産価値の減少を招いたりすることもあります。このような問題に対応するため，空き家の管理サービスを提供する不動産管理業者が存在します。

管理サービスを行う業者は，不動産業者（賃貸住宅管理業者等），維持管理業者，NPO法人，その他の管理代行業者などがあります。

管理サービスの主な内容は以下のとおりです。巡回は契約内容により，月１回～数回程度から年数回程度の頻度で行われることになります。

【外部管理】　巡回，外部の清掃・除草，雨漏りの確認，塗装・外壁仕上げ・木部・鉄部などのメンテナンス確認，近隣情報の確認，庭木の確認，玄関ドア・窓などの開口部の施錠確認，積雪状況の確認など

【内部管理】　室内の確認，清掃，換気，通水，郵便物の転送など

2 親族等による管理

親族等に空き家の管理を頼れる方がいれば，比較的安価に管理が行われることが期待できます。しかしながら，管理業者と比較して専門性がないこと，不十分な管理が行われると建物の老朽化を早めることに繋がるおそれもあるので，管理方針につき十分に打合せをすることが必要です。

3 使用貸借の利用

無償で住宅の管理をしてもらうことを考慮し，親族等に無償で貸すこと（使用貸借）が考えられます。この使用貸借は無償契約であるため，使用貸主と使用借主は親族等の特殊な関係にある者の間で成立することが多く見受けられます。

使用貸借の終了は，用法違反による解約（民法594条３項），使用期限終了（民法597条），借主の死亡（民法599条）です。

使用期限終了については，次のとおりとなります。使用貸借の期限を定めている場合は，使用借主は，当該期限終了をもって住宅を返還することを要します（民法597条１項）。期限を定めていない場合は，使用借主は，契約に定めた目的に従い使用及び収益を終わった時に返還をしなければならず（民法597条２項本文），また，その使用及び収益を終わる前であっても，使用及び収益をするのに足りる期間を経過したときは，使用貸主は，直ちに返還を請求することができます（民法597条２項ただし書）。

使用期限並びに使用目的を定めていない場合，使用貸主から解約を申入れした時点で使用貸借契約は終了しますが（民法597条３項），使用借主としては，困惑することも予想されるので，親族間であっても使用期限並びに使用目的を定めることがトラブル防止となります。

4 定期建物賃貸借の利用

転勤期間中，住宅を第三者へ賃貸することが考えられますが，相談者自身がいずれは戻ってきてこの住宅を利用することを予定しているため，契約期間に注意をする必要があります。

このような住宅に対して，一般的な契約期間を定めた賃貸借契約（普通建物賃貸借契約）を締結すると，その後の賃貸人からする契約の更新拒絶や更新拒絶の通知とした場合でも，賃借人が期間満了後もなお使用を継続するときに，これに対する異議を述べることは，賃貸人に正当事由がなければ認められません（借地借家法28条）。

これに対し，平成12年，借地借家法の改正により，賃貸借契約期間を一定の期間に限る定期建物賃貸借制度が創設されました。同改正前にも，賃貸人のやむを得ない事情による不在期間中に限定するなど特別な事情を要する期限付建物賃貸借制度が存在（平成12年３月１日廃止）しましたが，前記改正により，特別の事情の必要はなくなりました。

⑴　定期建物賃貸借契約の要件

定期建物賃貸借契約は，その契約において次の要件を満たす必要があります。

①　公正証書によるなど書面によって契約（借地借家法38条１項）

②　契約期間の定め（借地借家法38条１項後段）。なお，契約期間は１年未満も可能。

③　賃貸人の書面による説明義務（借地借家法38条２項）

あらかじめ賃借人に対し，契約書とは別の書面により，当該賃貸借は更新がなく，期間満了により終了することの説明をする必要があります。この説明がない場合は，更新がない旨の特約は無効となり，普通建物賃貸借契約として扱われます。

⑵　定期建物賃貸借契約の終了

賃貸人から定期建物賃貸借契約を終了させるには，当該定期建物賃貸借契約の期間が１年以上である場合には，賃貸人は期間の満了の１年前から６か月前までの間（以下「通知期間」という。）に賃借人に対し，期間の満了により定期建物賃貸借契約が終了する旨の通知をしなければ，その終了を建物の賃借人に対抗することができません（借地借家法38条４項本文）。ただし，この通知期間後であっても，賃貸人が賃借人に対し，期間の満了により建物の賃貸借が終了する旨を通知した場合においては，その通知の日から6か月を経過した後は，その終了を建物の賃借人に対抗することができます（借地借家法38条4項ただし書）。このように，期間が1年以上の定期建物賃貸借契約の終了には，通知が必要であること，通知期間があることに注意が必要です。

定期建物賃貸借契約の期間が1年未満の場合には，上記の通知は不要で期間満了により契約が終了します。これは，1年未満の場合には，契約締結時の説明で賃借人の権利は保護されているとの考えによります。

定期建物賃貸借契約を締結する場合には，以上の点などに注意することが必要です。

Question 30

不要となった空き家について，公益的な組織に寄付したいのですが，可能でしょうか。

A　国への寄付は，基本的に行政目的で使用する予定がない限り，受入れは困難です。自治体への寄付は，事案ごとに検討している例もありますが，行政目的が見出せない不動産の寄付の受入れは慎重にならざるを得ません。なお，先進的な取組として老朽危険空き家の撤去と跡地整備を目的として寄付を受け入れる自治体があります。

解　説

空き家とその敷地は保有しているだけでも固定資産税を含めた管理費用の負担が継続する一方で自ら有効利用ができず，また，資産価値が低いため，不動産業者に依頼しても売却できないということがあります。そこで，処分方法として自治体を含む公益的な組織への寄付も検討されます。

国への寄付

国有財産法（昭和23年法律第73号）14条では，国会の議決を経なければならない場合又は政令で定める場合を除き，行政財産とする目的での土地又は建物の取得について，当該国有財産を所管する各省各庁の長は，財務大臣に協議しなければならないと規定し，また，国有財産法施行令９条１項で，寄付の規定を設けていることから，不動産の国への寄付を想定しています。

しかしながら，国への土地等の寄付については，昭和23年１月30日閣議決定により，原則として強制，行政措置の公正への疑惑等の弊害を伴うことがあることを理由に抑制をしています。この制限に反しない寄付の申出に対しては，各省各庁が国の行政目的に供するために取得しようとする場合には，財務大臣と協議の上，取得手続を行うこととしています。したがって，現状，行政目的で使用する予定がない限り，空き家とその敷地を国に寄付しようとしても，受け入れられる可能性はないと考えられます。

2 地方自治体への寄付

前記閣議決定では「６　地方公共団体に対しても前各項に準ずるようその自粛を求めること」としており，地方自治体も国と同様の対応がとられていると思われますが，この対応は法律化されていない点に注視する必要があり，地方自治体ごとに寄付採納を判断しているケースも見受けられます。

ここで国土交通省内に設置された空き地等の新たな活用に関する検討会にて，全国市区町村の空き地等の管理・利活用の実態及び意向を把握するために実施した空き地等に関する自治体アンケート結果（速報版）を紹介します。同アンケートによると管理を行わなく（行えなく）なった空き地等の寄付について，「原則として受入れを行っていない」が約５割，「特に定めはないが，寄付の申し出等に対応して都度検討している」が約４割であることとが報告されています。

【自治体による寄付の受入れについて】

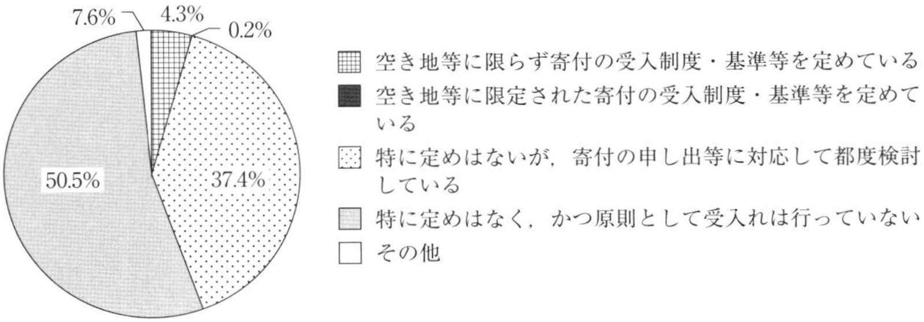

空き地等の新たな活用に関する検討会　空き地等に関する自治体アンケート結果（速報版）より
調査対象：全国市区町村（1741市区町村）
標 本 数：1221（回収率70.1％）
調査期間：平成28年12月27日～平成29年２月28日
※「空き地等に関する自治体アンケート」における空き地等とは，「現状が空き地及び駐車場，資材置き場として利用している土地」をさします。

地方自治体が不動産の寄付を受け入れることは，当該不動産の固定資産税や都市計画税の税収を失うこと，また受入れ後の管理費用も必要となります。地方自治体も国同様に行政目的が見出せない不動産の寄付を受け入れることに慎重となるのは当然でしょう。

なお，一般的に地方自治体への寄付は以下の手順を踏みます。

① 寄付採納申請（添付書類としては，当該不動産にかかる位置図，公図，測量図，全部事項証明書など）
② 地方自治体において当該寄付不動産の調査
③ 地方自治体において寄付採納承認
④ 寄付採納承認書の交付
⑤ 地方自治体による所有権移転登記嘱託手続

3 その他公益的な組織への寄付

公益的な組織としては，公益社団法人，公益財団法人，認可地縁団体，NPO法人などが考えられます。いずれにしても受入れ側で当該不動産の保有の合理性や活用方法を見出すことが可能であるかがポイントとなります。

4 寄付に対する税法

一般的に，個人が法人に土地を寄付した場合には，寄付時の時価で譲渡したものとみなされて譲渡所得税の課税対象となることに注意が必要です（所得税法59条１項１号）。ただし，国や地方自治体に土地を寄付した場合には，譲渡所得税は非課税となります。

公益法人等に対しては，当該寄付が，教育又は科学の振興，文化の向上，社会福祉への貢献その他公益の増進に著しく寄与することなどの要件を満たすものとして，国税庁長官の承認を受けたときは，譲渡所得税は非課税となります（租税特別措置法40条）。

5 政策的な空き家の寄付受入れ

政策的取組として，長崎市では，「老朽危険空き家対策事業」として公費解体型事業を設け，防災，防犯などのために下記の条件付きで老朽危険空き家の寄付を受けています。

① 対象区域内にあるもの

② 所有者からの土地・建物の寄付

③ 解体後の土地の日常の維持管理を地元住民が実施

土地・建物の寄付を受けた後，老朽危険空き家の撤去と跡地整備を行い，管理を地元住民が実施するという政策的な空き家の寄付受入れ事業となります。

また，東京都荒川区では，危険老朽木造住宅の除却の促進と，地域の防災性の向上を図る目的で，荒川区不燃化特区危険老朽木造住宅除却事業実施要綱を作成し，不燃化特区に指定された地域を対象に，危険判定された老朽木造住宅を荒川区に寄付後，区が除却する事業を実施しています。こちらも政策的な事業となります。

なお，国土交通省では，平成29年度に不要となった空き家を所有者が自治体に寄付ができる仕組みの検討を始めるとしています。国，地方自治体への寄付の要望は多く，スキーム作りが求められます。

Question 31

不要となった空き家について所有権放棄ができますか。

A

現時点では難しいでしょう。

解　説

1 空き家の所有権放棄の要望

資産価値がなく，利活用の方法もない老朽化した空き家について，その管理費用や処分費用が捻出できない所有者が増えています。資産価値がない土地についても同様です。これらの土地や建物は相続登記手続がされず，また管理もされないことによって，外部不経済をもたらす土地利用の原因にもなっています。近年，このような不動産について所有権放棄をしたいという声が聞かれるようになりました。

2 無主物の帰属

所有権の放棄は相手方のない単独行為であり，動産の所有権の放棄が可能である以上，不動産の所有権も，民事実体法上は放棄の対象となることが想定されます。

民法239条２項では，「所有者のない不動産は，国庫に帰属する。」と規定していることから，不動産の所有権を放棄すると無主の不動産として国庫に帰属することが考えられますが，そのような規定はなく，所有権放棄が可能であるかどうか，明確ではありません。

3 所有権放棄の登記手続に関する登記先例

昭和41年８月27日付民事甲第1953号民事局長回答では，神社所有地の崖地が崩潰寸前で，危険状態にあるため，その所有権を放棄し国に帰属せしめ，国の資力によって危険防止を計ることが最善であろうと思料した点から次の２点の照会につき，

一　不動産（土地）所有権の放棄は所有権者から一方的にできるか。

二　もし所有権放棄が可能であれば，その登記上の手続方法はどのようにするか。

（回答）

第一項　所問の場合は，所有権の放棄はできない。

第二項　前項により了知されたい。

と回答していますが，その理由ははっきりしません。

また，昭和57年５月11日付民三第3292号民事局第三課長回答では，亡父より相続した土地につき固定資産税が課されるので所有権を放棄したという事案に対し，「土地の所有権を放棄する者が単独でその登記を申請することはできない」と回答しています。

この解説では，「本件の場合は，固定資産税の負担を免れるためとのみあって附帯状況が明らかではないが，他に権利濫用・公序良俗違反といった事情がないのであれば，土地所有権を放棄することは一応可能であるといえよう。（中略）土地の所有権の放棄を，それによって所有権を国庫に帰属せしめる（移転）行為であると解するならば，その放棄によって（移転の）利益を受ける国（国庫）は，不動産登記法上の登記権利者に当たると考えられる。そうであるとするならば，土地の所有権を放棄する場合に，その登記は放棄者の単独申請によることができないとする登記実務上の取扱いには十分な根拠があるものと思われる。」としています。

これらはあくまで登記先例ですが，所有権の放棄は相手方のない単独行為であっても，不動産登記法上，所有権放棄を原因とする登記手続は，所有権移転登記手続で行われることから，その事実を国が認めることがない限り，共同申請として登記手続が行われることは困難であることが分かります。

4 権利濫用や第三者の権利侵害の視点

また，昭和57年５月11日付民三第3292号民事局第三課長回答の解説では，「一般に土地所有権を放棄せざると得ない状況というのは売買や贈与のような手段では引取り手のないような，土地について生ずることが多いものと予想され，そのことは，逆に言えば，その放棄が権利濫用や第三者の権利侵害に当たる可能性が強いと言うこともできる。」とも述べています。

このように，不要な価値のない不動産の所有権放棄は，当該不動産の状況から，権利濫用となる可能性も否定できません。

【参考】

○不動産（土地）の所有権放棄について

〔昭和41年６月１日付庶発第1124号神社本庁事務総長職務代理，神社本庁事務副総長照会・昭和41年８月27日付民事甲第1953号民事局長回答〕

【要旨】 がけ地が崩かい寸前にあり，補修に多額の費用を要する場合であつても当該土地の所有権は放棄できない。

このことについて，本庁包括神社の○○市○○神社から，神社所有地の一部が崖地のため，崩潰寸前にあつて，神社は勿論附近の氏子住家数軒も危険状態にあるため，これを防止すべく考慮したのであるが，この工事に要する費用が数千万円を見込まねばならず，到底神社においては，これを負担する資力はなく，然し乍らこのまま放置することは，前述の如く神社及び氏子住家が危険に怯かされる生活を続けねばならぬという現状であることが報告されました。

因つて所有権者たる神社は，この方策としてその所有権を放棄し国に帰属せしめ，国の資力によつて危険防止を計る事が最善であろうと思料した様な次第でありますので，かかる件に関し次の２点について御照会致します。

一　不動産（土地）所有権の放棄は，所有権者から一方的に出来るか。
二　もし所有権放棄が可能であれば，その登記上の手続方法はどの様にするか。

（回答）

本年６月１日付庶第1124号をもつて照会のあつた標記の件については，左記のとおり回答いたします。

記

第１項　所問の場合は，所有権の放棄はできない。
第２項　前項により了知されたい。

○弁護士法23条の２に基づく照会について（土地所有権放棄の場合の登記申請の方法について）

［昭和55年５月21日付富弁高照発第７号富山県弁護士会会長照会・昭和57年５月11日付民三第3292号民事局第三課長回答］

【要旨】土地の所有権を放棄する者が単独でその登記を申請することはできない。

（照会）亡父より相続した土地ですが，固定資産税が課されるので，所有権放棄をしたいという依頼がありました。

我妻栄氏は「不動産所有権の放棄は，登記官吏に申請して登記の抹消をする」（民法講義２巻156頁・同旨舟橋諄一「物権法」法律学全集18巻53頁）旨の記載がなされていますが，これに基づいて放棄の登記申請書を作成したところ，当地の登記官において，放棄した場合の権利者は国になるから国の委任状を添付しない申請は受理できないと回避されています。

しかしながら，制限物権の放棄は相手のある単独行為であるが，所有権の放棄は相手方のない単独行為であり，無主となつた不動産が国に帰属するのは別の法条（民法239条２項）に基づくためであるから，この場合権利者の記載は不要であり，その委任状を要しないものと考えられます。

この点についての法務省民事局の御見解を求めます。

（回答）

昭和55年５月21日付け富弁高照発第７号をもつて照会のあつた標記の件については，所有権放棄者の単独申請によることはできないものと考えます。

第2 将来の相続発生に付随する空き家の相談

Question 32

高齢となり，配偶者も子もいないのですが，今後，住宅をどのように管理すればよいでしょうか。

A 今後の住宅の管理について，財産管理制度の活用を検討しましょう。判断能力が衰える前の処分，リバースモーゲージの活用も検討されます。また，亡くなった後の相続に備え，遺言制度などを活用することも検討しましょう。

解　説

1 任意後見制度，成年後見制度の活用

(1) 任意後見制度

任意後見制度を活用することが検討されます。任意後見制度の利用は，将来，判断能力が不十分になった後の支援を開始させるための任意後見に関する法律に基づく契約を支援する者との間で行います。任意後見には，即効型（現在の判断能力に不安），移行型（任意代理契約と任意後見契約を締結），将来型（将来の支援を目的）がありますが，いずれを選択するかは，その時の本人の常態を考慮して選択されます。

任意後見契約において住宅の管理等について定めておくことで，任意後見契約の発効後，相談者の希望に沿った管理が行われることになります。

⑵　成年後見制度

本人による住宅管理が困難になることに備え，成年後見制度の利用を予定しておくことも検討されます。成年後見制度の利用により，成年後見人等による住宅の管理が可能になり，本人の施設入所等により，空き家となったとしても適正な管理が行われます。

成年後見制度は，補助，保佐，後見類型がありますが，補助類型（精神上の障害により事理を弁識する能力が不十分）からの利用も考えられます。これは，後見類型の場合，本人自身は後見開始の申立てができず，その他親族もおらず，また存在しても協力が得られない場合には，市区町村長による申立てが必要となり，成年後見制度利用までのハードルが高くなるためです。なお，補助及び保佐類型の場合，本人の意向を確認しながら不動産に関する取引や修繕に関する請負契約の締結などに関する代理権の付与を受けることも検討されます。

いずれにしても独居の高齢者等が建物を所有しており，将来の財産管理に不安がある場合は，本人自ら，又は包括支援センターなど高齢者を見守るネットワークにおいて，任意後見制度や成年後見制度の活用を促すことが期待されます。

2　判断能力が衰える前の処分

本人が希望すれば，本人の判断能力が衰える前に住宅を処分し，有料老人ホーム等に入所することも検討されます。

入所後の空き家となった住宅の管理費用は継続して必要となります。空き家になった後の年月が長いほど，住宅の資産価値は減少していくことも予想されます。これらを考慮し，市場価値があるうちに処分することが考えられます。

老後の生活資金に問題がないならば，親族等に贈与し，有効活用してもらうことも考えられます。

また将来の不測の事態に備え，信頼する者に住宅の管理や処分を任せる信託制度を利用することも考えられます。信託制度の詳細についてはQ33

を参照ください。

3 リバースモーゲージの活用

リバースモーゲージとは，その所有する住宅及び敷地を担保として，当該不動産の価格を限度に定期的な生活資金を借り入れ，所有者が死亡した時に担保とした住宅及び敷地の売却により，それまでの借入金の一括返済を行う制度です。生活資金の確保が得られる制度ではありますが，本人死亡後の担保とした住宅及び敷地の売却は，相続人が行うため，事前の推定相続人との調整など，複雑な制度理解と将来の売却への備えを十分に整えておく点に注意が必要です。

生活福祉資金（長期生活資金）貸付制度としてのリバースモーゲージは，都道府県の社会福祉協議会が実施主体，市区町村の社会福祉協議会が申込窓口となります。その他金融機関が主体となるリバースモーゲージもあります。

詳しくはQ34を参照ください。

4 将来の備え（遺言による承継者の指定）

将来，相続が発生し，兄弟姉妹又はその甥姪が相続人となる場合，遺産分割協議がまとまりにくい場合があり，空き家となった住宅の管理が不十分なままとなってしまうおそれがあります。このような場合に備え，遺言制度を利用することが考えられ，遺言事項として財産の相続又は遺贈を記載することになります。今のうちから相続や遺贈先を検討することが将来の空き家化を予防することに繋がります。親族の中から相続又は遺贈先が見つからない場合，第三者や特定団体へ遺贈することも検討されます。

Question 33

持ち家に一人で住んでいます。将来の不測の事態に備えて，信託が空き家化対策に有効だと聞きましたが，どのような制度なのでしょうか。

A　信託とは，自己の財産の管理や処分を，信頼する人物へ包括的に任せることができる制度です。特に空き家のような不動産については信託契約の内容を登記することができるので，認知症等による判断能力の衰えや相続による権利関係の複雑化等のリスクの備えとして有効です。

解　説

信託制度の概説

信託は財産管理の制度です。自らが自らの財産を管理・処分するのではなく，他人に自分の代わりに管理・処分を行ってもらいたいとき，通常であれば委任契約等を行い，代理人等を選任し，その代理人等が本人の名において管理・処分を行います。信託制度は代理と異なり，財産を他人に管理・処分してもらうために財産の名義をその他人に移し，その他人が信託契約に従って，その他人名義で財産の管理・処分を行うこととなることがその特徴です。

(1)　信託制度の当事者

信託制度においては基本的な当事者として①委託者，②受託者，③受益者の３者の存在が予定されています。なお，この３者は一人の者が兼ねることもできます（ただし，受託者と受益者を同一人物が兼ね，受託者が受益権の全部を固有財産で有する状態が１年間継続したときは信託自体が終了します（信託法163条２号）。）。

①　委託者

信託する財産の元々の所有者であり，受託者に財産の管理・処分を依頼する人。

②　受託者

委託者から財産の管理・処分を託された人。信託契約に従い受益者のために財産の管理・処分を行う義務を負います。

③　受益者

委託者と受託者が締結した信託契約の利益を受ける人。

(2)　空き家問題と信託

繰り返しになりますが，信託とは，委託者が信託行為（例えば，信託契約，遺言）によってその信頼できる人（受託者）に対して，金銭や土地などの財産を移転し，受託者は委託者が設定した信託目的に従って受益者のためにその財産（信託財産）の管理・処分などをする制度です。

制度自体は，収益を生む多額の財産を有する場合を予定していますが，シンプルに一つの空き家の管理・処分のみを目的とすることもできます。本問のような場合では，下記の図のような信託をすることが考えられます。

空き家化対策の信託の例

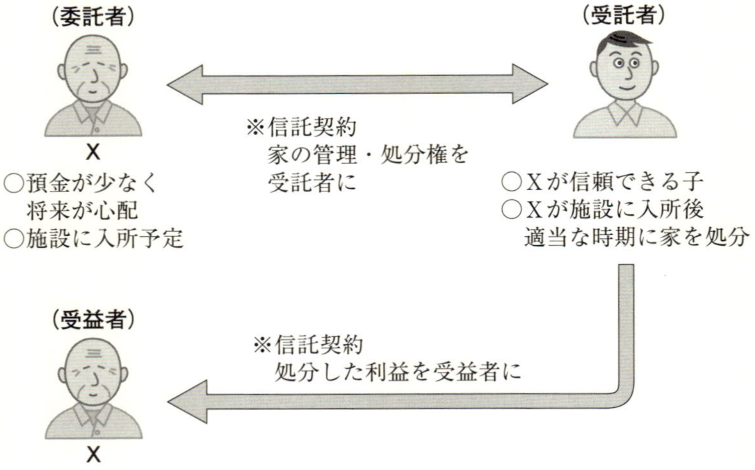

2 空き家化対策で信託制度を利用するメリット

(1) 信託の内容は自由

信託は自由にその契約内容を定めることができます。

前記の図は，事情が許す限りギリギリまで不動産は処分せずに置いておきたいが，施設に入所後，経済的に困ったときに家を売却し，売却代金を生活費に充てたいという希望に対応した信託の形です。高齢になり，認知症に罹患し判断能力が衰えてしまうと契約ができなくなることもあります。また，そこまでいかなくても施設に入所する際は，今まで住んでいた不動産の管理を信頼できる親族に任せたいと希望する方もいます。そういった判断能力の衰えが原因となる不動産売却の困難に対する備えや当事者の意思の反映を信託契約により図ったものです。

この例はシンプルなものですが，例えば，不動産を売却して得た金銭を他の全然関係ない人に配分することや，対象となる財産に不動産以外のものも加えること等，様々な事案に対応して，契約を自由に定めることができます。

他にも受益者の死亡後の対象財産の配分を定めることにより，遺言の代用としても利用することができます。

(2) 対象財産が不動産の場合は登記をすることができる

不動産を信託財産とした場合，信託契約の内容を登記することができます。それにより，不動産を売却する場合の売り主側の手続は受託者のみで行えるというメリットがあります。

なお，いくら信頼できる家族でも無条件にすべてを任せることは難しいと思います。ですので，例えば，信託契約の中に当該不動産を処分（売却）する場合は，他の信頼できる第三者の許可を得る必要があることなどの内容も登記することができます。これを登記すれば，不動産を処分（売買）する際の登記手続に反映されます。処分に第三者の許可が必要な旨が記載されている場合は，この第三者の許可書（印鑑登録証明書付）が登記手続に必要になります（不動産登記令７条５号ハ）。

(3) 成年後見制度の利用を希望しない場合の対応策として

認知症等により判断能力が不十分になった場合に不動産を処分する方法として成年後見制度を利用することが考えられます。しかし，成年後見人が本人のために不動産の処分が必要であると判断し，裁判所に相談した上で売却するか否かを決めることとなりますので，不動産の所有者が認知症になった後に，家族が不動産を売却した方がよいと考え，成年後見人選任の申立てを行ったとしても，不動産を売却できるとは限りません。本人が居住している（若しくは施設入居前に居住していた）不動産であれば，家庭裁判所に許可をもらう必要もあります。したがって，現状では，家を売却しなければ本人の生活費を捻出できないというような事情がない場合は，原則的に，居住する（若しくは施設入所前に居住していた）不動産について売却できない運用となっています。

また，成年後見人は，一度選任されると，症状が回復した時を除き本人が死亡するまで継続して後見人が財産管理をすることとなります。不動産を売却するために後見人が選任されたとしても，そのことは変わりません。家庭裁判所は選任された後見人の事務を監督しますので，そのためにも後見人は後見事務についての報告書を年に１回ほど家庭裁判所に提出する必要があります。親族後見人や本人はそのような報告を堅苦しく感じることもあり，成年後見制度の利用を辞めたいと思っても，容易には辞めることはできません。

他にも親族が後見人に選任されることを希望しても専門職後見人が選任されることがあります。専門職後見人が選任されると，その報酬を継続して本人の財産から支払う必要があるというのもデメリットとして挙げられるでしょう。

3 信託制度利用に当たっての注意点

上述のとおり，信託制度を利用すれば，名義上の所有者を変更し，信託契約締結後は元の所有者（委託者）からは何らの意思表示も必要なく，処分等の手続を行うことができます。このように，信託契約は，委託者と受託者の高度な信頼関係に基づき，利用される制度です。信頼できる家族や親友に受託者をお願いすることも可能です。

一方，信託業法３条では，信託業は，内閣総理大臣の免許を受けた者でなければ，営むことができない，と規定しています。現段階では，信託を営業として受託できるのは免許を受けた銀行や信託会社のみであり，弁護士や司法書士も業として受託者になることができません。

したがって，信託制度の利用する際には，誰を受託者とするか，どのくらい費用がかかるのかを慎重に検討する必要があります。

Question 34

空き家の予防策として，リバースモーゲージの活用が挙げられていますが，どのような内容ですか。

A リバースモーゲージは，自宅等を担保に資金を借り入れ，死後に自宅等を売却し返済する仕組みです。リバースモーゲージは，借主の死後，担保に入れた自宅等が売却されることが前提ですので，空き家の予防策として一定の効果が期待できます。

解　説

リバースモーゲージ

リバースモーゲージとは，自宅等を担保に老後の生活資金を借り受け，死後に担保に入れた自宅等を売却して債務を返済するというもので，社会福祉協議会が貸し付けるもの，民間の金融機関が貸し付けるもの等があり，それぞれ貸付や返済の条件が異なります。

一般的には，自宅等に根抵当権等を設定した上で，あらかじめ定めた限度額に達するまで生活資金を貸し付けることになりますが，生活資金は，契約時に一括して貸し付けるもの，一定期ごとに貸し付けるもの，毎月貸し付けるもの，必要に応じて貸し付けるもの等があります。

借入金の返済については，元金と累積利息を死後に一括して返済するもの，利息のみ毎月返済するもの等があります。

このほか，契約対象地域に条件を付するもの，担保不動産の種類や価値に条件を付するもの，借主の収入に条件を付するもの，保証人等が必要となるものもあります。

リバースモーゲージは，そもそも毎月の元金返済を前提としないので，借入金が返済によって日々減少する一般的な住宅ローンと異なり，借入金は日々増加します。このため，長生きをして借入限度額に達してしまった場合のリスク，担保価値が下落して予定していた借入れができなくなってしまった場合のリスク等も指摘されています。

2 空き家の予防策としての活用

国土交通省の平成26年空家実態調査によれば，建物に人が住まなくなった原因の35.2％が「居住者の死亡」です。今後も空き家は増加すると指摘されていますので，相続の発生が原因で空き家となる建物もますます増加すると思われます。

リバースモーゲージは，借主の死後に担保とした自宅等を売却して借入金を返済する仕組みですので，居住者の死亡によってその自宅等が空き家のまま放置されないことが前提となります。この意味においては，空き家の予防策として有効です。しかしながら，リバースモーゲージを利用できる地域が大都市圏等に限定されている場合もあり，全国的な空き家の予防策とはいい難い面もあります。

3 借入金の返済

リバースモーゲージは，自宅等に根抵当権等を設定することになります。債権者は，借主の死後，根抵当権等を設定した自宅等を換価して債権を回収します。

一般的に，リバースモーゲージの場合，貸付額が担保物件の評価額を上回ることがないように貸付限度額が設定されます。また，担保物件の評価の見直しが定期的に行われると思われますので，借主の死後，その相続人は，原則として，担保不動産を売却すれば，承継した借入金債務を返済することができます（もちろん，担保不動産以外の相続財産をもって返済することも可能です。）。

借主に相続人がいない場合や，借主の相続人が担保不動産の換価処分に協力しない等の場合には，債権者は担保権を実行することで債権を回収することになります（なお，相続人がいない借主の場合，遺言により，遺言執行者が担保不動産を売却して借入金債務を返済することもあり得ます。）。

第3 相続人からの空き家の相談

Question 35

親が亡くなり，生前住んでいた家が空き家となっています。
①　空き家のままだと，どのような問題がありますか。どこに相談すればよいですか。
②　遺産分割・相続登記未了ですが，問題を感じていません。このままでよいですか。
③　相続登記にかかる費用はどのくらい掛かりますか。

A　①　空き家の管理が不十分な状態であると空き家の劣化を早め，利活用の際にコストが掛かったり，市場価値を下げることにも繋がりかねません。これら空き家に関する相談先には，行政や不動産業者・司法書士など不動産に関する専門家があります。

②　相続手続は，空き家の所有者を確定させ，その管理責任や処分権者を明確にさせる重要な手続ですので，相続開始後，できるだけ早めに着手することが必要です。

③　相続登記手続の司法書士報酬については，日本司法書士会連合会のホームページ上に取りまとめたアンケート結果が公表されていますので，参考にするとよいでしょう。また，報酬とは別に登録免許税や戸籍謄本等の実費などの費用が発生しますので，ご注意ください。

解　説

空き家の発生原因

平成26年国土交通省住宅局が実施した空家実態調査集計結果によると，

住宅を取得した経緯のうち，52.3％が相続を原因としており，その他の住宅に至っては，56.4％にも至っています。また，日本司法書士会連合会が，平成27年８月に実施した全国空き家問題110番実施結果においても，空き家となった原因として，相続が５割を超えており，同様の傾向が見られました。このように空き家の発生原因に相続が多いのは，住宅の居住世帯構成のうち，高齢の夫婦や単身者世帯が増加していることが，原因の一つであると考えられます。

【住宅を取得した経緯（総数・利用状況別，n＝2,140)】

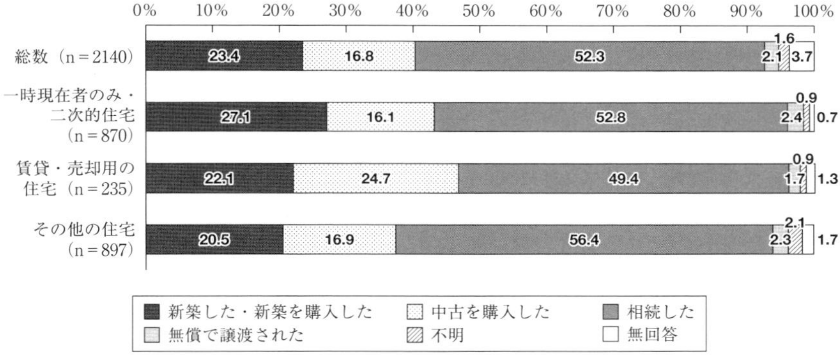

「国土交通省住宅局　平成26年度空家実態調査集計結果　図11」より

2 相続手続の重要性

相続が発生しても，当面の空き家の処分や利活用を考える機会がないと，相続手続を放置してしまうことがあります。

相続が発生し，相続人が複数人存在すると，その遺産は遺産共有状態となりますが，遺産共有状態の不動産に対して可能な行為は限られています（遺産共有状態で可能なことはＱ36参照）。不動産の処分をするには，前提として相続手続を終えておく必要があります。しかしながら，相続手続を放置しておくと，処分を希望した時に，相続人の一部が非協力的であったり，認知症を患い，遺産分割の判断ができない常態であったりすると，遺産分割調停や成年後見制度を利用する必要性が生じるなど，相続手続に時間や費用が掛かることになりかねません。

また，空き家に傷んでいる箇所があった場合でも，相続手続が未了の状態で，相続人の１人が費用を支出して補修をすることや，定期的な換気などの管理をすることは，どうしても消極的になりがちです。その結果として，空き家の劣化を早め，市場価値を下げることにも繋がりかねません。

相続手続は，空き家の所有者を確定させ，その管理責任や処分権者を明確にさせる重要な手続ですので，相続発生後，速やかに行うことが必要です。

3 空き家に関する相談先

前述の日本司法書士会連合会主催の全国空き家問題110番実施結果における，空き家に関する今までの相談先は，実に61％の相談者が，「相談歴なし」，続いて行政（15％），不動産業者（９％），司法書士（３％），弁護士（２％）という結果でした。空き家問題に対する相談窓口が分からない人が多数を占めているということは，空き家に関して，まず何を相談してよいのか分からないということも推定されます。

空家特措法施行により，行政は，所有者等に対し，助言，アドバイスを

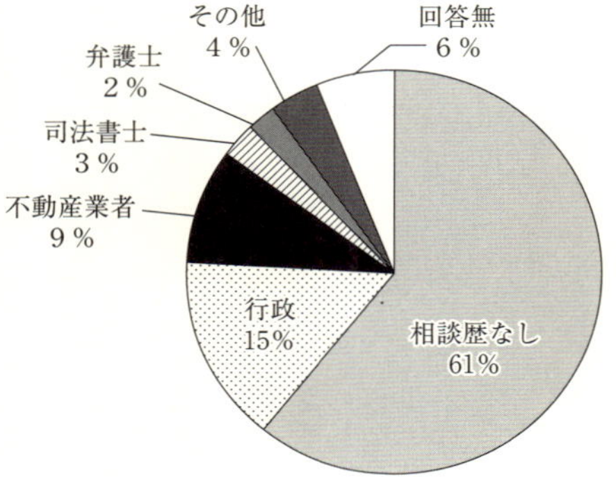

相談先	件　数
相談歴なし	242
行　政	59
不動産業者	36
司法書士	11
弁護士	9
その他	17
回答無	24

日本司法書士会連合会・全国空き家問題110番より

行うべき立場が明確となりましたので，行政窓口を構築・充実することがとても重要になります。行政において解決できない問題は，不動産に関する専門家を紹介するなど，専門家団体との連携が基本指針内に記述されています。

また，不動産に関する専門家への相談も同様に増加することが想定されますので，専門家間で連携を構築し，一専門家で解決できない問題は他機関を紹介することで解決を図ることが重要となります。

4 相続登記手続に関する司法書士報酬

従来は司法書士報酬基準がありましたが，平成15年４月１日改正司法書士法の施行により，報酬に関する規定がその所属する司法書士会の会則から削除され，撤廃となりました。これに代わって，現在の司法書士会の会則では，その司法書士が依頼者に報酬の額や算定方法・諸費用を明示し，依頼者との合意により決定することを定めています。このように司法書士の報酬の具体的な額は，司法書士と依頼者との契約により決定することになります。

なお，平成25年２月，日本司法書士会連合会では，司法書士に業務を依頼する方の参考とするため，全国の司法書士を対象に報酬のアンケートを実施し，日本司法書士会連合会のホームページに「司法書士の報酬と報酬アンケートについて」として公開しています。

相続を原因とする所有権移転登記手続の報酬は，相続人や不動産数等により異なることがあります。また，報酬とは別に登録免許税や戸籍謄本等の実費などの費用が発生しますので，詳細は依頼する司法書士に確認するとよいでしょう。

【参考】

相続を原因とする土地１筆及び建物１棟（固定資産評価額の合計1000万円）の所有権移転登記手続の代理業務を受任し，戸籍謄本等５通の交付請求，登記原因証明情報（遺産分割協議書及び相続関係説明図）の作成及び登記申請の代理をした場合。

※法定相続人は３名で，うち１名が遺産分割協議により単独相続した場合

〔有効回答数：652〕

	低額者10％の平均	全体の平均値	高額者10％の平均
北海道地区	27,813円	49,751円	70,800円
東北地区	27,816円	51,467円	85,158円
関東地区	31,646円	59,210円	105,515円
中部地区	36,008円	60,428円	107,949円
近畿地区	29,557円	67,034円	119,200円
中国地区	34,908円	55,149円	82,500円
四国地区	38,500円	61,064円	101,667円
九州地区	36,732円	55,089円	83,274円

【コメント】
たとえば，父親が亡くなり，所有していた自宅の土地・建物を子供のうちの一人が遺産分割協議により単独で相続した場合には，本事例の登記手続が必要となります。固定資産評価額は，市町村が固定資産税を課税するための評価額であり，登録免許税（登記を受ける際に納める税金）の額を算出する際の課税標準となります。また，実勢価格と異なります。相続を原因とする所有権移転登記の報酬は，相続人や不動産の数等により異なります。
なお，報酬のほかに登録免許税や戸籍謄本等の実費などの費用が発生します。
詳細については，あらかじめ司法書士に確認してください。

日本司法書士会連合会「司法書士の報酬と報酬アンケートについて（平成25年２月実施）」

Question 36　遺産分割未了のままで，空き家について，どのようなことができますか。

A　遺産分割未了の状態は，相続人による法定相続分に応じた遺産共有状態となります。共有状態における保存行為，管理行為，変更・処分行為には，それぞれ共有者の同意の範囲が異なります。

解　説

空き家の所有者に相続が発生したが，遺産分割協議が未了で遺産共有状態の場合，空き家の管理等についてできることは共有物の法律関係に基づきます。空き家の保存行為，管理行為，変更・処分行為にはそれぞれ下記のように共有者の同意の範囲が異なります。したがって，安定した管理等を行うためには，速やかに遺産分割協議を経ることが必要です。

1　保存行為

共有物の保存行為は，各共有者が単独で行うことが可能です（民法252条ただし書）。空き家に関する保存行為の具体的な例は以下のとおりです。

・空き家の修繕（大規模修繕を除く。）
・雑草木の伐採，立木竹の剪定，工作物・塀の補修・修理
・空き家の耐震検査
・固定資産税の納付
・空き家の不法占有者に対する妨害排除請求や返還請求

2　管理行為

目的物の変更とならない程度の利用や改良については，各共有者の持分の価格に従い，その過半数で決することになります（民法252条本文）。空き家に関する管理行為の具体的な例は次のとおりです。

・賃貸借契約の解除，使用貸借契約の解除

・共有者の中から占有使用者（居住者）の選定

3 変更・処分行為

目的物の変更・処分は他の共有者全員の同意を得なければなりません（民法251条）。空き家に関する変更・処分の例は以下のとおりです。

・賃貸借契約の締結，売却，担保権の設定等

・建物の増改築・大規模修繕

・建物の解体

例えば，空家等の相続人の１人が空家特措法上の修繕の助言（空家特措法12条）を受け，当該修繕が大規模修繕に相当する場合は，他の相続人全員の同意を得る必要があります。

4 その他遺産共有状態の法的関係

(1) 相続分の譲渡

相続人は，それぞれ他の相続人の同意がなくとも，自己の相続分を譲渡することは可能です。ただし，自己の相続分を譲渡しても，空き家の根本的な解決にはなりません。

(2) 固定資産税の負担

固定資産税の納税義務者は，土地又は家屋については，登記簿又は土地補充課税台帳若しくは家屋補充課税台帳に所有者として登記又は登録されている者ですが，所有者として登記又は登録されている個人が賦課期日（各年１月１日）前に死亡しているときは，同日において当該土地又は家屋を現に所有している者をいいます（地方税法343条１項・２項）。

したがって，賦課期日以前に相続が発生している場合は，相続人又は相続人が不存在の場合は相続財産法人が納税義務者となります。そして，共有物に対する固定資産税は，共有者が連帯して納税する義務があります（地方税法10条の２第１項）。このため，自己の法定相続分に応じて個別に納税をすることはできません。

相続が発生した場合は，相続人間において代表者を決定し，当該代表者に対して納税通知書が送付されます（地方税法９条の２第１項）。なお，各共有者は，その持分に応じて共有物に関する負担を負うため（民法253条１項），代表して固定資産税の全額を納税した相続人は他の相続人に対し，法定相続分に応じた相当額を求償することが可能です。

ところで，空き家の所有者に相続が発生したが，相続登記手続の放置，被相続人が当該自治体外に居住等の理由で，納税義務者の死亡の事実を税務部局が把握できず，あるいは相続人調査が十分にできずに死亡者名義で課税がされている問題が増加しています。実務上，死亡者名義での課税は原則無効として取り扱っているため，空き家の相続登記手続の放置によって，固定資産税の徴収事務や滞納整理事務に及ぼす影響は決して少なくありません。納税の面においても，相続発生後は速やかな相続登記手続が求められます。

(3)　空き家の所有者に相続が発生した場合の建物収去土地明渡請求訴訟

建物所有者に相続が発生した場合の建物収去土地明渡請求訴訟について，最二小判昭和43年３月15日民集22巻３号607頁は，「土地の所有者がその所有権に基づいて地上の建物の所有者である共同相続人を相手方とし，建物収去土地明渡を請求する訴訟は，いわゆる固有必要的共同訴訟ではないと解すべきである。けだし，右の場合，共同相続人らの義務はいわゆる不可分債務であるから，その請求において理由があるときは，同人らは土地所有者に対する関係では，各自係争物件の全部についてその侵害行為の全部を除去すべき義務を負うのであって，土地所有者は共同相続人ら各自に対し，順次その義務の履行を訴求することができ，必ずしも全員に対して同時に訴を提起し，同時に判決を得ることを要しないからである。」と判示しています。

このように土地所有者（原告）は空き家の登記名義人の相続人の１人（被告）に対し，個別に建物収去土地明渡請求訴訟を提訴することは可能です。しかしながら，前述のとおり相続人の１人では空き家を処分することができないことから，当該相続人の１人に対する債務名義をもって遺産共有状態の空き家に対する強制執行はできません。建物収去土地明渡請求訴訟は固有必要的共同訴訟ではありませんが，強制執行には，個別であっても共有者全員に対する債務名義が必要となります。

Question 37

親から相続した家が空き家となっており，解体したいのですが，遺産分割協議は未了です。どうすればよいですか。

A　遺産分割協議が未了の場合，解体に対する相続人全員の同意が必要です。なお，相続登記手続に関しては必ずしも要するわけではありません。

解　説

1　空き家の解体は相続人全員の同意が必要

空き家の所有者が死亡し，相続が発生すると，相続人の遺産共有状態となります。Q36のとおり，建物の解体は処分行為であり，共有者全員の同意が必要な行為（民法251条）ですので，解体に対する相続人全員の同意を得ていく必要があります。なお，あらかじめ，解体費用の負担者を定めておくこともトラブル防止になります。

ところで，平成25年３月付け国土交通省の世代間資産移転の促進に関する検討会報告において相続・贈与により資産を取得する平均年齢は年々上昇していることが指摘されています。このように相続による資産取得者が高齢化していることから，相続発生後は，後々の空き家の管理，利活用，処分の障害とならないよう，速やかに遺産分割協議と相続登記手続を行っておかないと，続いて二次相続が発生し，さらに複雑な相続関係が生じ，管理等の障害となることも考えられます。

2　相続人の１人による他の相続人の同意を得ない解体の問題

相続人の１人が他の相続人の同意を得ずに勝手に解体する行為は，他の相続人の法定相続分の処分となり，相続人間に感情的な対立が生じたり，不法行為に基づく損害賠償請求を受けたりする可能性があります。相続発生後は速やかに遺産分割協議及び相続登記手続を行い，所有者を確定することが必要です。

3 解体後の手続（未登記家屋の場合）

毎年１月１日現在の固定資産の所有者に対し，固定資産税や都市計画税が課税されることから，未登記である当該空き家を解体した場合は，翌年からの固定資産税の課税を止めるため，速やかに空き家の所在地の市区町村の固定資産担当課へ家屋滅失届出を提出する必要があります。この届出は相続人の１人から可能です。

4 解体後の手続（登記された建物の場合）

建物が登記されている場合，建物滅失登記手続を行う必要があります（不動産登記法57条）。建物滅失登記手続を放置しておくと，後々土地の活用・処分の際に当該建物の登記記録が発見され，説明の必要性や他の手続の遅滞を招くこともあるので，速やかな建物滅失登記手続が必要です。

建物の表題部所有者又は所有権の登記名義人には，その滅失の日から１か月以内に，滅失登記を申請する義務があり，その申請を怠ったときは，10万円以下の過料に処する旨が規定されています（不動産登記法57条，164条）。

建物滅失登記は報告的登記といわれており，相続人の１人から申請手続が可能であることから，同登記手続の前提として，必ずしも相続登記手続を経る必要はありません。

なお，建物滅失登記手続に先行して，市区町村への家屋滅失届出を行ってもよいですが，必ずしも必須ではありません。これは建物滅失登記手続が完了しますと，地方税法382条の規定に基づき，登記所から当該建物が存する市区町村税務課へ登記完了の通知が行われ，同通知を受けた市区町村は異動内容を家屋課税台帳へ記録するためです。

5 建物に担保権が設定されている場合

建物に抵当権等の担保権が設定されている場合で，既に被担保債権が完済されていることが書面等で確認できる場合は，解体の前提として担保権者へ特段の報告をする必要は原則ありません。ただし，建物滅失登記申請に担保権者の同意書の添付を求める登記所もありますので，この場合は対応が必要となります。なお，建物滅失登記の前提として担保権の抹消登記手続は不要です。

一方，被担保債権が完済されているか確認ができない場合は，債権者に連絡を取り，その事実関係を確認の上，解体工事，建物滅失登記手続を行う必要があります。

Question 38

親から相続した家の売却を考えていますが，売却価格について他の相続人である兄弟が納得しないので，現在でも空き家のままです。どうすればよいですか。

A　遺産分割未了の相続財産を処分するためには，共同相続人間で合意することが必要です。本問では，相続財産を換価して，その代金を分割することの合意は成立しているようですので，価格に関する客観的な資料をもとに当事者間での協議を重ね，必要に応じ，家庭裁判所での調停等を利用しながら合意を目指すことが考えられます。

解　説

1 遺産分割

遺産分割未了の相続財産は，共同相続人が法定相続分に従った割合で共有する遺産共有の状態にあります。遺産共有状態にある相続財産の分割は，共同相続人間でその方法を協議することになりますが，共同相続人間で協議が調わない場合，あるいは協議することができない等の場合には，家庭裁判所の調停手続や審判手続により分割方法を定めることになります（最判昭和62年９月４日裁判集民151号645頁）。

2 遺産分割の方法

遺産共有の状態にある相続財産の分割方法については，①現物分割の方法，②換価分割の方法，③代償分割の方法等があります。

①の現物分割は，共同相続人間で，個々の相続財産の帰属を合意する方法です。例えば，相続人がＡ及びＢの２人，相続財産が土地及び美術品である場合，土地はＡが取得し，美術品はＢが取得する旨を合意する方法です。

②の換価分割は，相続財産を処分して代価である金銭の分配を合意する

方法です。例えば，相続人がＡ及びＢの２人，相続財産が土地のみである場合，土地を売却してその代金をＡ及びＢが各２分の１の割合で取得する旨を合意する方法です。

③の代償分割は，特定の相続人が相続財産を単独で取得し，その代わりに他の相続人に金銭等を支払うことを合意する方法です。例えば，相続人がＡ及びＢの２人，相続財産が土地のみである場合，土地はＡが単独で取得し，その取得の代わりにＡはＢに一定の現金の支払い等を合意する方法です。

3 本問の検討

本問の親から相続した家（以下「本件空き家」という。）は，遺産分割協議が未了ですので，上述のとおり，共同相続人が法定相続分に従って共有する遺産共有状態にあります。したがって，本件空き家の遺産共有状態を解消するためには，共同相続人間で相続財産の分割方法を協議し，その合意を得ることが必要です。

ところで，本問は，共同相続人間において，本件空き家を売却してその代金を分割する方法（換価分割の方法）で相続財産を分割する旨の合意は成立していますが，肝心の売却価格に意見の相違があるようです。

不動産の価格は一物四価とも五価ともいわれ，その価格は一律ではありません（注）。このため，不動産を評価する際には，どの価格を採用するかという問題が生じることもありますが，本問は本件空き家を第三者に売却し，その代金を分割することになりますので，時価（実勢価格）での売却となります。時価は，需要と供給の関係に従い，売主と買主との合意によって定まる価格ですので，時価そのものに納得できない場合には，換価分割の方法により相続財産を分割することは相当困難といえます。

本問の場合に取り得る方法は，妥当・相当な売却価格を検討するため，複数の宅地建物取引業者の査定や不動産鑑定士の鑑定評価等の専門家による客観的な情報を取得し，その情報を踏まえ，売り出す価格の合意を目指すことが考えられます。また，当事者間の協議で売り出す価格が合意できない場合には，家庭裁判所における遺産分割調停を利用し，第三者である調停委員の助言を得ながら，換価分割に向けた調整を行うことも考えられます。

これらの過程を経た上でも，売り出す価格に納得が得られない場合には，本件空き家を適正に管理するためにも，現物分割や代償分割等の方法での分割を検討することが大切です。

なお，遺産分割協議等の結果，本件空き家が共有となった場合において，さらに共有物の分割請求（民法256条１項本文）を行い，一定の解決を目指すことも考えられます。

（注）　**様々な不動産の価格**

時価（実勢価格）：不動産取引市場において，買主と売主が合意した価格であり，需要と供給のバランスで決まります。

公示地価：国土交通省が公示する全国で約３万地点の毎年１月１日現在の地価です。

基準地価：都道府県が公表する，毎年７月１日現在の基準地の地価です。

路線価：国税庁が相続税や贈与税の課税のために公表する毎年１月１日現在の価格です。

固定資産税評価：市区町村が固定資産税等の課税のために３年ごとの１月１日現在の価格です。

memo メモ

遺産分割調停の手続の流れ

家庭裁判所における遺産分割調停は，当事者の合意が得られやすいように，次のとおり段階を追って進められます。

第１段階　相続人を確認します

相続人は戸籍等で確認します。認知や養子縁組等の無効等を争う場合には，遺産分割調停をする前に人事訴訟の手続で認知や養子縁組等の有効・無効を確定させる必要があります。

第２段階　遺言の有無等を確認します

遺言がある場合には原則として遺言に従います。遺言の無効を争う場合には，遺産分割調停をする前に民事訴訟の手続で遺言の有効・無効を確定させる必要があります。

第３段階　遺産の範囲を確定します

遺産は，被相続人が死亡時に所有していた遺産であり，かつ，現時点でも存在する遺産が対象となります。遺産の範囲に争いがある場合には，遺産分割調停をする前に民事訴訟等の手続で遺産の範囲を確定させる必要があります。

第４段階　遺産の価格を確定します

遺産の評価に争いがある場合には，鑑定手続を行うことになります。この場合，別途鑑定費用の負担（原則は法定相続分の割合で全員が分担）が必要です。

第５段階　各相続人の取得額を確定します

第３段階で確定した遺産と第４段階で確定した評価に基づき，各相続人の取得額を確定します。寄与分や特別受益が認められる場合，取得額が修正されることがあります。

第６段階　遺産の分割方法を確定する

現物分割，代償分割，換価分割等の分割方法を確定し，遺産の分割を合意します。

Question 39

親から家を相続しました。売却して兄弟で分けたいと思っていますが，何年も買い手がつかず売れそうにありません。この状況では空き家のまま放置することになりそうです。どうすればよいですか。

A　空き家を処分してその代金を分割する合意は成立しているものの，その売却ができないという場合には，売却価格を再考するほかありません。それでも長期間にわたり空き家の売却ができない場合には，現物分割や代償分割等の他の方法での遺産分割を検討せざるを得ません。

解　説

1 相続人の空き家の管理責任

空き家の所有者等は，空き家が周辺の生活環境に悪影響を及ぼさないよう，適切に管理するよう努めなければなりません（空家特措法３条）。遺産分割未了の相続財産は，共同相続人が法定相続分に従った割合で共有することになりますので，空き家が相続財産である場合には，共同相続人が空き家を適切に管理する義務を負担します。

空家特措法の管理責任は，いわゆる努力義務ですので，空き家の管理が不適切であったとしても，ただちに所有者等が管理不全の法的責任を問われることはないと考えられます。しかしながら，空き家の設置や保存の瑕疵により他人に損害を与えた（例えば，経年劣化したトタン屋根の一部が落下して通行人を傷つけてしまった）場合には，空き家の占有者（占有者が損害の発生の防止に必要な注意をしたときには所有者）が，その損害の賠償責任を負うことになります（民法717条１項）。

2 遺産分割の方法

遺産共有の状態にある相続財産の分割方法については，①現物分割の方法，②換価分割の方法，③代償分割の方法等があります（Q38参照）。相続財産を処分して代価である金銭の分配を合意する方法は，換価分割といわれます。

換価分割の方法での遺産分割は，相続財産の処分が前提となりますので，実際に処分ができない場合には，現物分割や代償分割等の他の方法による遺産分割を検討せざるを得ません。

3 本問の検討

共同相続人間では，本問の空き家（以下「本件空き家」という。）を処分し，その代金を分割する合意が成立しています。そして，その合意に基づき，本件空き家の売却を何年も試みているものの，売買契約が成立しない状態が続いているようですので，現状では，売却価格を再考しながら売買契約の成立を目指すほかありません。

なお，本件空き家の共同相続人は，現状，本件空き家を空き家のまま放置しているようですが，その管理までを放置することはできません。本件空き家の共同相続人は，上述した売却等が実現するまでの間，本件空き家が周辺の生活環境に悪影響を及ぼさないよう，互いに協力して適切に管理するよう努める必要があります。

売却価格を再考しても本件空き家の売却ができない場合，換価分割の方法での遺産分割は困難と考えられますので，現物分割や代償分割等の方法での遺産分割を検討するほかありません。

memo メモ

空き家の管理責任

空家特措法３条は，空家等の所有者等に対し，空家等が周辺の生活環境に悪影響を及ぼさないよう適切に管理するよう努める旨を規定しています。また，同法４条においては，市区町村に対し，空家等に関する必要な措置を適切に講じるよう努める旨を規定しています。

いずれも空き家の適切な管理を求める規定ですが，第一義的な空き家の管理責任は，空家等の所有者等が負担することになります。市区町村の管理責任は，あくまで所有者等による空き家の適切な管理が実現しない場合において，必要な対策を講じるというものです。

Question 40

遺産分割未了のまま祖父の家が空き家になっています。遺産分割をしようと考えていますが，行方不明の相続人がいます。どうしたらよいですか。

A　遺産分割協議を行う際，行方不明の相続人がいる場合は，家庭裁判所に対し，行方不明の相続人について不在者の財産管理人の選任を求め，選任された不在者の財産管理人と遺産分割協議を行うことが考えられます（不在者の生死が７年以上不明の場合には，不在者の年齢等を踏まえ，失踪宣告の制度を利用することも考えられます。）。

解　説

1 遺産分割

共同相続人は，被相続人が遺言で禁じた場合を除き，いつでも協議をして遺産の分割をすることができます（民法907条１項）。共同相続人間で協議が調わないとき，又は協議することができないときには，家庭裁判所に遺産分割の請求をすることができます（民法907条２項）。この場合，一般的には，まず家庭裁判所における遺産分割調停により協議が進められますが，最終的には家庭裁判所が審判手続で分割方法を定めることになります（最判昭和62年９月４日裁判集民151号645頁）。

遺産分割は，共同相続人の協議によって行いますので，相続人の一部が行方不明であっても，その者を遺産分割協議から除外することはできません。

2 行方不明者の財産の管理者

遺産分割未了の相続財産は，共同相続人が法定相続分に従った割合で共有する遺産共有の状態となります。もちろん，行方不明である相続人も相続財産を共有します。

従来の住所又は居所を去り，容易に戻る見込みがなく，行方不明である者（以下「不在者」という。）が，自らの財産の管理人を置いた場合，不在者の財産は，その管理人が管理します。しかしながら，不在者が，自ら財産の管理人を置くことは稀ですので，不在者の財産は，これを管理する者が存在しないまま放置されてしまうということが多いと思われます。

遺産共有状態の相続財産についても，不在者である相続人の財産を管理する者が必要となりますが，これが存在しない場合には，家庭裁判所に対し，不在者の財産管理人の選任を求めることが考えられます。

不在者が自ら財産の管理人を置かなかった場合，家庭裁判所は，利害関係人又は検察官の請求により，その財産の管理につき必要な処分を命じることができます（民法25条１項）。不在者の財産を管理する者がいない状態が継続すると，不在者自身やその財産について利害関係を有する第三者に不利益が生じることがあるため，家庭裁判所は，利害関係人等の申立てによって，不在者の財産管理人を選任します。

なお，不在者が自ら財産の管理人を置いた場合であっても，不在者の生死が明らかでない場合には，家庭裁判所は，利害関係人又は検察官の請求により，その管理人を改任することができます（民法26条）。

3 不在者財産管理人の職務と権限

家庭裁判所に選任された不在者の財産管理人（以下，単に「不在者の財産管理人」という。）は，管理すべき財産目録を作成し（民法27条１項前段），管理財産の保存行為及び財産である物又は権利の性質を変えない範囲での利用・改良行為を行います（民法28条前段，103条）。

不在者の財産管理人が，その権限を超える行為をする必要が生じたときには，家庭裁判所の許可を得た場合に限り，その行為をすることができます（民法28条前段）。不在者の財産管理人が，不在者に代わり相続財産について遺産分割協議を行うことは，その権限を超える行為ですので，家庭裁判所の許可を得た上で行う必要があります。

memo メモ

不在者の財産管理人の権限外行為と単純承認

不在者を除く共同相続人全員が相続放棄をした後，不在者について不在者の財産管理人が選任されました。不在者の財産管理人は，被相続人の不動産につき，不在者への相続登記をした後，家庭裁判所の権限外行為許可審判に基づき，不動産を第三者に売却しました。

その後，不在者が帰来し，被相続人の債権者から債務の履行を求められたため，被相続人の相続について相続放棄の申述を行い受理されました。

この不在者による相続放棄の有効性が争われたところ，裁判所は，不在者の財産管理人がした不動産の売却処分は，不在者にとって民法921条１号本文に該当し，当然に相続の単純承認があったものとみなされるので，不在者が帰来後に申述した相続放棄は無効であるとしました（名古屋高判平成26年９月18日裁判所ウェブサイト）。

本件は，他の共同相続人全員が相続放棄をしている事案であり，相続財産を処分する際には，注意が必要な案件でしたが，不在者の財産管理人が権限外の行為をする場合には，十分な調査と検討が必要であることを示唆する事例です。

4 本問の検討

被相続人の遺産の分割協議を行う場合において，共同相続人の中に行方不明の相続人がいる場合であって，不在者である相続人が財産の管理人を置いていないときは，他の共同相続人が利害関係人として，家庭裁判所に対し，不在者の財産管理人の選任を求めます。

選任された不在者の財産管理人は，管理すべき不在者の財産を調査し，財産目録を作成（民法27条１項前段）した上で，家庭裁判所に遺産の分割協議をすることについての許可を得て，他の共同相続人と遺産の分割協議を行います（民法28条前段）。

なお，不在者の財産管理人は，遺産分割協議により取得した財産の管理を継続します。その後の時間の経過によっては，不在者の生死が不明となることも考えられます。この場合，不在者の財産管理人は，必要に応じ，不在者について失踪宣告の申立てを検討することになります。

memo メモ

不在者の財産管理人がする遺産分割協議

不在者の財産管理人が家庭裁判所の権限外行為の許可審判を得て遺産分割協議を行う場合，原則として，不在者の法定相続分相当の財産を取得することになります。

ただ，不在者は，従来の住所又は居所を去り，容易に戻る見込みがない者ですので，遺産分割協議において，不在者の法定相続分相当の財産についても特定の相続人が承継し，不在者が帰来した後に請求があった場合に限り，当該法定相続分に相当する金員を支払う旨の合意をする，いわゆる「帰来時弁済方式」を採用する場合があります。

この帰来時弁済方式による遺産分割は，裁判所によって，遺産が多額の場合には採用しない，あるいは，そもそも帰来時弁済方式による遺産分割の方法を採用しないということもあるようです。

Question 41

遺産分割未了のまま祖父の家が空き家になっています。遺産分割をしようと考えていますが，認知症で判断ができない相続人がいます。どうしたらよいですか。

A　認知症で判断ができない相続人は，遺産分割協議を行うことができません。このため，遺産分割協議を行うためには，認知症で判断ができない相続人につき，成年後見（判断能力に応じて保佐等）開始の審判を申し立て，選任された成年後見人等と遺産分割協議を行うことが考えられます。

解　説

法律行為と意思能力

認知症によって判断能力の低下が認められたとしても，その者につき，家庭裁判所による成年後見（保佐，補助）開始の審判がなされていない場合には，その者は制限行為能力者ではありません。しかしながら，その者が意思能力を有しない場合には，その者が行った法律行為は無効となります。意思能力とは，法律行為の結果を理解した上で，その法律行為をするか否かの判断をすることができる能力（事理弁識能力）のことです。

法律行為をするに当たり，意思能力の有無が問題となることがありますが，法律行為の種類・難易は様々ですので，意思能力の有無を一律に定めることは困難です。意思表示の有無が問題となる場合には，意思表示の内容ごとに個別に検討することが必要です（京都地判平成25年４月11日判時2192号92頁）。

memo メモ

京都地判平成25年４月11日（抜粋）

20歳以上のものであれば誰でも有効に契約を締結することができるわけではないし，15歳以上の者であれば誰でも有効に遺言ができるわけではない。意思表示を有効に行うための精神能力は「意思能力」と呼ばれ，遺言を行うのに要求される精神能力は「遺言能力」とも呼ばれる。

意思表示が，どの程度の精神能力がある者によってされなければならないかは，当然のことながら，画一的に決めることはできず，意思能力の種別や内容によって異ならざるをえない（意思能力の相対性）。

単純な権利変動しかもたらさない意思表示の場合（日常の買い物など），小学校高学年程度の精神能力がある者が行えば有効であろうが，複雑あるいは重大な権利変動をもたらす意思表示の場合，当該意思表示がもたらす利害得失を理解するのにもう少し高度な精神能力が要求されるから，小学校高学年程度の精神能力しかない者が行った場合，意思能力の欠如を理由に意思表示が無効とされることが多いものと思われる。

2　遺産分割の協議に必要な意思能力

遺産分割協議が未了の相続財産は，共同相続人が法定相続分に従った割合で共有する遺産共有の状態にあります。この遺産共有状態にある相続財産を分割するためには，共同相続人間で相続財産の分割方法を協議することが必要です。共同相続人間で協議が調わない場合，あるいは協議することができない等の場合においては，家庭裁判所の調停手続を利用し，最終的には家庭裁判所が審判手続によってこれを定めることになります（最判昭和62年９月４日裁判集民151号645頁）。

遺産の分割協議をすることは，日常の買い物等の単純な権利変動しかもたらさない法律行為とは異なり，高い判断能力が求められます。この点，被保佐人が保佐人の同意を得なければできない行為として，不動産等の重要な財産の権利の得喪を目的とする行為や訴訟行為等と同列に，相続の承認若しくは放棄又は遺産の分割をすることを定めている（民法13条１項６号）とおりです（**注１**）。

3 本問の検討

相続人が認知症のために，事理弁識能力を欠く常況にある場合，その相続人自身が遺産の分割協議を行うことはできません。この場合には，遺産の分割協議を行うため，認知症となった相続人につき，成年後見開始の審判を申し立てることが必要となります（なお，相続人の判断能力に応じ，保佐開始等の審判を申し立てることもありますが，本稿では成年後見について述べます。）。

家庭裁判所は，成年後見開始の審判をするとき，職権で成年後見人を選任します（民法843条１項）。選任された成年後見人は，相続財産の内容を調査した上で，相続を承認するか放棄するか等の検討を行うほか，遺産の分割協議を行う場合においても，成年被後見人の利益を前提に遺産の分割協議を行います。

なお，成年後見開始の審判は，本人，配偶者，四親等内の親族等の一定の者が申し立てることになります（**注２**）。

家庭裁判所により選任された成年後見人が，司法書士や弁護士等の専門職ではなく親族である場合には，その成年後見人自身も相続人となることがあります。このような場合，成年被後見人と成年後見人の利害が相反することになります。成年後見監督人が選任されている場合には，成年後見監督人が成年被後見人のために遺産の分割協議を行います（民法851条４号）が，成年後見監督人が選任されていない場合には，成年後見人は，家庭裁判所に対し，遺産の分割協議をするための特別代理人の選任を求める必要があります（民法860条本文，826条）。

（**注１**）　被保佐人が保佐人の同意を要する行為は次のとおりです（民法13条１項）。

１　元本の領収又は利用

２　借財又は保証

3　不動産その他重要な財産の権利の得喪

4　訴訟行為

5　贈与，和解又は仲裁合意

6　相続の承認若しくは放棄又は遺産の分割

7　贈与拒絶，遺贈放棄，負担付贈与承諾，負担付遺贈承認

8　新築，改築，増築又は大修繕

9　民法602条の期間を超える賃貸借

（注２）　成年後見開始の審判の申立てができる者は次のとおりです。

本人，配偶者，四親等内の親族，未成年後見人，未成年後見監督人，保佐人，保佐監督人，補助人，補助監督人，検察官（以上，民法７条），任意後見受任者，任意後見人，任意後見監督人（以上，任意後見法10条２項），市区町村長（老人福祉法32条，知的障害者福祉法28条，精神保健及び精神障害者福祉に関する法律51条の11の２）

memo メモ

成年後見人による遺産分割協議

成年後見人は，成年被後見人に代わって遺産の分割協議を行いますが，自由に遺産の分割協議ができるというわけではありません。

成年後見人は，成年被後見人の財産を管理し，かつ，その財産に関する法律行為につき成年被後見人を代表します（民法859条１項）ので，本人の利益を前提とすることになります。このため，遺産の分割協議に当たっては，原則として，成年被後見人の法定相続分に相当する相続財産を取得することが必要です。

なお，遺産の分割協議を行う際，家庭裁判所の許可は不要ですが，実務上は，遺産分割の方針や内容につき，事前に家庭裁判所に連絡した上で，遺産の分割協議を行うことになります。

Question 42

空き家はいらないので相続放棄をしたいのですが，相続放棄をした場合，空き家はどうなりますか。

A　相続の放棄をした者は，その空き家を相続することはありませんが，相続を放棄した者がその空き家を管理している場合には，相続放棄によって新たに相続人となった者等がその空き家の管理を開始することができるまでの間，その空き家の管理を継続することになると考えられます。

解　説

1　相続の承認及び放棄

相続が発生すると，被相続人の一身に専属するものを除き，被相続人の財産に属する一切の権利義務は，相続人がこれを承継します（民法896条）。したがって，相続人は，自己のために相続の開始があったことを知った時から３か月以内（この期間は申立てにより家庭裁判所が伸長することができます。民法915条１項ただし書）に，この相続を承認するか，限定承認をするか，放棄をするかの選択を行います（民法915条１項）。

承認は，被相続人の財産に属した一切の権利義務を無限定に承継する（民法920条）ことであり，限定承認は，相続によって得た財産の限度で被相続人の債務や遺贈を弁済することを留保して相続を承認することです（民法922条）。放棄は，被相続人の相続については相続人にならなかったものとみなされ，被相続人の財産に帰属した一切の権利義務は承継しません（民法939条）。

2　相続の放棄と相続財産の管理

相続の放棄をした者は，その相続に関しては相続人とならなかったものとみなされます（民法939条）。相続人は，相続財産を固有財産（自己の財産）におけるのと同一の注意（注）をもって相続財産を管理しなければなりませんが，相続の承認又は放棄をした場合には，この管理義務を負いません（民法918条１項）。相続の放棄をした者が被相続人の財産を管理している場合，速やかに相続人に管理を引き継ぐことになります。

ところが，相続の放棄をした者が相続財産の管理をしている場合において，他の相続人や放棄によって新たに相続人となった者に対し，相続財産の管理を直ちに引き継げないことがあります。このような場合，相続を放棄した者は，相続財産の管理者が不在とならないよう，他の相続人や新たに相続人となった者が相続財産の管理を開始できるまでの間，その固有財産（自己の財産）におけるのと同一の注意をもって，相続財産の管理を継続することになります（民法940条１項）。

3 相続財産の管理の引き継ぎ

相続を放棄した者が相続財産を管理している場合には，その管理の引き継ぎを行うべきところ，相続人の存在は判明しているが相続財産の管理を引き継ぐことができない，あるいは相続人の全員が相続を放棄してしまい相続財産の管理を引き継ぐ者がいないということがあります。このような場合，相続を放棄した者は，いつまでも相続財産を管理し続けるのではなく，家庭裁判所に対し，相続財産管理人の選任を求め，相続財産の管理を引き継ぐことを検討することも可能です。

相続人がいるにもかかわらず，実際に相続財産の管理が引き継げない等の場合には，家庭裁判所は，利害関係人等の請求により，いつでも相続財産の保存に必要な処分を命じることができる（民法918条２項）ことから，相続を放棄した者は，家庭裁判所に対し相続財産管理人の選任を求め，その相続財産管理人に対し，相続財産の管理を引き継ぐことができると考えられます。

相続人の全員が相続放棄をしたこと等により，相続人の存在が明らかでないとき，相続財産は法人となります（民法951条）。この場合，家庭裁判所は，利害関係人等の請求により，相続財産法人の管理人を選任しなければなりません（民法952条1項）ので，相続を放棄した者は，家庭裁判所に対して相続財産管理人の選任を求め，その相続財産管理人に対し，相続財産の管理を引き継ぐことが考えらます。

4 本問の検討

本問の空き家（以下「本件空き家」という。）は相続財産に含まれますので，本件空き家は相続人が承継します（民法896条）。相続人が相続を放棄した場合，その者は相続人にならなかったものとみなされます（民法939条）ので，本件空き家は相続しません。

相続を放棄したとしても，相続を放棄した者が本件空き家を管理している場合においては，上述したとおり，同順位の他の相続人やその相続の放棄によって新たに相続人となった者が本件空き家の管理を開始することができるまでの間，自己の財産と同一の注意義務をもって本件空き家の管理を継続することになります（民法940条1項）。

本問では，他に相続人がいる場合，その相続人に管理を引き継ぎます。他に相続人がいない場合は，家庭裁判所に対して相続財産管理人の選任を求め，その相続財産管理人に管理を引き継ぐことを検討します。

（注）注意義務には，善良なる管理者の注意と自己の財産と同一の注意（固有財産におけるのと同一の注意）があります。

善良なる管理者の注意は，特定物の引渡し債務者（民法400条）や委任契約の受任者（民法644条）に求められる注意義務で，義務者の社会的・経済的立場やその職業などに鑑み，一般的に要求される程度の注意義務です。

自己の財産と同一の注意（固有財産におけるのと同一の注意）は，無償の受寄者（民法659条）や財産を管理する親権者（民法827条）に求められる注意義務で，自己の財産を管理する際に払う程度の注意義務です。

Question 43

相続放棄をした家が荒れていて，自治体から管理責任を指摘されました。どうすればよいですか。

A　相続の放棄をした者が，相続財産の管理をしている場合，他の相続人や放棄により新たに相続人となった者が相続財産の管理を開始することができるまでの間，自己の財産におけるのと同一の注意をもって，相続財産の管理を継続することになります。ただし，相続放棄者の管理義務は，他の相続人に対する義務であり，第三者に対する義務ではないと考えられています。

解　説

1 空き家の管理責任

昨今，社会問題化しているとおり，空き家の管理不全は，地域社会や地域住民に重大な影響を与えることがあります。このため，空き家の所有者等は，空き家が周辺の生活環境に悪影響を及ぼさないよう，その適切な管理に努めなければなりません（空家特措法３条）。この管理責任は，いわゆる努力義務ですので，所有者等が空き家を適切に管理しなかったとしても，ただちに管理不全の法的責任を問われることはないと考えられます。しかしながら，空き家の設置や保存の瑕疵により他人に損害を与えた場合には，空き家の占有者（占有者が存在の発生の防止に必要な注意をしたときには所有者）が，その損害の賠償責任を負うことになりますので注意が必要です（民法717条１項）。

2 相続放棄をした者の管理責任

相続の放棄をした者は，その相続に関しては相続人とならなかったものとみなされます（民法939条）が，相続の放棄をした者が相続財産の管理をしている場合には，他の相続人や放棄によって新たに相続人となった者が相続財産の管理を開始できるまでの間，自己の財産におけるのと同一の注意をもって，相続財産の管理を継続することになります（民法940条１項）。

すべての相続人が相続を放棄する等，相続人のあることが明らかでない場合，相続財産は法人となります（民法951条）が，この場合においても，相続放棄者が相続財産を管理しているときは，相続財産法人に管理人が選任されるまでの間，自己の財産におけるのと同一の注意をもって，相続財産の管理を継続することになると考えられます（民法940条１項）。

このように，相続財産を管理する相続放棄者の管理責任は，他の相続人や相続財産管理人が管理を開始するまで継続することから，速やかに他の相続人や相続財産管理人に相続財産の管理を引き継ぐことが必要となります。

memo メモ

相続財産管理人選任申立時の課題

相続人のあることが明らかでないときには，相続財産は法人となります（民法951条）が，この場合，家庭裁判所は，利害関係人又は検察官の請求によって相続財産管理人を選任します（民法952条１項）。したがって，相続放棄をした者が相続人のあることが明らかでない相続財産を管理している場合には，相続放棄者が利害関係人として，家庭裁判所に対し相続財産管理人選任の申立てを行い，選任された相続財産管理人に相続財産の管理を引き継ぐことになります。

この場合に大きな問題となるのが，申立時に求められる予納金です。この予納金の額は，事案や地域によって異なりますが，30万円から100万円（場合によってはそれ以上）といわれます。

この予納金は，申立人が用意することになりますので，相続放棄者が，相続財産の管理を引き継ぐ相続財産管理人選任を求める際の大きな障害となっているようです。

3 空家特措法の管理者

相続放棄者が相続財産の管理をしている場合，相続放棄者は，他の相続人や放棄によって新たに相続人となった者が相続財産の管理を開始できるまでの間，自己の財産におけるのと同一の注意をもって相続財産の管理を継続します（民法940条１項）。相続財産に空き家が含まれる場合，相続財産を管理する相続放棄者は，空き家を含めた相続財産を管理することになります。

ところで，空家特措法上，空き家の所有者等は，空き家を適切に管理する努力義務があります（空家特措法３条）ので，相続財産を管理する相続放棄者が空き家を管理する場合，空家特措法上の管理責任を負うかという問題があります。

この点についての判例はありませんが，相続放棄者の民法上の管理責任は他の相続人に対する責任であり，第三者に対するものではないと考えられます。また，相続放棄者の管理は，民法103条の範囲に限られることもあり，相続放棄者が，空家特措法上の管理者とされ，第三者に対して空家特措法上の管理責任を負担すると解することは困難であるとの指摘があります。

4 本問の空家が特定空家等である場合

本問の相続財産である空き家が特定空家等である場合，市区町村長は，特定空家等を管理する相続放棄者に対し，空家特措法上の措置である助言・指導又は勧告を行うことになります。

しかしながら，相続放棄者は，上述のとおり，民法940条１項の管理者であるとしても，それは第三者に対して責任を負うものではなく，また，その権限も民法103条の範囲に限られます。したがって，仮に，市区町村長から助言・指導又は勧告を受けたとしても，相続放棄者は，民法で定める範囲を超える管理責任を負担することはないと考えられます。

結局，相続放棄者は，市区町村長から必要な措置をすることの助言・指導又は勧告を受けたとしても，その必要な措置をする権原はなく，何らの対応もできないことになります（相続放棄者は，市区町村長の勧告に従わないことにつき，正当な理由があるといえますので，命令を受けることはないと考えられます。)。

ところで，本問の特定空家等については，相続人の存在・不存在が未確定な状態であり，市区町村長に「過失がなくてその措置を命ぜられるべき者を確知することができないとき」に該当すると考えられます。このため，市区町村長は，当該特定空家等につき，空家特措法に基づく略式代執行（空家特措法14条10項）をすることができると考えられます。

なお，市区町村長は，空家特措法に基づく略式代執行の手続ではなく，特定空家等の固定資産税債権等を有する利害関係人として，家庭裁判所に対し相続財産管理人の選任を求め，相続財産管理人による諸手続の過程で問題を解決すること（特定空家等の換価）も考えられますので，略式代執行の手続を進めるか，相続財産管理人の選任を求めるかの選択は，市区町村が個別の事案に則して判断する必要があります。

Question 44

生活保護を申請したところ，遠方の空き家となっている実家が遺産分割未了のままとなっていることが判明しました。どうすればよいですか。

A　生活保護申請者は現に困窮をしていること，また，空き家の処分が直ちに行われることは困難なことから，保護を開始し，後日，空き家の処分ができた際には，保護費返還手続が行われることとなります。

解　説

1 生活保護の補足性

生活保護は，生活に困窮する者が，その利用し得る資産，能力その他あらゆるものを，その最低限度の生活の維持のために活用することを要件として行われます（生活保護法４条１項）。これを保護の補足性といいます。預貯金，不動産等の資産，労働能力，年金や手当，扶養義務者の扶養などが活用の対象となります。

このため，生活保護の相談・申請の窓口である福祉事務所は保護申請を受けた場合，資産等について十分な調査を行い，原則，保有資産は売却等の上，生活費に充てるよう指導します。

2 遺産分割未了の財産

今回のように遠方に不動産がある場合や親族との連絡が途絶えている場合は，生活保護申請者自身が相続発生や不動産保有の認識をしていないこともあり，遺産分割協議が未了のままとなっているケースがあります。しかしながら，不動産が被相続人名義のまま，遺産分割協議がなされていない場合でも，生活保護申請者は当該不動産の共有持分を有しているため，当該不動産につき，保有又は処分の判断が行われます。

なお，遺産分割の未了の財産が明らかに債務超過と判断される場合には，申述期間の要件を満たせば相続放棄の手続の選択も考慮する必要があります。

3 保護申請者への指導

生活保護申請者の多くは，現に困窮をしていることから，遺産分割協議が未了で直ちに不動産を処分することが困難なことを確認した上で，保護を開始し，引き続き，福祉事務所において，相続の進捗状況（相続人の調査，遺産分割協議の進捗），相続財産の価値，処分の可能性の調査と合わせて被保護者に対して処分等の指導を行うことが予想されます。

4 保有が認められる財産

被保護者が資産を保有している場合，その資産保有の限度及び資産活用の具体的取扱いは，「生活保護法による保護の実施要領について」（昭和36年４月１日厚生省発社第123号厚生省事務次官通知）にて具体的に示しています。下記に前記通知に基づく保有が認められている不動産の範囲の抜粋を掲げます。

所有又は利用を容認することに適さない資産は，売却等により処分することで最低生活の維持のために活用することを原則としています。なお，資産の活用は売却を原則としますが，これにより難いときは当該資産の貸与によって収益をあげる等の活用の方法を考慮することも前記通知では示しています。

今回の場合のように，空き家となっている遠方の不動産の保有の必要性はないため，売却の指導，又は遺産分割において代償分割等の指導が行われることが予想されます。

資産の種類		保有容認の要件	備　考
土地	宅地	(1)　当該世帯の居住に用いる家屋に附属した土地で建築基準法第52条及び第53条に規定する必要な面積 (2)　農業その他の事業の用に供される土地で，事業遂行上必要最小限度の面積	処分価値が利用価値に比して著しく大きいと認められるものは保有が認められない。

家屋	住居用家屋	当該世帯の居住の用に供される家屋（保有を認められるものであっても部屋数に余裕があると認められるときは間貸しにより活用させること）	
	その他の家屋	⑴　事業用家屋で，営業種別，地理的条件等から判断して当該地域の低所得世帯との均衡を失することにならないと認められる規模のもの ⑵　貸家で，当該世帯の要保護推定期間（おおむね３年以内）における家賃の合計が売却代金よりも多いと認められるもの	処分価値が利用価値に比して著しく大きいと認められるものは保有が認められない。

「生活保護法による保護の実施要領について」より

5　保護費返還義務

生活保護法63条では「被保護者が，急迫の場合等において資力があるにもかかわらず，保護を受けたときは，保護に要する費用を支弁した都道府県又は市町村に対して，すみやかに，その受けた保護金品に相当する金額の範囲内において保護の実施機関の定める額を返還しなければならない。」と規定しています。

したがって，今回の場合，処分等ができた際には，同規定に基づく保護費返還処理の事務手続（生活保護法63条による返還決定）を取ることを明らかにした上で保護を開始することが予想されます。

Question 45

空き家とその敷地はいわゆる地縁団体の所有物ですが，亡くなっている人の共有名義のままとなっています。この空き家を処分するには，どのようにすればよいでしょうか。

A　いわゆる地縁団体の所有物であることを明らかにするため，市区町村へ認可地縁団体の認可申請をした上で，認可地縁団体として法人格の付与を受けましょう。その後，認可地縁団体名義へ所有権移転登記手続を行った上で，処分することがよいでしょう。なお，登記名義人やその相続人に所在不明者が存在する場合，登記の特例制度が設けられています。

解　説

1　平成３年地方自治法改正

従来は，自治体等の権利能力なき社団たる地縁による団体（以下「いわゆる地縁団体」という。）は法人格がないため，その保有する不動産は代表者名義や構成員全員の共同名義で登記手続をするしかありませんでした。しかしながら，登記名義人に相続が発生した場合，個人財産との混同を生じるなどの問題があるため，法人格付与の要望が高まりを見せました。

そこで，地方自治法の一部を改正する法律（平成３年法律第24号）が平成３年４月２日に施行され，いわゆる地縁団体が市区町村から認可地縁団体の認可を受けたときは，法人格を取得し，認可地縁団体名義で登記名義を受けることが可能となりました。

2　認可地縁団体となることができる団体

認可地縁団体となることができる団体は，次の２つの要件を満たすことが必要です。

①　一定の区域内に住所を有する者の地縁に基づいて形成された団体

特定の目的の活動だけをする同好会などは対象とならず，自治体や町内会を対象としています。

② 地域的な共同活動のための不動産又は不動産に関する権利等の保有又は保有を予定している団体

不動産に関する権利とは，不動産登記法３条各号に掲げる土地又は建物に関する権利，立木ニ関スル法律１条１項に規定する立木の所有権，抵当権，登録を要する金融資産（国債，地方債，社債），その他地域的な共同活動に資する資産であって登録を要する資産が対象となります。

3 認可地縁団体の認可の要件

認可地縁団体の認可の要件には次の４つが挙げられます。市区町村に認可地縁団体の認可申請を行うと，内部審査を経て，市区町村による認可，告示が行われます。市区町村の告示をもって法人登記に代えるため，登記所への登記は行われません。

① その区域の住民相互の連絡，環境の整備，集会施設の維持管理等，良好な地域社会の維持及び形成に資する地域的な共同活動を行うことを目的とし，現にその活動を行っていると認められること
② その区域が，住民にとって客観的に明らかなものとして相当の期間にわたって存続していること
③ その区域に住所を有するすべての個人は，構成員となることができるものとし，その相当数の者が現に構成員となっていること
④ 規約を定めていること

4 認可地縁団体への所有権移転登記

いわゆる地縁団体が，認可地縁団体として法人格の付与を受けた場合，登記名義人である代表者個人又は共同名義人から当該認可地縁団体名義に所有権移転登記が可能となります（平成３年４月２日付法務省民三第2246号通達）。

登記原因は「委任の終了」，原因日は「認可の日」として，認可地縁団体と登記名義人との共同申請で行います。ただし，登記名義人が亡くなっ

ている代表者等の名義のままである場合は，現在の代表者名義へ委任の終了を原因として所有権移転登記を受けておくことが必要です。

5 平成27年地方自治法一部改正「認可地縁団体が所有する不動産に係る登記の特例」

認可地縁団体が所有する不動産の名義変更は長期間手続がされていないものも多く存在します。認可地縁団体名義に所有権移転登記手続をしようとしても，登記義務者の所在が不明な場合も決して少なくなく，登記手続が困難な事例も散見されていました。

そこで，認可地縁団体が所有する不動産に係る登記の特例が地方自治法の一部改正により平成27年４月１日に施行となりました。本特例制度は認可地縁団体の当該不動産に対する所有権の有無を確定するものではなく，特例として単独で登記手続を可能とする目的で創設されたことに留意する必要があります。

(1) 対象となる不動産

本特例の対象となる不動産は以下のすべてを満たす必要があります。

① 当該認可地縁団体が当該不動産を所有していること

② 当該認可地縁団体が当該不動産を10年以上所有の意思をもって平穏かつ公然と占有していること

③ 当該不動産の表題部所有者又は所有権の登記名義人のすべてが当該認可地縁団体の構成員又はかつて当該認可地縁団体の構成員であった者であること

④ 当該不動産の登記関係者（表題部所有者若しくは所有権の登記名義人又はこれらの相続人）の全部又は一部の所在が知れないこと

(2) 手続の流れ

手続の流れは以下のとおりです。

① 市区町村長への公告を求める申請

認可地縁団体は自ら所有する不動産について当該不動産の登記関係者の全部又は一部の所在が知れない場合に，市区町村長に対し，一定の疎明書面等を添付して公告を求める申請をします。

② 市区町村長による公告

認可地縁団体がその所有する不動産についての所有権の保存又は所有権の移転の登記をすることについて異議のある登記関係者等（登記関係者及び当該不動産の所有権を有することを疎明する者）は異議を述べるべき旨を公告します。

公告期間は3か月を下ってはならないとされています。

③ 公告の期間内に登記関係者等の異議がないこと

公告の期間内に登記関係者等が異議を述べなかった場合は，認可地縁団体が不動産の所有権の保存又は移転の登記をすることについて登記関係者の承諾があったものとみなされます（地方自治法260条の38第3項）。

登記関係者等の異議があった場合には，本手続は中止となります。

④ 証明書（証する情報）の交付

上記③で登記関係者の承諾があったものとみなされた場合には，市区町村長から認可地縁団体へ市区町村長が公告をしたこと及び登記関係者等が公告の期間内に異議を述べなかったことを証する情報（証する情報）を交付します。

⑤ 特例に基づく登記手続

認可地縁団体は単独で本特例に基づく登記手続が可能であり，認可地縁団体名義に登記名義を受けることができます。

以上の手続を踏むことにより，本件空き家とその敷地を認可地縁団体名義で処分することが可能となります。

【認可地縁団体が所有する不動産に係る登記の特例の手続】

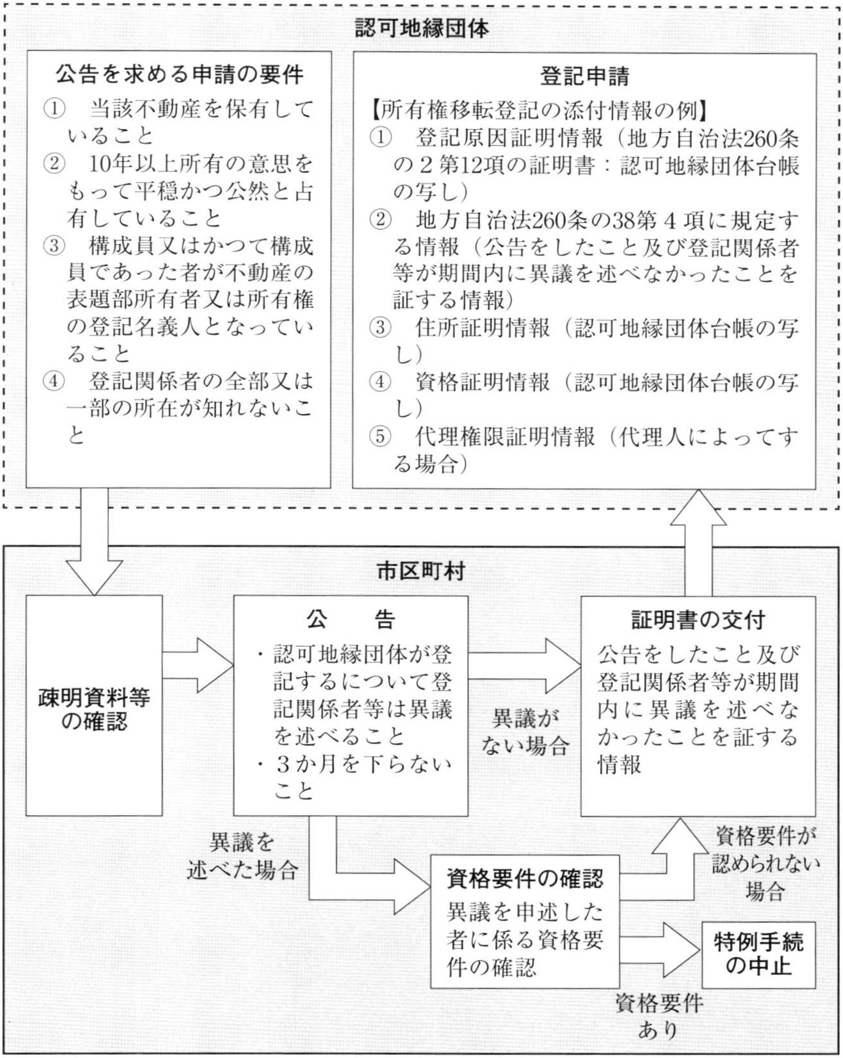

登記関係者等……
登記関係者（当該不動産の表題部若しくは所有権の登記名義人又はこれらの相続人）及び当該不動産の所有権を有することを疎明する者

Question 46

空き家に仏壇を置いたままです。この仏壇は，どのようにしたらよいですか。

A　仏壇は祭祀財産ですので，祭祀承継者に帰属します。祭祀承継者は，祭祀財産である仏壇を管理するほか，処分することも可能です。なお，仏壇は信仰の対象となる場合がありますので，その処分の際には注意が必要です。

解　説

1 祭祀財産

民法が規定する祭祀財産は，系譜，祭具，墳墓等です（民法897条１項本文）。

系譜は，家系図等の先祖から子孫に至る一族のつながりを記載した系図です。祭具は，祭りの儀式に使う道具一切で，仏像，位牌，仏壇，神棚，これらに付属する一切の用品・用具です。墳墓は，墓地等の遺体・遺骨の埋葬設備です。

2 祭祀財産の承継者

祭祀財産は，相続財産とは別に，被相続人自身が祖先の祭祀を主宰する者として指定した者が承継します（民法897条１項ただし書）。被相続人の祭祀承継者の指定は，必ずしも遺言による必要はありませんので，口頭による指定でも構いません（紛争予防の観点では，書面による指定が望ましい。）。被相続人の祭祀承継者の指定がない場合には，慣習に従って祖先の祭祀を主宰すべき者が祭祀財産を承継します（民法897条１項本文）。この慣習が明らかでない場合には，家庭裁判所が祭祀承継者を定めることになります（民法897条２項）。

3 祭祀財産の処分

祭祀財産の処分については，広島高判昭和26年10月31日高民集４巻11号359頁が「相続人が他人に譲渡し又は廃棄し或は戸主がその生前又は相続開始前に他人に売買し贈与する等の処分行為をすることは所有者の自由な権能であって生前処分を禁ずるものではない（大審院昭和８年６月14日判決参照)。」と判示し，公序良俗（民法90条）にも反しないと解しています。

なお，墓地の改葬手続は，市区町村長の許可が必要（墓地，埋葬等に関する法律５条１項）であり，また，墓地の廃止手続には，都道府県知事（市又は特別区は市長又は区長）の許可が必要（墓地，埋葬等に関する法律10条２項）です。

4 本問の検討

仏壇は，祭祀財産（祭具）ですので，祭祀承継者がこれを承継します。したがって，空き家の仏壇は，祭祀承継者が管理します。

祭祀財産である仏壇を処分することは，上述の判例のとおり，祭祀承継者の意思で行うことができますが，仏壇が信仰の対象になっている場合等，処分に際して行うべきことが種々あると思われますので，事前に寺院等に相談してみる必要があります。

memo メモ

遺骨の帰属

遺骨は誰に帰属するのでしょうか。

遺骨の帰属が争われた事案につき，遺骨は慣習に従って祭祀を主宰すべき者に帰属するとした判例があります（最判平成元年７月18日家月41巻10号128頁）。また，同様の事案につき「遺骨についての権利は，通常の所有権と異なり，埋葬や供養のために支配・管理する権利しか行使できない特殊なものであること，既に墳墓に埋葬された祖先の遺骨については，祭祀財産として扱われていること」等の理由から「被相続人の遺骨について，その性質上，祭祀財産に準じて扱うのが相当である。」とした上で，「被相続人の指定又は慣習がない場合には，家庭裁判所は，被相続人の遺骨についても，民法897条２項を準用して，被相続人の祭祀を主宰すべき者，すなわち遺骨の取得者を指定することができるというべきである。」とした判例があります（大阪家審平成28年１月22日判タ1431号244頁）。

第4 財産管理（成年後見）に付随する空き家の相談

Question 47

高齢の親が認知症のために施設に入所しています。居住していた家が空き家となっていますが，どうすればよいですか。

A　空き家の管理については，事実上，親に代わり子どもが行うことになりますが，家庭裁判所に対し成年後見開始等の審判を求め，選任される成年後見人等に管理を任せることも検討します。

解　説

所有者の管理

空家等の所有者等には，空き家が周辺の生活環境に悪影響を及ぼさないよう，適切な管理に努める責任があります（空家特措法３条）。また，空き家の設置や保存の瑕疵により，他人に損害を与えたときは，第一義的には空き家の占有者が損害の賠償責任を負い，その占有者が損害の発生を防止するのに必要な注意をしていたというときは，空き家の所有者がその損害の賠償責任を負うことになります（民法717条１項）。この空き家の所有者の賠償責任は，空き家の設置や保存の瑕疵について無過失であった場合でも，免責されないものと考えられています。

適切な管理が行われない空き家の存在は，地域社会や地域住民に様々な影響を与えることが指摘されており，昨今，全国的な社会問題になりつつあります。したがって，空き家の所有者等は，周囲の生活環境に影響を及ぼすことがないよう，また，他人に損害を与えることがないよう，空き家の適切な管理を強く意識する必要があります。

2 親族等による管理の課題

本問の空き家（以下「本件空き家」という。）の所有者（以下「本人」という。）は，高齢であり，認知症のため施設に入所している状況です。本人の意思能力の有無・程度等は不明ですが，本件空き家の管理を自ら行うことは難しい状況にあると思われます。また，本件空き家の管理を第三者に委託するためには，本人に意思能力がなければならず，管理の委託契約を締結することも難しい状況にあるものと思われます。

そこで，本問のような場合，やむなく親族等が空き家の管理を代行することも行われているようであり，本件空き家についても，子どもが親に代わって管理を行うということが考えられますが，上述したとおり，空き家の所有者には，空き家を適正に管理する責任がある上，空き家の設置や保存の瑕疵に起因して発生した損害に対しての賠償責任があることを踏まえると，管理を代行する子どもの負担は少なくありません。また，例えば，本人の生活の状況や財産の状況に鑑みて，本件空き家の換価処分を検討する必要がある場合であっても，事実上の管理だけを行う子どもには，本件空き家の処分権限がありませんので，換価処分の検討やその対応が先送りされてしまう可能性もあり得ます。

空き家を適正・適切に管理するという視点だけではなく，本人を十分に保護するという視点をも含めますと，認知症等により本人の判断能力の低下が認められる場合においては，成年後見制度の利用を検討し，必要に応じ，成年後見開始等の審判を求めることが大切です。

3 本問の検討

本問のように，本人が認知症により判断能力が衰えてしまった場合においては，空き家の適切な管理を行うためだけではなく，認知症になった本人にとって有為な財産の活用等を行うためにも，本人の判断能力の状態に応じ，成年後見開始等の審判を求めることを検討します。

memo メモ

意思能力と行為能力

意思能力とは，行為の結果を理解した上で，その行為をするか否かの判断をすることができる能力であり，法律の条文では「事理を弁識する能力」と表現されます（民法７条ほか）。

行為能力とは，単独で有効な法律行為をすることができる能力であり，民法においては，未成年者，成年被後見人，被保佐人，被補助人が行為能力を制限される者（制限行為能力者）とされています。

意思能力のない者の法律行為は，意思能力がなかったことを立証し，その法律行為が無効であると主張できます（大審院明治38年５月11日民録11輯706頁）。制限行為能力者については取り消し得べき法律行為が定められています（民法５条２項，９条，13条４項，17条４項）。

なお，制限行為能力者の法律行為は，意思能力がなかったことを立証して無効を主張することも，行為能力がなかったことを立証して取消しを主張することもできると考えられています。

成年後見は，精神上の障害により，事理を弁識する能力を欠く常況にある者に対し，本人，配偶者，四親等内の親族等の請求（**注**）により，家庭裁判所が審判をすることで開始します（民法７条）。後見開始の審判を受けた者は，成年被後見人となり，家庭裁判所の職権で成年後見人が付されます（民法８条，843条１項）。家庭裁判所に選任された成年後見人は，成年被後見人の財産を管理するほか，成年被後見人の財産に関する法律行為について成年被後見人を代表することになります（民法859条１項）。

したがって，本問においては，管理者が不在となっている本件空き家の適切な管理及び本件空き家の換価処分等の検討等を行うため，成年後見制度の利用を検討した上で，必要に応じ，家庭裁判所に対し，子どもが申立人となって成年後見（判断能力に応じて保佐・補助）開始の審判を申し立てることになります。

（注）　成年後見開始の審判の申立てができる者は次のとおりです。

本人，配偶者，四親等内の親族，未成年後見人，未成年後見監督人，保佐人，保佐監督人，補助人，補助監督人，検察官（以上，民法７条），任意後見受任者，任意後見人，任意後見監督人（以上，任意後見法10条２項），市区町村長（老人福祉法32条，知的障害者福祉法28条，精神保健及び精神障害者福祉に関する法律51条の11の２）

memo メモ

成年後見人の職務と権限

○成年被後見人の意思の尊重及び身上の配慮義務

成年後見人は，成年被後見人の生活，療養看護及び財産の管理に関する事務を行うに当たっては，成年被後見人の意思を尊重し，かつ，その心身の状態及び生活の状況に配慮しなければなりません（民法858条）。

○財産の管理及び処分権限

成年後見人は，成年被後見人の財産を管理し，その財産に関する法律行為につき，成年被後見人を代表します（民法859条１項）。ただし，成年被後見人の行為を目的とする債務を生ずべき場合は本人の同意が必要です（民法859条２項，824条ただし書）。

○居住用不動産の処分についての許可と同意

成年後見人は，成年被後見人に代わり居住の用に供する建物又はその敷地について，売却，賃貸，賃貸借の解除又は抵当権の設定その他これらに準ずる処分をする場合，家庭裁判所の許可を得なければなりません（民法859条の３）。なお，成年後見監督人が選任されている場合には，成年後見監督人の同意も必要となります（民法864条本文）。

Question 48

成年被後見人の居宅が空き家になっています。どのように管理又は処分すればよいですか。

A　成年被後見人の財産の管理は，成年後見人の判断で行うことができますが，成年被後見人の財産の処分は，成年後見人だけの判断では行えない場合があります。成年後見監督人が選任されている場合，空き家を処分するには，その同意が必要です。空き家が成年被後見人の居住用財産である場合には，家庭裁判所の許可も必要です。

解　説

1 成年後見人による財産の管理と処分

後見開始の審判がなされると，成年被後見人に対しては，家庭裁判所の職権で成年後見人が付されます（民法843条１項）。家庭裁判所に選任された成年後見人は，成年被後見人の財産を管理し，その財産に関する法律行為について，成年被後見人を代表します（民法859条１項）。

成年被後見人の財産を管理し，その財産に関する法律行為を代表する成年後見人であっても，成年被後見人に代わり居住の用に供する建物又はその敷地（**注１**）について，売却，賃貸，賃貸借の解除又は抵当権の設定その他これらに準ずる処分をする場合には，家庭裁判所の許可が必要です（民法859条の３）。家庭裁判所の許可を得ないで行った居住用財産の処分は無効です。

また，成年後見監督人が選任されている場合，成年後見監督人の同意が必要となる行為（**注２**）があります（民法864条本文）。

2 本問の検討

成年後見人は，成年被後見人の財産を管理します（民法859条１項前段）。

成年後見人が行う成年被後見人の財産の管理（保存行為や物や権利の性質を変えない範囲内の利用行為や改良行為。民法103条参照）については，家庭裁判所や成年後見監督人の許可・同意は不要ですので，本問の空き家（以下「本件空き家」という。）の管理については，成年後見人自身の判断で行うことができます。

一方，本件空き家は成年被後見人の居宅（居住用財産）であったことから，成年後見人が本件空き家を売却する等の処分をするには，家庭裁判所の許可が必要です（民法859条の3）。なお，上述したとおり，成年後見監督人が選任されている場合には，成年後見監督人の同意も必要です（この場合，成年後見監督人の同意書を家庭裁判所の居住用財産処分の許可審判申立書に添付することになります。）。

ところで，成年後見人が本件空き家を売却する場合，家庭裁判所に対し，具体的に「買主◯◯◯◯に対し，売買代金◯◯◯万円で売却する」ことの許可を求めることになります。したがって，成年後見人は，家庭裁判所に対し，あらかじめ居住用財産を売却することを連絡し，その上で売却の手続を進め，売買契約の締結前（あるいは家庭裁判所の許可審判を条件とする売買契約の締結後）に家庭裁判所の許可を得るという手順を踏むことが妥当であると思われます。

（注1）　居住用財産

居住用財産とは，現に居住する建物だけではありません。過去に居住していた建物や施設・病院を退所・退院した場合に居住する可能性がある建物を含みます。更地であったとしても，将来に建物を建築して居住することがあり得る土地であれば，居住用財産に該当することがあります。いずれにしても，居住用財産の一般的な理解よりかなり広く考えられていますので，注意が必要です。

（注2）　成年後見監督人の同意が必要となる処分

成年後見人が，成年被後見人に代わり，民法13条1項各号（1号の元本の領収は除く。）に掲げる行為（元本の利用，借財・保証，不動産等の重要財産の権利得喪，訴訟行為，贈与，和解・仲裁合意，相続の承認・放棄，遺産分割，贈与の拒絶，遺贈の放棄，負担付贈与の承諾，負担付遺贈の承認，新築・改築・増築・大修繕，短期賃貸借期間を超える賃貸借）をする場合には，成年後見監督人の同意が必要です。

memo メモ

家庭裁判所の許可が必要となる処分等

居住用財産の売却や賃貸に許可が必要となるということは当然ですが，居住用財産である建物等の賃貸借契約を解除する場合にも家庭裁判所の許可が必要です。なお，使用貸借契約の場合であっても，その解約には許可が必要です。例えば，内縁関係にあった妻が，死亡した内縁の夫名義の建物に継続して居住していた場合において，内縁の夫の相続人にその建物を返還するに当たっては，これが使用貸借契約の解約と同視できることから，家庭裁判所の許可が必要とされることがあります。また，建物を解体する契約を行う場合にも許可が必要です。なお，自ら行う建物の解体は事実行為ですが，解体契約に準ずる処分として許可が必要と考えられています。建物の修繕については，規模・範囲等の問題がありますので，あらかじめ家庭裁判所と協議する等，必要な許可を失念しないようにしなければなりません。

Question 49

成年被後見人に資産が少なく，空き家の修繕費や管理費の捻出が困難で，空き家の処置に困っています。どうすればよいですか。

A　成年被後見人の資産が少ない場合，空き家の修繕費や管理費を負担することにより，成年被後見人の安定した生活や療養看護の実施に影響が生じることがあります。このような場合においては，成年被後見人の状況等を踏まえ，必要に応じ空き家の処分を検討することになります。

解　説

1 空き家の管理

空家等の所有者等は，空家等が周辺の生活環境に悪影響を及ぼさないよう適切に管理する責任があります（空家特措法3条）。また，空き家の設置や保存の瑕疵によって他人に損害を与えたとき空き家の占有者等には，その損害を賠償する責任があります（民法717条1項）。このため，空家等の所有者等は，常に空き家の状態を把握し，適切に管理をするほか，必要な箇所の修繕を行うことが大切です。

2 成年後見人の職務

成年後見人は，成年被後見人の生活，療養看護及び財産の管理に関する事務を行います。この事務を行うに当たっては，成年被後見人の意思を尊重し，かつ，その心身の状態や生活の状況に配慮しなければなりません（民法858条）。成年被後見人は，自ら財産の管理や財産に関する法律行為を行うことができませんので，財産の管理や処分等は，成年後見人が代わって行います（民法859条1項）。

3 財産処分の検討

成年被後見人の資産が少ない場合には，空き家の修繕費や管理費を負担することによって，成年被後見人の安定した生活や療養看護の実施に影響が生じることがあります。

このような場合，成年後見人としては，修繕費や管理費の負担が必要な空き家を所有し続ける利益と，固定資産である空き家を換価し流動資産として所持する利益を比較し，後者の利益が大きいと判断した場合には，空き家の売却を検討することになります。

空き家の売却の検討は，上述した成年被後見人の財産状況からみた処分の必要性のほか，成年被後見人の意思，成年被後見人の症状等の回復の見込み，処分の内容の相当性などの様々な観点で行うことが大切です。

なお，この空き家が成年被後見人にとって居住用財産である場合には，家庭裁判所の許可が必要です（民法859条の３）。また，居住用財産であるか否かにかかわらず，成年後見監督人が選任されている場合には，その同意が必要です（民法864条本文）。

memo メモ

居住用財産売却の許可の基準

成年被後見人にとって，住み慣れた自宅を売却することは心理的に大きな影響を与えることがあります。したがって，居住用財産を売却する場合には，成年後見人として，売却の必要性を十分検討することが必要です。

成年被後見人の意思，成年被後見人の財産状況からみた処分の必要性，成年被後見人の症状等の回復の見込み，処分の内容の相当性等々，家庭裁判所においては，様々な観点で検討されますので，成年後見人としても，居住用財産の処分については，特に慎重な検討が求められます。

4 本問の検討

成年被後見人の財産の処分は，成年後見人が代わって行います（民法859条１項)。上述した検討を行った上で，空き家を売却すべきとの結論に至った場合でも，不動産の取引事例がほとんどない地域に空き家がある等，その売却が困難な場合もあります。

空き家が売却できる場合には，不動産業者に委託する等の方法で売却の手続を進めます。一般的には，空き家が居住用財産であるか否かにかかわらず，あらかじめ家庭裁判所に空き家を売却する旨を連絡した上で，その手続を開始することになると思われます。

なお，空き家が居住用財産である場合には，売買契約を締結する前に，あるいは，家庭裁判所の許可を条件とする売買契約を締結した後，代金の授受をする前に，家庭裁判所に許可を求めます。

空き家を売却することが困難な場合には，成年被後見人の現状の収入状況を踏まえ，必要最低限度の管理を行うことで，空き家の現状を維持できるか否かを検討します。

必要最低限度の管理費用の支出が可能であって，その管理費用をもって空き家の現状が維持できる場合には，当面，空き家の管理を継続しつつ，並行して売却活動を行うことも考えられます。

必要最低限度の管理費用の支出が困難であったり，支出できる管理費用では空き家の現状を維持できず，将来，他者に損害を与え兼ねない等の場合には，空き家の売却だけではなく，家庭裁判所と協議をしながら，近隣者への贈与や使用貸借を含め，幅広い処分方法を模索するほかありません。

Question 50

空き家の管理や処分には，成年後見制度の活用が考えられますが，補助人，保佐人，成年後見人，任意後見人で，それぞれの権限に違いはありますか。

A　成年後見制度は，法定後見制度と任意後見制度に大別することができます。法定後見は，本人の判断能力に応じて，補助，保佐，成年後見の３類型があります。補助人，保佐人，成年後見人の権限は，本人の判断能力に応じた形で法律や家庭裁判所の審判で定められます。任意後見人の権限は，任意後見契約により定められます。

解　説

法定後見と任意後見

成年後見制度には，法定後見制度と任意後見制度があり，法定後見制度は，本人の判断能力の程度に従い，補助，保佐，成年後見の３類型に分類されます。

⑴　補　助

家庭裁判所は，精神上の障害によって事理を弁識する能力が不十分である者に対し，本人，配偶者，四親等内の親族等の申立てに基づいて，補助開始の審判をすることができます（民法15条１項本文）。そして，補助開始の審判をする際には，補助人の同意権や代理権を付与する審判が同時になされることになります（民法17条１項，876条の９第１項）。なお，これらの審判は本人の同意が必要です（民法15条２項，876条の９第２項，876条の４第２項）。

補助は，補助開始の審判で開始します（民法876条の６）が，この審判の際，家庭裁判所は，職権で補助人を選任します（民法876条の７第１項）。補助人は，家庭裁判所が審判によって定めた特定の法律行為についてのみ同意し，又は代理します。補助人が同意すべき特定の法律行為は，民法13条1項の一部の行為に限られます（民法17条1項ただし書）。

被補助人が，補助人の同意を要する特定の法律行為を，補助人の同意又は家庭裁判所の同意に代わる許可を得ないでした場合，日用品の購入その他日常生活に関する行為（民法9条ただし書）を除き，補助人はこれを取り消すことができます（民法17条4項）。

家庭裁判所の取消審判によって，補助人の同意を要する法律行為又は代理する法律行為が存在しなくなった場合には，補助開始の審判も取り消されます（民法18条3項）。

⑵　保　佐

家庭裁判所は，精神上の障害によって事理を弁識する能力が著しく不十分である者に対し，本人，配偶者，四親等内の親族等の申立てに基づいて，保佐開始の審判をすることができます（民法11条本文）。

保佐は，保佐開始の審判で開始します（民法876条）が，この審判の際，家庭裁判所は，職権で保佐人を選任します（民法876条の2第1項）。保佐人は，被保佐人がする民法13条1項各号の法律行為に同意するほか，家庭裁判所が被保佐人の同意を得て審判で定めた特定の法律行為について代理します（民法876条の4第1項・2項）。なお，家庭裁判所は，被保佐人が民法13条1項各号以外の法律行為を行う場合にも，保佐人の同意を要する旨の審判をすることができます（民法13条2項本文）。

被保佐人が，保佐人の同意を要する特定の法律行為を，保佐人の同意又は家庭裁判所の同意に代わる許可を得ないでした場合，日用品の購入その他日常生活に関する行為（民法9条ただし書）を除き，保佐人はこれを取り消すことができます（民法13条4項）。

⑶　成年後見

家庭裁判所は，精神上の障害によって事理を弁識する能力を欠く常況にある者に対し，本人，配偶者，四親等内の親族等の申立てに基づいて，後見開始の審判をすることができます（民法7条）。

成年後見は，後見開始の審判で開始します（民法838条2号）が，この審判の際，家庭裁判所は，職権で成年後見人を選任します（民法843条1

項）。成年後見人は，成年被後見人の財産を管理し，成年被後見人に代わり，その財産に関する法律行為を行います（民法859条１項）。ただし，成年被後見人の行為を目的とする債務を生ずべき場合には，成年被後見人の同意を要します（民法859条２項，824条ただし書）。

成年被後見人の法律行為は，日用品の購入その他日常生活に関する行為を除き，成年後見人がこれを取り消すことができます（民法９条）。

⑷　任意後見

将来，自身が精神上の障害により事理を弁識する能力が不十分な状況となった場合に備え，家庭裁判所が任意後見監督人を選任した時に効力が生じる旨を定めた上で，公正証書によって，自己の生活，療養看護及び財産の管理に関する事務を他人に委託し，その委託事務を処理する際の代理権等を付与する任意後見契約を締結することができます（任意後見法２条１号，３条）。任意後見契約の受任者は，任意後見受任者といい，任意後見監督人の選任後，任意後見人となります（任意後見法２条３号・４号）。

任意後見契約が登記されている場合において，本人が精神上の障害で事理を弁識する能力が不十分となったとき，本人，配偶者，四親等内の親族又は任意後見受任者の申立てにより，家庭裁判所が任意後見監督人を選任すると，任意後見契約が発効します（任意後見法２条１項，４条１項）。

任意後見人は，任意後見契約に基づく委託事務につき，本人の意思を尊重して行います（任意後見法６条）が，任意後見法には，任意後見人の代理権や同意権（取消権）の定めがありませんので，任意後見人の具体的な権限は，任意後見契約により定まることになります。任意後見人の代理権の範囲等の任意後見契約の内容については，登記により公示されます（後見登記法５条４号）。

2　成年後見人等の権限

補助人は，家庭裁判所が定めた特定の法律行為について同意し，代理します。また，補助人の同意又は家庭裁判所の同意に代わる許可のない法律行為（日用品の購入その他日常生活に関する行為を除く。）を取り消すことができます。

保佐人は，民法13条１項各号の法律行為及び家庭裁判所が定めた特定の法律行為について同意し，代理します。また，保佐人の同意又は家庭裁判所の同意に代わる許可のない法律行為（日用品の購入その他日常生活に関する行為を除く。）を取り消すことができます。

成年後見人は，財産に関するすべての法律行為を代理します。また，日用品の購入その他日常生活に関する行為を除くすべての法律行為を取り消すことができます。

任意後見人は，任意後見契約で定める委託事務を代理します。任意後見契約により取消権が付与されている場合は，当該行為を取り消すことができます。

3 後見制度利用の有無の確認

後見（後見開始の審判により開始するものに限る。），保佐及び補助並びに任意後見契約については，登記により公示されます（後見登記法１条）。

一定の者は，後見登記等ファイルに記録されている事項あるいは記録されていない旨を証明した登記事項証明書の交付を申請することができます（後見登記法10条）。この証明書の交付が受けられる者は，成年被後見人，被保佐人，被補助人，任意後見契約の本人，配偶者，四親等内の親族や成年後見人，保佐人，補助人，成年後見監督人，保佐監督人，補助監督人，任意後見受任者，任意後見人，任意後見監督人等（退任したこれらの者を含む。）です。

なお，国又は地方公共団体の職員は，職務上必要とする場合，登記官に対し，登記事項証明書又は閉鎖登記事項証明書の交付を請求することが可能です（後見登記法10条５項）。

memo メモ

法定成年後見制度の概要

	後　見	保　佐	補　助
対象となる方	判断能力が欠けているのが通常の状態の方	判断能力が著しく不十分な方	判断能力が不十分な方
申立てをすることができる人	本人，配偶者，四親等内の親族，検察官など 市町村長（注１）		
成年後見人等（成年後見人・保佐人・補助人）の同意が必要な行為	—	民法13条１項所定の行為（注２）（注３）（注４）	申立ての範囲内で家庭裁判所が審判で定める「特定の法律行為」（民法13条１項所定の行為の一部）（注１）（注２）（注４）
取消しが可能な行為	日常生活に関する行為以外の行為	同上（注２）（注３）（注４）	同上（注２）（注４）
成年後見人等に与えられる代理権の範囲	財産に関するすべての法律行為	申立ての範囲内で家庭裁判所が審判で定める「特定の法律行為」（注１）	同左（注１）

（注１）　本人以外の者の請求により，保佐人に代理権を与える審判をする場合，本人の同意が必要になります。補助開始の審判や補助人に同意権・代理権を与える審判をする場合も同じです。

（注２）　民法13条１項では，借金，訴訟行為，相続の承認・放棄，新築・改築・増築などの行為が挙げられています。

（注３）　家庭裁判所の審判により，民法13条１項所定の行為以外についても，同意権・取消権の範囲を広げることができます。

（注４）　日常生活に関する行為は除かれます。

（法務省ホームページ参照）
http://www.moj.go.jp/MINJI/minji17.html#a2

Question 51

成年後見制度を利用すれば，空き家を処分することが可能になりますか。

A　成年後見人は，成年被後見人の財産を処分する際，成年被後見人の意思を尊重し，かつ，心身の状態や生活の状況に配慮し，十分な検討を行います。検討の結果，成年後見人が空き家を処分すべきと考える場合には，空き家の処分は可能となります（この場合，成年後見監督人が選任されている場合はその同意が，居住用財産である場合は家庭裁判所の許可が必要です。）。

解　説

空き家の処分と意思能力

空き家の処分（売買契約や解体契約等）をするためには，空き家の所有者に意思能力があることが必要です。意思能力とは，事理を弁識する能力であり，法律行為の結果を理解した上で，その法律行為をするか否かを判断する能力です。

意思能力のない者の法律行為は，その者に意思能力がなかったことを立証し，その法律行為が無効であることを主張できます（大審院明治38年５月11日民録11輯706頁）。意思能力の有無については，法律行為の内容に応じ，個々に判断する必要があり，一律に判断することはできません（京都地判平成25年４月11日判時2192号92頁，Q41参照）。

空き家の所有者に意思能力がない場合，その者の法律行為が無効となりますので，空き家は処分できません。空き家を処分するためには，成年後見制度の利用を検討することになります。

2 成年後見制度

精神上の障害により事理を弁識する能力を欠く常況にある者については，家庭裁判所は，本人，配偶者，四親等内の親族等の申立てにより，後見開始の審判をすることができます（民法７条）。家庭裁判所が後見開始の審判をする場合，職権で成年後見人を選任します（民法８条）。

成年後見人は，成年被後見人の意思を尊重し，かつ，心身の状態や生活の状況に配慮しながら，療養看護及び財産の管理に関する事務を行い（民法858条），また，成年被後見人の財産を管理し，その財産に関する法律行為につき，被後見人を代表します（民法859条１項）。

このように，成年後見人は，成年被後見人に代わり，成年被後見人の財産に関する法律行為を行うことができますが，居住用の財産の処分（処分に準ずる行為を含む。）をする際には，家庭裁判所の許可を得なければならず（民法859条の３），また，成年後見監督人が選任されている場合においては，その同意も必要となります（民法864条本文）ので，十分な注意が必要です。

3 成年後見人による財産処分

成年後見人は，成年被後見人の意思を尊重し，生活の状況に配慮しながら財産を管理し，財産に関する法律行為につき被後見人を代表することになります（民法858条，859条１項）ので，成年後見人が，成年被後見人の財産を処分するには，相当な理由がある場合に限られます。

したがって，成年後見人が，成年被後見人の財産を処分する際には，成年被後見人の意思や財産の状況に鑑み，その財産を処分する必要性があるか，財産の処分内容が相当であるか等，様々な観点での検討を行うことが必要です。

特に，住み慣れた自宅を売却することは，成年被後見人に心理的な影響を与えることがありますので，居住用財産の処分の際には，家庭裁判所の許可を得る必要があります（民法859条の３）。このため，成年後見人としては，成年被後見人の症状の程度や回復の見込み等も踏まえ，財産を処分する必要性や財産の処分内容の相当性等について慎重に検討することが求められます。

4 本問の検討

意思能力を有しない者が所有する空き家を処分するため，成年後見制度を利用し，成年後見人が選任されたとしても，必ずしも空き家が処分できることにはなりません。

空き家の処分をする場合には，成年後見人が成年被後見人に代わって行うことになりますが，この際，成年後見人は，空き家の処分の是非につき，成年被後見人の立場にたち，慎重かつ十分に検討することになります。

上述したとおり，この空き家が成年被後見人の居住用財産である場合には，成年後見人として，①成年被後見人の生活状況や財産状況に鑑みて処分する必要性があるか，②成年被後見人の財産に鑑みて処分内容（契約内容）が相当であるか，③成年被後見人の心身の状態や回復の見込み等に鑑みて処分することに合理性が認められるか等々，様々な検討を行う必要があります。

その上で，空き家の処分を選択した場合には，その処分について家庭裁判所の許可を得る必要があり（民法859条の３），また，成年後見監督人が選任されている場合には，その同意も得る必要があります（民法864条本文）。

この空き家が成年被後見人の居住用財産でない場合にも，成年後見人として，成年被後見人の利益を考慮し，①処分の必要性，②処分内容の相当性等の検討を行うことになります。また，成年後見監督人が選任されている場合には，その同意を得る必要があります（民法864条本文）。

第5 借地借家関係に付随する空き家の相談

Question 52

借地上の建物を相続しましたが，私は利用する予定はなく，空き家となっています。どうすればよいですか。

A　建物（借地権付き）の譲渡や，建物の賃貸，あるいは借地契約の合意解除等が考えられます。譲渡，合意解除等がなされるまでは，空き家の所有者として建物を適切に管理しなければなりません。

解　説

1 借地権

借地権とは，建物の所有を目的とする地上権又は土地の賃借権をいいます（借地借家法２条１号）。つまり，借地契約とは，建物の所有を目的とする地上権設定契約又は土地の賃貸借契約をいうことになり，ここで，借地権者とは，借地権を有する者をいい（借地借家法２条２号），借地権設定者とは，借地権者に対して借地権を設定している者をいうことになります（借地借家法２条３号）。

借地権は，民法上の地上権又は賃借権の特例として，借地借家法によって規定されています。その主なものは，借地権の存続期間，借地契約の更新請求等，借地権の対抗力等，建物買取請求権等に関する特例です。特例全般に関しては，後掲の表を参照ください（**【図表５－１】**）。

借地借家法は，平成３年10月４日法律第90号として公布され，平成４年８月１日から施行されていますが，それ以前には，既に廃止されている借地法（大正10年法律第49号）及び建物保護ニ関スル法律（明治42年５月１日法律第40号）が施行されていました。その内容のうち，存続期間に関する部分は，石造，土造，煉瓦造又はこれに類する堅固な建物の所有を目的とするものについて60年，その他の建物の所有を目的とするものについては30年とされ，建物がこの期間満了前に朽廃したときは借地権は消滅するとされていました（借地法２条１項）。また，契約をもって堅固な建物について30年以上，その他の建物については20年以上の存続期間を定めたときは借地権は，その期間の満了によって消滅しました（借地法２条２項）。なお，契約をもって借地権を設定する場合において建物に種類及び構造を定めないときは借地権は堅固な建物以外の建物の所有を目的とするものとみなされました（借地法３条）。

借地法の廃止に伴って，借地借家法の附則において，借地借家法の施行前に設定された借地権について，その借地権の目的である土地の上の建物の朽廃による消滅，その借地権に係る契約の更新，その借地権の目的である土地の上の建物の滅失後の建物の築造による借地権の期間の延長に関しては，なお従前の例によります（同法附則５条〜７条）。

2 借地契約の内容

そこで，まず，借地契約の内容を確認する必要があります。しかし，借地権付きの建物を相続したような場合には，借地契約に関する契約書が見当たらないこともあります。他に，契約内容を推認させる資料を調査し，あるいは，地主から事情を伺う必要もあるでしょう。また，内容の確認とともに，借地借家法の適用について，契約締結の日がいつなのかによって，契約現行の借地借家法が適用されるのか，旧借地法が適用されるのかを判断しなければなりません。そもそも，「借地」という言葉は使用されていても，借地借家法上の「借地」とは異なる場合もあります。その土地を，無償で借りているような場合は，借地借家法の適用はありません。

3 建物の譲渡

契約の内容を確認することができたならば，建物を売買，贈与等によって譲渡することが考えられます。

借地権付きの建物を譲渡することは，借地権を譲渡することであるので，借地権について譲渡特約がない限り，地主の承諾が必要となります。仮に地主の承諾を得られない場合は，借地借家法上の承諾に代わる裁判所の許可の申立てを検討することも考えられます。借地権を転貸する場合も同様です。

一方，建物の相続人は，この建物を，所有者として，賃貸することもできます。この場合は，借地権を転貸することには当たりませんので，地主の承諾は必要ありません。

4 借地契約の解除等

譲渡等の先が見つからないような場合には，借地契約を合意解除することを検討することも考えられます。合意解除の場合は，その建物を解体した上で，土地を地主へ明け渡すこととなります。

あるいは，借地権の存続期間が満了した場合において，契約の更新をしないときは，借地人に建物買取請求権が認められるため，借地権者は，借地権設定者に対し，当該建物を時価で買い取るべきことを請求することができます（借地借家法13条１項）。なお，借地人の債務不履行による解除の場合は，借地人に建物買取請求権は認められませんし（最判昭和35年２月９日民集14巻１号108頁），前述のとおり，合意解除にも買取請求権は認められず，地主と別途の合意がない限り，更地にして明け渡す必要があります。

その他，地主との話合いによって，借地権と，地主の当該土地の一部を交換することも可能です。特に，固定資産である土地や建物を同じ種類の資産と交換したときは，譲渡がなかったものとする特例，つまり税法上の等価交換に該当する場合には，この特例を利用することもできます。借地権と土地も同じ種類の固定資産であるとされているため，借地権と，その底地の一部を，この特例を利用して交換することができる場合もあります。例えば，時価１億円，面積800平方メートル，借地権割合60％地域の土地について，地主と借地人が等価交換を行い交換後の土地をお互いに更地とする場合には，最終的に，その土地を分筆して，320平方メートルを地主が，480平方メートルを借地人が取得することとなります（国税庁ホームページより）。

5 空き家の管理

以上のような処分が難しいときであっても，所有者である間は，空き家であっても，その建物の所有者として適切に管理をし，地主，近隣等からの苦情，行政からの指導を受けることのないようにしなければなりません。

特に，借地上の空き家を放置している間に，空き家が，倒壊等著しく保安上危険となるおそれのある状態又は著しく衛生上有害となるおそれのある状態，適切な管理が行われていないことにより著しく景観を損なっている状態その他周辺の生活環境の保全を図るために放置することが不適切である状態にあり，特定空家等であると認められると，市区町村長による，助言又は指導を経て，勧告がなされたときは，地主の責ではないにもかかわらず，固定資産税等の住宅用地特例の対象から除外され，底地の固定資産税等が増加することもあり得ます。

【図表５－１】借地借家法に基づく借地権の特例

借地権の存続期間	借地権の存続期間は，30年とされ，契約でこれより長い期間を定めたときは，その期間とされています（借地借家法３条）。
借地権の更新後の期間	当事者が借地契約を更新する場合においては，その期間は，更新の日から10年（借地権の設定後の最初の更新にあっては，20年）とされ，当事者がこれより長い期間を定めたときは，その期間とされます（借地借家法４条）。
借地契約の更新請求等	借地権の存続期間が満了する場合において，借地権者が契約の更新を請求したときは，建物がある場合に限り，前記借地借家法４条の規定によるもののほか，従前の契約と同一の条件で契約を更新したものとみなされます。ただし，借地権設定者が遅滞なく異議を述べたときは，この限りではありません（借地借家法５条

	１項）。また，借地権の存続期間が満了した後，借地権者が土地の使用を継続するときも，建物がある場合に限り，同様とされています（借地借家法５条２項）。なお，借地権設定者の異議は，借地権設定者及び借地権者が土地の使用を必要とする事情のほか，借地に関する従前の経過及び土地の利用状況並びに借地権設定者が土地の明渡しの条件として又は土地の明渡しと引換えに借地権者に対して財産上の給付をする旨の申出をした場合におけるその申出を考慮して，正当の事由があると認められる場合でなければ，述べることができません（借地借家法６条）。
建物の再築による借地権の期間の延長	借地権の存続期間が満了する前に建物の滅失（借地権者による取壊しを含む。）があった場合において，借地権者が残存期間を超えて存続すべき建物を築造したときは，その建物を築造するにつき借地権設定者の承諾がある場合に限り，借地権は，承諾があった日又は建物が築造された日のいずれか早い日から20年間存続し，残存期間がこれより長いとき，又は当事者がこれより長い期間を定めたときは，その期間によることとなります（借地借家法７条１項）。この場合，借地権者が借地権設定者に対し残存期間を超えて存続すべき建物を新たに築造する旨を通知した場合において，借地権設定者がその通知を受けた後２か月以内に異議を述べなかったときは，その建物を築造するにつき前項の借地権設定者の承諾があったものとみなされますが，契約の更新の後（借地権の存続期間が延長された場合にあっては，借地権の当初の存続期間が満了すべき日の後）に通知があった場合においては，この限りではありません（借地借家法７条２項）。
借地契約の更新後の建物の滅失による解約等	契約の更新の後に建物の滅失があった場合においては，借地権者は，地上権の放棄又は土地の賃貸借の解約の申入れをすることができ（借地借家法８条１項），この場合において，借地権者が借地権設定者の承諾を得ないで残存期間を超えて存続すべき建物を築造したときは，借地権設定者は，地上権の消滅の請求又は土地の賃貸借の解約の申入れをすることができます（借地借家法８条２項）。いずれの場合も，借地権は，地上権の放棄若しくは消滅の請求又は土地の賃貸借の解約の申入れがあった日から３か月を経過することによって消滅します（借地借家法８条３項）。
借地権の対抗力等	借地権は，その登記がなくても，土地の上に借地権者が登記されている建物を所有するときは，これをもって第三者に対抗することができ（借地借家法10条１項），この場合において，建物の滅失があっても，借地権者が，その建物を特定するために必要な事項，その滅失があった日及び建物を新たに築造する旨を土地の上の見やすい場所に掲示するときは，借地権は，なお効力を有しますが，建物の滅失があった日から２年を経過した後にあっては，その前に建物を新たに築造し，かつ，その建物につき登記した場合に限り，効力を有することとされてます（借地借家法10条２項）。
建物買取請求権	借地権の存続期間が満了した場合において，契約の更新がないときは，借地権者は，借地権設定者に対し，建物その他借地権者

	が権原により土地に附属させた物を時価で買い取るべきことを請求することができ（借地借家法13条１項），この場合において，建物が借地権の存続期間が満了する前に借地権設定者の承諾を得ないで残存期間を超えて存続すべきものとして新たに築造されたものであるときは，裁判所は，借地権設定者の請求により，代金の全部又は一部の支払につき相当の期限を許与することができるとされています（借地借家法13条２項）。
第三者の建物買取請求権	第三者が賃借権の目的である土地の上の建物その他借地権者が権原によって土地に附属させた物を取得した場合において，借地権設定者が賃借権の譲渡又は転貸を承諾しないときは，その第三者は，借地権設定者に対し，建物その他借地権者が権原によって土地に附属させた物を時価で買い取るべきことを請求することができます（借地借家法14条）。
土地の賃借権の譲渡又は転貸の許可	借地権者が賃借権の目的である土地の上の建物を第三者に譲渡しようとする場合において，その第三者が賃借権を取得し，又は転借をしても借地権設定者に不利となるおそれがないにもかかわらず，借地権設定者がその賃借権の譲渡又は転貸を承諾しないときは，裁判所は，借地権者の申立てにより，借地権設定者の承諾に代わる許可を与えることができ，この場合において，当事者間の利益の衡平を図るため必要があるときは，賃借権の譲渡若しくは転貸を条件とする借地条件の変更を命じ，又はその許可を財産上の給付に係らしめることができるとされています（借地借家法19条１項）。
定期借地権	存続期間を50年以上として借地権を設定する場合においては，契約の更新（更新の請求及び土地の使用の継続によるものを含む。）及び建物の築造による存続期間の延長がなく，建物の買取りの請求をしないこととする旨を定めることができます。この場合においては，その特約は，公正証書による等書面によってしなければならないとされています（借地借家法22条）。
事業用定期借地権等	専ら事業の用に供する建物（居住の用に供するものを除く。）の所有を目的とし，かつ，存続期間を30年以上50年未満として借地権を設定する場合においては，契約の更新及び建物の築造による存続期間の延長がなく，並びに建物の買取りの請求をしないこととする旨を定めることができます（借地借家法23条１項）。また，専ら事業の用に供する建物の所有を目的とし，かつ，存続期間を10年以上30年未満として借地権を設定する場合には，借地借家法３条（借地権の存続期間），４条（借地権の更新後の期間），５条（借地契約の更新請求等），６条（借地契約の更新拒絶の要件），７条（建物の再築による借地権の期間の延長），８条（借地契約の更新後の建物の滅失による解約等），13条（建物買取請求権），18条（借地契約の更新後の建物の再築の許可）の規定は適用されません（借地借家法23条２項）。いずれの契約も，公正証書によってしなければなりません。

建物譲渡特約付借地権	借地権を設定する場合（定期借地権及び事業用定期借地権等は除く。）においては，借地権を消滅させるため，その設定後30年以上を経過した日に借地権の目的である土地の上の建物を借地権設定者に相当の対価で譲渡する旨を定めることができます（借地借家法24条１項）。

Question 53

借地上の建物が管理（地代未払い）をされていないため，建物が老朽化し，屋根瓦が道路に落ちてきそうな状態になり，荒れています。自治体より地主である私にも状況の問い合わせが入りました。どのようにすればよいですか。

A　地主の責の有無に関わらず，その対応によっては，市区町村から空家特措法に基づく助言又は指導がなされることもあり得ます。そのため，空き家所有者の所在等を探索し，場合によっては，未払い賃料請求や建物収去土地明渡請求を行う必要があります。また，不在者財産管理人の選任も考えられます。

解　説

借地上の建物であっても，そのまま放置すれば倒壊等著しく保安上危険となるおそれのある状態（空家特措法２条２項）にあるとして市区町村から特定空家等であると認められます。

適正な管理がなされていない空き家については，一般に，まず，市区町村から空き家の所有者等に対して適正管理が促されることになりますが，そこで適切な対応がとられない特定空家等に対しては，市区町村長による立入調査や（空家特措法９条２項），助言・指導を経て，勧告，命令，代執行の措置が行われることがあります（空家特措法14条）。

立入調査を行うには，その５日前までに，当該空家等の所有者等にその旨を通知しなければなりませんが（空家特措法９条３項本文），ここで，所有者等とは，空家等の所有者又は管理者をいいます（空家特措法３条）。また，空家等とは，建築物又はこれに附属する工作物であって居住その他の使用がなされていないことが常態であるもの及びその敷地をいうため（空家特措法２条１項本文），特定空家等を構成する空き家の所有者である借地人と敷地の所有者の両者に通知がなされなければなりません。ただ，その所有者等に対し通知することが困難であるときは，この限りでないとされています（空家特措法９条３項ただし書）。

助言又は指導は，特定空家等に対する措置としてなされます。市区町村長は，特定空家等に関し，除却，修繕，立木竹の伐採その他周辺の生活環境の保全を図るために必要な措置をとるように助言又は指導をすることができます（空家特措法14条１項）。ここでも，特定空家等を構成する空家等の所有者である借地人と敷地の所有者の両者に助言又は指導がなされます。

借地上の建物は借地人の所有であり，地主の所有物ではないため，地主が一般的に，その空き家を補修したり，除却したりすることはできませんが，以上のとおり，地主も市区町村から助言又は指導を受ける可能性もあるわけです。

借地人によって状態が改善されないときは，借地人だけでなく，地主も，次のＱ54のとおり，その特定空家等につき必要な措置をとることについて市区町村長から勧告を受けることもあり得ます（空家特措法14条２項）。

以上が，空家特措法に基づいて行政がとり得る対応ですが，いずれの場合であっても，地主は，借地上の建物について，直接の対応はできません。

そのため，本事例のような空き家問題を自ら解決するためには，借地人の所在を探索し，民事上において，未払い賃料請求や，建物収去土地明渡請求を行うか，不在者財産管理人の選任を経て，不在者財産管理人との話合い等で解決するしかないでしょう。

Question 54

借地上の空き家の所有者と連絡が取れず，賃料も未払いで管理がされていません。自治体から措置として建物の除却の助言・指導を受けました。どうすればよいでしょうか。

A　地主の責の有無に関わらず，その対応によっては，市区町村から空家特措法に基づく勧告がなされることもあり得ます。そのため，空き家所有者の所在等を探索し，場合によっては，未払い賃料請求や建物収去土地明渡請求を行う必要があります。また，不在者財産管理人の選任も考えられます。

解　説

Q53のとおり，借地上の建物であっても，そのまま放置すれば倒壊等著しく保安上危険となるおそれのある状態（空家特措法２条２項）にあるとして市区町村が特定空家等であると認め，適切な対応がとられない特定空家等に対しては，市区町村長による立入調査や（空家特措法９条２項），助言・指導を経て，勧告，命令，代執行の措置が行われることがあります（空家特措法14条）。

借地人によって状態が改善されないときは，借地人だけでなく，地主も，その特定空家等につき必要な措置をとることについて市区町村長から勧告を受けることもあり得ます（空家特措法14条２項）。

ここで，注意すべきは，勧告を受けることで，敷地の固定資産税等の住宅用地特例の対象から除外され，最初に到来する１月１日を賦課期日とする年度から住宅用地特例が解除されるということです（税額の増加）。

なお，勧告は，その空き家の全部の除却だけでなく，修繕やその他の措置に関する場合もあり得ますが，勧告の内容に関わらず，勧告を受けると，住宅用地特例の対象から除外されてしまいます。

さらに，市区町村長は，勧告を受けた者が正当な理由がなくてその勧告に係る措置をとらなかった場合において，特に必要があると認めるときは，その者に対し，相当の猶予期限を付けて，その勧告に係る措置をとることを命ずることができることになりますが（空家特措法14条３項），この事例では，地主には借地上の建物に対する民事上の権限はないため，正当な理由があり，命令の対象にはならないでしょう。

以上が，空家特措法に基づいて行政がとり得る対応ですが，いずれの場合であっても，地主は，借地上の建物について，直接の対応はできません。

そのため，本事例のような空き家問題を自ら解決するためには，借地人の所在を探索し，民事上において，未払い賃料請求や，建物収去土地明渡請求を行うか，不在者財産管理人の選任を経て，不在者財産管理人との話合い等で解決するしかないでしょう。

Question 55

借地上の空き家の所有者と連絡が取れず，賃料も未払いで，借地人が植栽した樹木が隣地にまで生い茂り，管理がされていません。自治体から除却の助言・指導を受けました。どうすればよいでしょうか。

A　地主の責の有無に関わらず，その対応によっては，市区町村から空家特措法に基づく勧告がなされることもあり得ます。そのため，空き家所有者の所在等を探索し，場合によっては，未払い賃料請求や建物収去土地明渡請求を行う必要があります。また，不在者財産管理人の選任も考えられます。

解　説

Q54の場合と同様，借地上に借地人が植栽した樹木についても，地主が一般的に，伐採などをしたりすることはできませんが，地主も市区町村から助言又は指導を受ける可能性もあり，その状態が改善されないときは，借地人だけでなく，地主も，その特定空家等につき必要な措置をとることについて市区町村長から勧告を受けることもあり得ます（空家特措法14条２項）。

樹木が隣地まで生い茂ることで，保安上危険となるおそれのある状態や，又は著しく衛生上有害となるおそれのある状態，適切な管理が行われていないことにより著しく景観を損なっている状態その他周辺の生活環境の保全を図るために放置することが不適切である状態にあると認められれば，特定空家等として，助言又は指導の対象となります。

また，特定空家等と認められた要因が当該空き家そのものでなく，敷地上の樹木であっても，特定空家等の要件に該当すると認められれば，借地人だけでなく，地主も勧告の対象となりますし，この場合も，敷地の固定資産税等の住宅用地特例の対象から除外されます。なお，Q54と同様に，この事例でも，地主には正当な理由があり，命令の対象にはならないでしょう。

この事例においても，空き家問題を自ら解決するためには，借地人の所在を探索し，民事上において，未払い賃料請求や，建物収去土地明渡請求を行うしか方法はないでしょう。

なお，空き家の樹木が生い茂ることにより，越境された隣地所有者は，枝については，その竹木の所有者に切除させることができ，根については，自ら切り取ることができます（民法233条）。枝の場合，その樹木の所有者に切り取ることを求め，樹木所有者が応じないときは，樹木所有者の費用で第三者に切り取らせることを裁判所に請求することもできます（民法414条２項本文）。

その他，不在者財産管理人の選任を経て，不在者財産管理人との話合い等で解決することも考えられるでしょう。

【判　例】

〈越境した枝の切除〉

・観賞用のヒマラヤ杉３本が公道上まで張り出し，隣地で営業する旅館の看板が見えにくくなり，あるいは通行の妨害となっている場合，隣地旅館業は，枝の切除を請求することができるが，木そのものを伐採することは許されない（大阪高判平成元年９月14日判タ715号180頁）。

・持分各２分の１の共有通路において，共有者の１人が自動車等の放置や越境竹木の枝の放置により通行妨害をしている場合，それらが２分の１の持分に応じた使用の範囲を超えたものであるときは，他の共有者は，通行妨害の禁止及び竹木の枝の切除を請求することができる（横浜地判平成３年９月12日判タ778号214頁）。

Question 56

借地上の空き家の所有者は法人でしたが，破産手続が取られました。しかしながら，空き家は処分がされず手続が終了しています。どうすればよいでしょうか。

A 清算人の選任手続を経て，その清算人に対して，空き家の除却や処分や，借地契約の解除を求めることになります。他に，訴訟を経て，強制執行を行うことも考えられます。

解　説

このような空き家は，破産会社の破産管財人が，売却等の処分を試みても処分ができなかったので，裁判所の許可を得て，破産財団から放棄され，破産手続終了後もそのまま残ってしまったものだと考えられます。当該会社は破産手続終了によって，法人格が消滅し，このままだと建物について所有者が誰もいないということになります。このような場合，残余の財産があれば，法人格の存続を認めざるを得ないと考えられ，そこで，裁判所に清算人の選任を申し立てることを検討する必要があります。

清算人選任の申立ては利害関係人から行わなければなりませんが，この事例では，地主（土地の賃貸人）も利害関係人に当たります。

清算人が選任されれば，地主は，その清算人に対して，空き家の除却や処分や，借地契約の解除を求めることになります。

また，借地人の破産によって直ちに借地契約が終了しているわけではありませんので，清算人に対して，借地契約の解除を求めていくことにもなります。

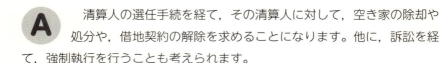

さらに，その会社が合併及び破産以外の事由（株主総会決議，みなし解散等）で解散した場合で解散当時の取締役が生存している場合は，その者が法律上当然に清算人になるので，取締役の所在の確認が必要となります。

なお，このような事例の場合，賃料の滞納があることは明らかであることも考えられるため，清算人の選任によらず，借地契約の解除，並びに，建物収去土地明渡請求訴訟を提起し，民事訴訟法上の特別代理人の選任を求めることによって，確定判決を得，強制執行することも考えられます。これらの手続の選択については，予想される費用，日数，困難度合等の諸要件を総合的に考慮することになるでしょう。

【判　例】

〈破産宣告による借地契約の解除の可否〉

建物の賃借人が差押を受け，又は破産宣告の申立てを受けたときは，賃貸人は直ちに賃貸借契約を解除することができる旨の特約は，賃貸人の解約を制限する旧借家法１条ノ２の規定の趣旨に反し，賃借人に不利なものであるから同法６条により無効と解すべきである（最一小判昭和43年11月21日民集22巻12号2726頁）。

Question 57

商店街にある店舗が，借主が行方不明となり家賃が長期間滞納のまま空き家になっています。借り主の戸籍等を調査したところ死亡の記載はなく住所地も店舗兼住宅のままでした。どうすればよいですか。

A　一つには，家賃の長期滞納により，建物明渡請求訴訟を提起し，強制執行をすることとなります。もう一つには，不在者財産管理人の選任を経て，賃貸借契約の解除，明渡しにより，新たな事業者に店舗を賃貸することができます。

解　説

この事例では，建物賃貸借契約の賃借人が行方不明で，家賃も長期滞納となっていることから，まず，建物明渡請求の民事訴訟を提起し，確定判決を得て，強制執行することが考えられます。この場合，賃貸借契約は，公示送達や，訴状にその旨を記載することによって解除の意思表示をすることになります。

他の方法としては，借主につき不在者財産管理人の選任を経て，賃貸借契約を（債務不履行，合意）解除することが考えられます。

家庭裁判所は，従来の住所又は居所を去り，容易に戻る見込みのない者（不在者）に財産管理人がいない場合，不在者自身や不在者の財産について利害関係を有する第三者の利益を保護するため，不在者の配偶者や相続人，債権者等の利害関係人の申立てにより，不在者財産管理人を選任することとなります（民法25条）。

ここでは，空き家の賃貸人である大家は，利害関係人として，不在者財産管理人の選任を申し立てることができます。この場合，予納金の有無と額，候補者の要否等については，事前に管轄の家庭裁判所と打ち合わせておくことがよいでしょう。

不在者財産管理人は，その空き家を含む，不在者の財産の保存行為や管理行為を行います。

そこで，大家としては，この空き家を新たに貸し出すために，選任された不在者財産管理人に，当該賃貸借契約の解除，明渡しを求めることとなりますが，処分行為を不在者財産管理人が行う場合は，あらかじめ家庭裁判所の権限外行為の許可審判を得る必要があります（民法28条）。

確定判決により強制執行がなされ，あるいは，不在者財産管理人によって，解除，明渡しがなされ，旧借主の残置物の撤去を終えると，新たに当該建物の賃借人を募集することができ，応募に応じ，再び店舗として活用されることにより，商店街の活性化にも寄与することができるでしょう。

これらの手続の選択については，予想される費用，日数，困難度合等の諸要件を総合的に考慮することになるでしょう。

第6 事務管理者に付随する空き家の相談

Question 58

私は町内会長です。空き家になっている建物の管理を町内の住民に求められ，責任を感じ管理を始めてしまいました。既に修繕費も支出しています。今後，どうしたらよいでしょうか。

A 民法上の事務管理者として空き家所有者に通知を要しますが，空き家所有者に対しては，有益費用の償還を請求することができます。

解　説

この場合の町内会長は，義務なく他人のために事務の管理を始めた者として事務管理者に該当すると思われ，事務管理者は，その事務の性質に従い，最も本人の利益に適合する方法によって，その事務の管理（事務管理）をしなければならないとされます（民法697条１項）。また，事務管理者は，本人の意思を知っているとき，又はこれを推知することができるときは，その意思に従って事務管理をしなければなりません（民法697条２項）。

また，事務管理者は，原則として，事務管理を始めたことを遅滞なく本人に通知しなければなりません（民法699条本文）。つまり，町内会長は，空き家の所有者を探索し，管理の開始を通知しなければならないわけです。

そこで，町内会長としては，所有者を知っているときは，そこに通知をし，知らない場合には空き家とその敷地の登記記録やその他の資料，あるいは近隣での聞き取りによって所有者を把握し，そこに通知をする必要があります。

それらにより把握することができた所有者の住所に所有者が居住してお

らず，通知ができないときは，所有者の現住所を探索する必要に迫られます。その方法としては，住民票（除住民票）の写し，戸籍の附票（除附票）の写し，戸籍（除籍，改製原戸籍）謄本の交付を受けることによります。この場合は，事務管理者として，住民基本台帳法12条の３第１項，同法20条３項又は戸籍法10条の２第１項の規定に基づいて（自己の権利を行使し，又は自己の義務を履行するために戸籍の記載事項を確認する必要がある場合），それらの交付を申し出，又は請求することになります。

その過程で，空き家の所有者が死亡していることが判明したときは，事務管理者は，その相続人に通知を行わなければならないこととなるため，同様の方法で，その相続人及びその所在を特定する必要があります。

さらに事務管理者は，本人又はその相続人若しくは法定代理人が管理をすることができるに至るまで，原則として，事務管理を継続しなければなりません（民法700条本文）。

そこで，この事例の町内会長は既に修繕費を支出しているところ，事務管理者は，本人のために有益な費用を支出したときは，本人に対し，その償還を請求することができるとされています（民法702条１項）。つまり，町内会長が支出した空き家の修繕費が，空き家所有者のために有益であるなら，その費用の償還を空き家所有者に対して請求することができます。ただ，このような事例において，空き家所有者（相続人）と連絡が取れ，管理を引き継ぐことができることにこしたことはありませんが，連絡が取れず，費用の償還も受けることができないことも多いでしょう。

結局，最終的な解決には，有益費用償還請求の民事訴訟を提起するか，不在者財産管理人の選任を申し立てるしかないでしょう。

Question 59

私は成年後見人として成年被後見人名義の空き家を管理していました。成年被後見人が死亡しましたが，相続人はいません。どうすればよいでしょうか。

A　原則として，成年後見人の代理権は消滅し，急迫な事情があるときは必要な処分を行い，あるいは，保存に必要な行為を行います。最終的には，相続財産管理人の選任を経て，その管理人に空き家を引き継ぐことになります。

解　説

１人暮らしの高齢者が認知症に伴って老人ホーム等へ入所することによって，以前の住居が空き家になることも少なくなく，そのような高齢者の成年後見人に就任すると，その空き家の管理も成年後見人が，成年被後見人本人を法定代理して行うことになります。

成年被後見人が死亡すると，成年後見人の代理権は消滅し（民法111条１項１号），その後は，その相続人に引き継ぐために必要な範囲でのみ事務を行うこととなり，積極的な空き家の管理を行うことはなくなります。しかも，この事例では相続人がいないわけですから，このままでは引き継ぐことができません。

このような場合に，空き家の管理について，成年後見人（であった者）は全く何もできないというわけではなく，急迫の事情があるときは，その相続人が事務を処理することができるに至るまで，必要な処分をしなければならないとされています（民法874条，654条）。つまり，空き家を引き継ぐまでの間であっても，例えば倒壊により隣家所有者に損害を与えるおそれが急迫しているような事情にあれば，成年後見人（であった者）は成年被後見人の資産から支出することで，補修等の必要な行為をすることになります。

さらに，平成28年４月13日法律第27号で成年後見の事務の円滑化を図るための民法及び家事事件手続法の一部を改正する法律が公布され，平成28年10月13日に施行されました。これにより，民法の一部が改正され，成年被後見人の死亡後の成年後見人の権限が次のとおり，定められました。

（成年被後見人の死亡後の成年後見人の権限）

第873条の２　成年後見人は，成年被後見人が死亡した場合において，必要があるときは，成年被後見人の相続人の意思に反することが明らかなときを除き，相続人が相続財産を管理することができるに至るまで，次に掲げる行為をすることができる。ただし，第三号に掲げる行為をするには，家庭裁判所の許可を得なければならない。

一　相続財産に属する特定の財産の保存に必要な行為

二　相続財産に属する債務（弁済期が到来しているものに限る。）の弁済

三　その死体の火葬又は埋葬に関する契約の締結その他相続財産の保存に必要な行為（前二号に掲げる行為を除く。）

この規定により，空き家の保存に必要な行為も，成年後見人（であった者）はすることができます。

いずれにしても，相続人のいないままでは，成年後見人の任務が終了しないため，成年後見人が利害関係人として相続財産管理人選任の申立てを行い（あるいは，他の利害関係人が申立てを行い），相続財産管理人の選任を経て，当該管理人に空き家その他の遺産を引き継ぐ必要があります。

第7　近隣関係に付随する空き家の相談

Question 60

近隣の空き家が管理されておらず，屋根瓦が落ちてきそうです。所有者が分からず困っています。どうしたらよいでしょうか。

A　所有者を探索し，それでも所有者の所在が分からない場合は，不在者財産管理人の選任を経て，その管理人と話合いを行うこととなります。その他，妨害を予防することを請求する訴訟を提起することも考えられます。

解　説

このような場合，その程度によっては，空き家の隣地所有者は，その所有権の完全な行使を妨害されるおそれがあるときは，その妨害の予防又は損害賠償の担保を請求することができます（民法199条）。

ただ，この事例では，所有者が分からないわけですから，所有者を特定する必要があります。

Q58の場合と同様に，住民票（除住民票）の写し，戸籍の附票（除附票）の写し，戸籍（除籍，改製原戸籍）謄本の交付を受けることによって，所有者又は相続人を特定します。この場合は，住民基本台帳法12条の３第１項，同法20条３項又は戸籍法10条の２第１項の規定に基づいて（自己の権利を行使し，又は自己の義務を履行するために戸籍の記載事項を確認する必要がある場合，あるいは国又は地方公共団体の機関に提出する必要がある場合），それらの交付を申し出，又は請求することになります。

これらの調査によっても，所有者（又は相続人）を特定することができても所在が不明であるようなときは，その者について，不在者財産管理人の選任の申立てをする必要があります。

不在者財産管理人は，家庭裁判所によって，従来の住所又は居所を去り，容易に戻る見込みのない者（不在者）に財産管理人がいない場合，不在者自身や不在者の財産について利害関係を有する第三者の利益を保護するため，不在者の配偶者や相続人，債権者等の利害関係人の申立てにより，選任されます。

不在者財産管理人が選任されると，隣接地所有者は，その管理人との話合いで，空き家の適正な管理を行ってもらうことができますが，不在者財産管理人の行為が処分に当たるときには，あらかじめ家庭裁判所の権限外行為の許可審判を得る必要があります（民法28条）。

なお，Q58等と同じように，場合によっては民事訴訟を提起することも選択することもできます。この事例では，妨害の予防を請求する民事訴訟を提起することが考えられます。

もし，この事例で，既に隣地所有者が，その空き屋の管理を始めている場合には，Q58のように，事務管理者としての義務及び権利が生じることもあります。

Question 61

隣家の樹木の枝葉が生い茂って，私の家に侵入しているため，困っています。どうすればよいですか。

A　その樹木の所有者に切り取ることを求め，樹木所有者が応じないときは，樹木所有者の費用で第三者に切り取らせることを裁判所に請求することもできます。

解　説

このような空き家問題を自ら解決するためには，樹木の所有者に対して，民事上において，所有権の妨害排除の請求を行うことになります。

なお，空き家の樹木が生い茂ることにより，越境された隣地所有者は，枝については，その竹木の所有者に切除させることができ，根については，自ら切り取ることができます（民法233条）。枝の場合，その樹木の所有者に切り取ることを求め，樹木の所有者が応じないときは，樹木の所有者の費用で第三者に切り取らせることを裁判所に請求することもできます（民法414条２項本文）。

通常は，樹木は，その生立している土地の所有者の所有に属していますが，それ以外の者が正当な権原に基づいて植栽しているときは，その者の所有に属していると考えられています。

【判　例】

〈越境した枝の切除〉

・観賞用のヒマラヤ杉３本が公道上まで張り出し，隣地で営業する旅館の看板が見えにくくなり，あるいは通行の妨害となっている場合，隣地旅館業は，枝の切除を請求することができるが，木そのものを伐採することは許されない（大阪高判平成元年９月14日判タ715号180頁）。

・持分各２分の１の共有通路において，共有者の１人が自動車等の放置や越境竹木の枝の放置により通行妨害をしている場合，それらが２分の１の持分に応じた使用の範囲を超えたものであるときは，他の共有者は，通行妨害の禁止及び竹木の枝の切除を請求することができる（横浜地判平成３年９月12日判タ778号214頁）。

Question 62

立地が便利なため，近所にある空き家を購入したいです。所有者も不明なのですが，どのような手続ができますか。

A 単に，購入希望ということだけで，所有者を探索するために，戸籍謄本等や，住民票の写し，戸籍の附票の写しの交付を受けることはできません。

解　説

登記事項のように一般に公開されている情報によっても所有者（相続人）を特定することができない場合は，戸籍謄本等，住民票の写し，戸籍の附票の写しの交付を受けて，その把握を行う方法が有益ですが，これらの情報は一般には公開されていません。

つまり，例えば戸籍謄本等にあっては，戸籍に記載されている者又はその配偶者，直系尊属若しくは直系卑属以外の者（第三者）が，交付を請求する場合には，次のいずれかの要件を満たさなければなりません（戸籍法10条の２第１項１号～３号）。

１　自己の権利を行使し，又は自己の義務を履行するために戸籍の記載事項を確認する必要がある場合

２　国又は地方公共団体の機関に提出する必要がある場合

３　前記１・２に掲げる場合のほか，戸籍の記載事項を利用する正当な理由がある場合

住民票の写し，戸籍の附票の写しの場合も，同様です。

そこで，この事例のような，近所の空き家を購入したいという理由ですが，このような理由だけでは前述の要件は満たしません。

つまり，他に，戸籍法等の要件を満たす理由がない限り，戸籍謄本等を利用して，所有者を探索することはできません。

Question 63

長屋の中の１室が空いたままとなり，窓ガラスが割れ，野良猫が住み着いて，長屋の住人が迷惑しています。どうすればよいですか。

A　通常は，他の部屋の所有者は，その部屋の所有者に対応を求め，あるいは，区分所有法に基づいて修繕を行うことが考えられます。なお，各部屋に壁・柱を共通せずに，各々別個の建築物であると認められるときは，市区町村に対して空家特措法に基づいた対応を求めることもできます。

解　説

一般的には，長屋とは集合住宅の一形態に属します。集合住宅とは，一つの建築物に，複数の世帯がそれぞれ別に居住することができる形態の建築物で，共同住宅と長屋に分けられます。

通常，共同住宅とは，一棟の建築物内に２戸以上の住宅があって，広間，廊下若しくは階段等の全部又は一部を供用するものをいい，マンションやアパートが該当し，長屋とは，２つ以上の住宅を一棟に建て連ねたもので，各住宅が壁を共通にし，それぞれ別々に外部への出入口を有しているものをいいます。

いずれであっても，空家特措法の「空家等」とは，建築物又はこれに附属する工作物であって居住その他の使用がなされていないことが常態であるもの及びその敷地（立木その他の土地に定着する物を含む。）をいうとされ（空家特措法２条１項），この「建築物」とは建築基準法上の建築物を意味しますので，集合住宅については，一棟全体で一個の建築物であることになります。

つまり，空家特措法の「空家等」か否かの判断は，集合住宅である建築物全体で判断することになり，マンションや長屋の一住戸は建築物の一区画にすぎず，一部屋ごとに空家等か否かが判断されるものではありません。

したがって，大部分の住戸に居住者がいない場合（空き部屋がある場合）であっても，一部にでも住戸に居住者がいるマンション，長屋は，空家等には該当しませんので，空き部屋の存在が他の住居者に迷惑を掛けているとしても，市区町村が空家特措法に基づく強制力を行使することはできません。

これは，各住戸が区分建物として登記されているときであっても，同様で，個々の専有部分ではなく，一棟の建物全体として空家等に該当するか否か判断することとなります。

そこで，空き部屋の存在によって悪影響が生じている場合は，民事上の対応をとる以外の方法はありません。長屋が貸家であれば，他の住戸の住人は大家との話合いで解決するほかはないでしょう。また，各住戸ごとに区分所有されている場合は，所有者を特定し，あるいは行方不明であれば不在者財産管理人の選任を経て，問題解決のための話合いをすることが必要です。占有部分ではなく，共用部分に問題の個所がある場合には，各住戸の所有者は保存行為によって修繕等を行うことができる場合もあります。この事例の窓ガラスは共有部分に当たると考えられるため，長屋の他の住人が修繕することができるでしょう。

なお，見た目は長屋であっても，壁，柱を共通せずに隣接する建物と密着して建築されている場合は区分所有法は適用されず，それぞれ別個の建築物であると認められる場合もあり，このような場合には，各建築物が単独で空家等であると認められ，空家特措法の適用を受けることもあり得ます。

Question 64

管理組合としてマンションの修繕を考えていますが，投資目的で購入したであろう所有者が死亡し，相続が生じているようです。どうすればよいですか。

A　空家特措法の適用はありません。修繕の程度に応じて，管理組合の集会の決議を行ってから，修繕を行います。

解　説

区分所有法の適用

Q63と同様，この事例も，空き部屋の問題であり，空家特措法が適用されることはなく，区分所有法が適用されることになります。

一棟の建物に構造上区分された数個の部分で独立して住居，店舗，事務所又は倉庫その他建物としての用途に供することができるものがあるときは，その各部分は，この法律の定めるところにより，それぞれ所有権の目的とすることができますが（区分所有法１条），この，建物の区分所有に関する規定，その他の，建物の区分所有等に関する法律の主な概要は，後掲の表を参考にしてください（**【図表７－１】**）。

そこで，この事例ですが，修繕とは，通常，共用部分（外壁，屋根，外階段，外廊下等）を修繕すること指しますが，その内容と程度によって，対応が異なります。

まず，共用部分の管理に当たる軽微な変更（共用部分の形状，効用の著しい変更を伴わない変更）となる修繕については，区分所有法18条の規定によって，原則として，管理組合の集会で，区分所有者及び議決権の各過半数で決することができます。この場合であっても，共用部分の管理が専有部分の使用に特別の影響を及ぼすべきときは，その専有部分の所有者の承諾を得なければなりません。

次に，共用部分の変更に当たる重大な変更（共用部分の形状，効用の著しい変更を伴う変更）となる修繕については，区分所有法17条の規定によって，原則として，区分所有者及び議決権の各４分の３以上の多数による集会の決議で決します。この場合であっても，共用部分の変更が専有部分の使用に特別の影響を及ぼすべきときは，その専有部分の所有者の承諾を得なければなりません。

いずれの場合も，集会の招集の通知は，会日より少なくとも１週間前に，会議の目的たる事項を示して，各区分所有者に発しなければなりませんが（同法35条１項本文），専有部分が数人の共有に属するときは，その通知は，議決権を行使すべき者（その者がないときは，共有者の１人）にすれば足ります（同条２項）。この通知は，区分所有者が管理者に対して通知を受けるべき場所を通知したときはその場所に，これを通知しなかったときは区分所有者の所有する専有部分が所在する場所にあててすれば足り，この場合には，通常それが到達すべき時に到達したものとみなされます（同条３項）。また，建物内に住所を有する区分所有者又は，その通知を受けるべき場所を通知しない区分所有者に対する通知は，規約に特別の定めがあるときは，建物内の見やすい場所に掲示してすることができ，この場合には，その通知は，その掲示をした時に到達したものとみなされます（同条４項）。

2　相続人の特定

この事例では，この空き部屋の所有者は死亡し，相続が発生しているとのことですから，管理組合としては，**Q58**の方法で，その相続人を特定しなければなりません。

所有者である被相続人が日本人であれば我が国の民法が適用されますが，この事例では投資目的での購入であるため，所有者が外国人である可能性もあります。所有者である被相続人が日本人でない場合は，直ちに我が国の民法が適用されるわけではありません。

どこの国（地域）の法律が適用されるかについては，次のとおりとなります。

・相続は，被相続人の本国法によります（法の適用に関する通則法36条）。

・外国法によるべき場合において，その規定の適用が公の秩序又は善良の風俗に反するときは，その外国法は適用されません（同法42条）。

・当事者の本国法によるべき場合において，その国の法に従えば日本法によるべきときは，日本法によります（反致）（同法41条）。

以上によって，外国人を被相続人とする相続については，その外国法が適用される場合だけでなく，日本法が適用される場合もありますので，注意が必要です。

3 管理費の滞納

なお，本事例は，修繕をすることが目的の設問となっていますが，通常，このような事例では，管理費等の長期滞納も想定されます。その場合は，管理費の請求の民事訴訟の提起（Q58参照）のほか，相続放棄の場合を含み，相続人がいない場合には相続財産管理人の選任（Q59参照）も考えられます。

さらに，区分所有法では，区分所有者は，共用部分，建物の敷地若しくは共用部分以外の建物の附属施設につき他の区分所有者に対して有する債権又は規約若しくは集会の決議に基づき他の区分所有者に対して有する債権について，債務者の区分所有権（共用部分に関する権利及び敷地利用権を含む。）及び建物に備え付けた動産の上に先取特権を有し，管理者又は管理組合法人がその職務又は業務を行うにつき区分所有者に対して有する債権についても，同様とされていることから（同法７条１項），この先取特権を実行することで，競売手続を利用することも選択肢の一つとなるでしょう。

【図表７－１】建物の区分所有等に関する法律の主な概要

建物の区分所有	一棟の建物に構造上区分された数個の部分で独立して住居，店舗，事務所又は倉庫その他建物としての用途に供することができるものがあるときは，その各部分は，この法律の定めるところにより，それぞれ所有権の目的とすることができます（同法１条）。
区分所有権	同法１条に規定する建物の部分（４条２項の規定により共用部分とされたものを除く。）を目的とする所有権（同法２条１項）
区分所有者	区分所有権を有する者（同法２条２項）
専有部分	区分所有権の目的たる建物の部分（同法２条３項）
共用部分	専有部分以外の建物の部分，専有部分に属しない建物の附属物及び同法４条２項の規定により共用部分とされた附属の建物（同法２条４項）
建物の敷地	建物が所在する土地及び同法５条１項の規定により建物の敷地とされた土地（同法２条５項）
敷地利用権	専有部分を所有するための建物の敷地に関する権利（同法２条６項）
区分所有者の団体	区分所有者は，全員で，建物並びにその敷地及び附属施設の管理を行うための団体を構成し，集会を開き，規約を定め，及び管理者を置くことができ，一部の区分所有者のみの共用に供されるべきことが明らかな共用部分（以下「一部共用部分」という。）をそれらの区分所有者が管理するときも，同様とされます（同法３条）。
共用部分	数個の専有部分に通ずる廊下又は階段室その他構造上区分所有者の全員又はその一部の共用に供されるべき建物の部分は，区分所有権の目的とならないものとされ，占有部分に該当すべき建物の部分及び附属の建物は，規約により共用部分とすることができます（同法４条）。
規約による建物の敷地	区分所有者が建物及び建物が所在する土地と一体として管理又は使用をする庭，通路その他の土地は，規約により建物の敷地とすることができます（同法５条１項）。
区分所有者の権利義務等	区分所有者は，建物の保存に有害な行為その他建物の管理又は使用に関し区分所有者の共同の利益に反する行為をしてはならず（同法６条１項），また，区分所有者は，その専有部分又は共用部分を保存し，又は改良するため必要な範囲内において，他の区分所有者の専有部分又は自己の所有に属しない共用部分の使用を請求することができ，この場合において，他の区分所有者が損害を受けたときは，その償金を支払わなければなりません（同法６条２項）。
共用部分の共有関係	区分所有者全員の共有に属する。ただし，一部共用部分は，これを共用すべき区分所有者の共有に属しますが（同法11条１項），規約で別段の定めをすることも妨げられません（同法２項本文）。
共用部分の使用	各共有者は，共用部分をその用方に従って使用することができます（同法13条）。

共用部分の持分の割合	各共有者の持分は，原則として，その有する専有部分の床面積の割合によります（同法14条１項・４項）。
共用部分の持分の処分	共有者の持分は，その有する専有部分の処分に従い（同法15条１項），共有者は，この法律に別段の定めがある場合を除いて，その有する専有部分と分離して持分を処分することができません（同法15条２項）。
共用部分の変更	共用部分の変更（その形状又は効用の著しい変更を伴わないものを除く。）は，区分所有者及び議決権の各４分の３以上の多数による集会の決議で決し（ただし，この区分所有者の定数は，規約でその過半数まで減ずることができます。）（同法17条１項），その場合において，共用部分の変更が専有部分の使用に特別の影響を及ぼすべきときは，その専有部分の所有者の承諾を得なければなりません（同法17条２項）。
共用部分の管理	共用部分の管理に関する事項は，共用部分の変更の場合を除いて，集会の決議で決し（規約で別段の定めをすることを妨げませんが，専有部分の使用に特別の影響を及ぼすべきときは，その専有部分の所有者の承諾を得なければなりません。），保存行為は，各共有者がすることができます（同法18条１項から３項）。
管理者の選任及び解任	区分所有者は，規約に別段の定めがない限り集会の決議によって，管理者を選任し，又は解任することができ（同法25条１項），管理者に不正な行為その他その職務を行うに適しない事情があるときは，各区分所有者は，その解任を裁判所に請求することができます（同法25条２項）。
管理者の権限	管理者は，共用部分等を保存し，集会の決議を実行し，並びに規約で定めた行為をする権利を有し，義務を負い（同法26条１項），管理者は，その職務に関し，区分所有者を代理します（同法26条２項）。
集会の招集	集会は，管理者が招集し（同法34条１項），管理者は，少なくとも毎年１回集会を招集しなければなりませんし（同法34条２項），区分所有者の５分の１以上で議決権の５分の１以上を有するものは，管理者に対し，会議の目的たる事項を示して，集会の招集を請求することができます（同法34条３項本文）。
議決権	各区分所有者の議決権は，規約に別段の定めがない限り，各共有者の持分の割合によります（同法38条）。
議　事	集会の議事は，原則として，区分所有者及び議決権の各過半数で決し（同法39条１項），議決権は，書面で，又は代理人によって行使することができます（同法39条２項）。
議　長	集会においては，規約に別段の定めがある場合及び別段の決議をした場合を除いて，管理者又は集会を招集した区分所有者の１人が議長となります（同法41条）。
管理組合法人の成立等	区分所有者の団体は，区分所有者及び議決権の各４分の３以上の多数による集会の決議で法人となる旨並びにその名称及び事務所を定め，かつ，その主たる事務所の所在地において登記をすることによって法人とすることができ（同法47条１項），この法人は管理組合法人と称し（同法47条２項），管理組合法人は，その

	事務に関し，区分所有者を代理します（同法47条６項前段）。
理　事	管理組合法人には理事を置かなければならず（同法49条１項），理事が数人ある場合において，規約に別段の定めがないときは，管理組合法人の事務は理事の過半数で決し（同法49条２項），理事は管理組合法人を代表し（同法49条３項），理事が数人あるときは各自管理組合法人を代表します（同法49条４項）。
監　事	管理組合法人には，監事を置かなければなりません（同法50条１項）。
事務の執行	管理組合法人の事務は，原則として，すべて集会の決議によって行いますが，規約で，理事その他の役員が決するものとすることができますし（同法52条１項），保存行為は理事が決することができます（同法52条２項）。
建物の一部が滅失した場合の復旧等	原則として，建物の価格の２分の１以下に相当する部分が滅失したときは，各区分所有者は，滅失した共用部分及び自己の専有部分を復旧することができます（同法61条１項）。
建替え決議	集会においては，原則として，区分所有者及び議決権の各５分の４以上の多数で，建物を取り壊し，かつ，当該建物の敷地若しくはその一部の土地又は当該建物の敷地の全部若しくは一部を含む土地に新たに建物を建築する旨の決議（建替え決議）をすることができます（同法62条１項）。
区分所有権等の売渡し請求等	建替え決議があったときは，集会を招集した者は，遅滞なく，建替え決議に賛成しなかった区分所有者に対し，建替え決議の内容により建替えに参加するか否かを回答すべき旨を書面で催告しなければならず（同法63条１項），建替え決議に賛成した各区分所有者若しくは建替え決議の内容により建替えに参加する旨を回答した各区分所有者又はこれらの者の全員の合意により区分所有権及び敷地利用権を買い受けることができる者として指定された者（買受指定者）は，建替えに参加しない旨を回答した区分所有者に対し，区分所有権及び敷地利用権を時価で売り渡すべきことを請求することができます（同法63条４項前段）。

Question 65

自治会の地域内に管理されていない空き家があり，住民から苦情を受けています。どうすればよいですか。

A 所有者が分かっている場合は所有者に連絡を取ることで対応を促すこととなりますが，所有者が分からない場合は市区町村に空家特措法に基づく対応をとることを申し出るしかないでしょう。

解　説

空き家は，その所有者等自身が，周辺の生活環境に悪影響を及ぼさないよう，適切な管理に努めるものとされています（空家特措法３条）。

また，市区町村は，所有者等による空家等の適切な管理を促進するため，これらの者に対し，情報の提供，助言その他必要な援助を行うよう努めるものとされています（空家特措法12条）。

自治会が，空き家の所有者を把握している場合は，その所有者に連絡を取って，対応を促すことが原則となります。

しかし，所有者の現住所が分からず，連絡を取ることができないときは，聞き取り調査等以外に，自治会として住民票等の情報を取得して現住所を把握することはできません。この場合は，市区町村に対して，空家特措法に基づく対応をとることを申し出るしか方法はありません。

また，そもそも所有者が分からない場合も，登記記録のように公開されている情報の調査や，聞き取り調査等以外に，自治会として戸籍謄本等や住民票等の情報を取得して所有者を特定することはできません。

この場合も，市区町村に対して，空家特措法に基づく対応をとることを申し出るしか方法はありません。

もし，この事例で，既に自治会（関係者）が，その空き家の管理を始めている場合には，Q58のように事務管理者としての義務及び権利が生じることもあります。

Question 66

自治会で空き家を地域のコミュニティ施設として利用したいと思いますが，どのようなことに注意すればよいですか。

A　まずは所有者を把握することです。契約をする際も，中古物件として，瑕疵担保責任や，リフォームの有無，法令上の制限，耐震基準などにも注意を要します。いずれにしても，市区町村を巻き込みながら計画を進めることが必要でしょう。

解　説

空き家を地域のコミュニティ施設として利用するには，当然ながら，空き家の所有者と契約をする必要があります。

したがって，所有者が分かっている場合には，その所有者に連絡を取って，話合いをする必要があります。

契約の種類としては，買い取る（所有権の移転：売買），無償で譲り受ける（所有権の移転：贈与），有料で借り受ける（賃貸借），無償で借り受ける（使用貸借）等が考えられます。それから，自治会としての契約の主体を検討し，地方自治法に基づく地縁団体の認可を受けている自治体であれば，その名義で契約し，そうでない場合は，自治体の代表者名義で契約を行うこととなります。

契約の内容については，通常の前記各契約の際の注意事項のほか，次の事項にも特に注意を要します。

・瑕疵担保責任の確認
・リフォームの要否
・用途制限など建築基準法その他の法令上の制限の有無
・耐震基準の充足
・助成金等の確認

いずれにしても，コミュニティ施設として，地域住民の合意形成を重要視しながら，計画を進めていく必要があります。

自治会が所有者を把握していないときは，Q65のとおり，自治会として，登記記録のように公開されている情報の調査や，聞き取り調査等以外に，所有者を把握する手段はありません。

このような場合は，コミュニティ施設の開設について，一から，市区町村に呼び掛けて，行政として取り組んでもらえるように働きかける必要があります。その中で，所有者が判明すれば，自治会としても市区町村と協力しながら，その開設に向けた準備を進めることになるでしょう。

第8 自治体からの空き家の相談

Question 67

所有者等の調査方法について教えてください。

A 市区町村が空家特措法に基づく様々な施策を行う上で，空家の所有者等の調査を行います。地域住民の方々への聞き取りや，不動産登記簿謄本，戸籍，住民票等を利用して調査します。また警察や消防，ガスや電気の供給事業者へ情報提供を求めることや，施策を行うために必要な限度において固定資産税の課税に関する情報を利用することが想定されます。

今回，空家特措法の施行により，固定資産税の課税等のために市町村が保有している情報を，施策のために必要な限度において利用できるようになりました。

解　説

所有者等の調査は，なぜ必要か

市区町村は，空家特措法６条１項の空家等対策計画の作成及びこれに基づく空家等に関する対策の実施その他空家等に関する必要な措置を適切に講ずるよう努めなければならないため（空家特措法４条），空家等の所在や状態だけではなく，空家等の所有者等を把握する必要があります。

また，市区町村が空家等対策計画に基づき，把握した空家等の所有者等に対し，空家等の現状の通知，空家等に対する意向の確認，相談窓口等の紹介等を行うため，所有者等の調査は，空家等に関する様々な手続の前提となっています。

市区町村による調査は必要な限度で可能であるとされているため，段階によって調査の目的が異なり，調査の範囲も異なってきます。

空家等の適切な管理を促進するために所有者等に対し情報の提供や助言などの必要な援助を行う場合には，連絡が取れる所有者又は管理者の調査に留まると考えられます。また，事前に近隣住民からの相談等により消防や警察が所有者等の確認をしている可能性がありますので，情報提供を求めることも考えられます。一方，特定空家等に対する措置を行う場合には，所有者等の全員（相続が発生している場合は相続人全員）を確認するための調査が実施されることになります。

特に特定空家等の措置に関連する様々な手続については，公権力による私有財産への強制力を伴うアプローチとなりますので，その当事者を確定する重要な局面になります。市区町村による所有者等の調査は，適正な手続を経て，慎重かつ確実なレベルが要求されることは言うまでもありません。

定期的に人事異動の発生する市区町村役場においては，戸籍等の資料による所有者やその相続人等の調査について，専門家によるノウハウを活用し，人員や予算等の隠れコストの削減を目的として，司法書士等へ外部委託することも，迅速，慎重かつ確実な方法の１つの方策として考えられます。

2　空家特措法により，どのように変わったか

これまで市区町村長が行う空家等の所有者等の調査は，空家等がある地域住民等への聞き取り調査に加え，不動産登記法に基づく不動産登記情報の調査，住民基本台帳法に基づく住民票情報の調査，戸籍法に基づく戸籍謄本等の調査など，既存の法制度で入手可能な情報により行われていました。

空家特措法の施行により，市区長村長は，固定資産税の課税等の目的で保有する所有者等の情報（以下「税務情報」という。）の内部利用（東京都

の場合は特別区の区長が都知事に税務情報提供を請求すること）が可能になりました（空家特措法10条１項・２項）。また，市区町村長は，関係する地方公共団体その他の者に対し，情報の提供を求めることが可能になった（空家特措法10条３項）ので，例えば，法務局長・地方法務局長に対して電子媒体での不動産登記情報の提供を，電気・ガス等の供給事業者に対して電気・ガス等の使用状況等の情報の提供を求めることもできるようになりました。

3 税務情報の内部利用とは

固定資産税の課税のための情報は，同じ市区町村内においても他の部署が利用することは，地方税法22条の秘密漏えいになるおそれがあり，原則としてできないものとされていました。しかし，固定資産税の課税のための情報は，税務当局が独自の調査により収集するものもあり，不動産登記情報などでは把握できない有益な情報が含まれる可能性があるため，市区町村長が所有者等を調査する際に，これまで利用できなかった税務情報を内部利用できるよう法整備が行われました（空家特措法10条１項・２項）。

Question 68

小学校の通学路脇に倒壊のおそれがある空き家があります。
①　除却処分を検討していますが，どのような法的手続や問題がありますか。
②　所有者が特定できない場合，不在者財産管理人の選定等をすると聞いたことがありますが，これはどのような制度ですか。どのような手続となりますか。

A　①　要件を満たした場合，空家特措法14条９項に基づいて行政代執行により空き家を除却することができます。しかし，空き家は私有財産であるため，行政が関与すべき事案かどうか，その規制手段に必要性及び合理性があるかどうかを判断する必要があります。

②　空き家の修繕や除却等は，本来所有者等の責任で行うべきものです。近隣住民が，管理不十分な空き家に起因した被害を受けている場合には，当該空き家の所有者等に対して，被った損害について賠償するよう請求することができます（民法717条）。

所有者等に請求できるといっても，所有者等が行方不明，死亡して相続人がいない等の理由で，事実上所有者等に請求できない場合があります。その問題点を解決するために，民法は所有者の代わりとなる者を裁判所に選任してもらい，その選任された者が，修繕，除却，売却等をすることができる制度を規定しています。その所有者の代わりとなる者として，民法は，所有者が行方不明の場合に不在者財産管理人，（民法25条～29条），所有者が死亡して相続人が不存在の場合には相続財産管理人という財産管理人の制度を設けています（民法951条～959条）。

解　説

除却処分に至る法的手続や問題について

特定空家等に関し，除却の代執行に至るまで，空家特措法14条に基づく手順を行うことが必要です。本問での通学路脇の倒壊のおそれのある建物が市区町村の調査により特定空家等と判断された上で，その所有者等に対し，必要な措置を取るよう，市町村長から助言又は指導，勧告，命令がなされることとなります。市区町村長は，勧告，命令をするに際し，その措置を行うことにより，周辺の生活環境への悪影響を改善するのに通常要すると思われる期間を相当の猶予期限として示す必要があります。ここでは，倒壊のおそれがある空き家の除却を行うことを検討しておりますので，建物の内部の動産等を整理するための期間や除却工事に要する期間を合計した期間を，勧告及び命令の際に相当の猶予期限として示すことになるでしょう。

小学校の通学路脇にある建物が倒壊寸前にもかかわらず，猶予期限を設けて勧告，そして命令を行うこととなりますので，危険と隣り合わせである状態が続くこととなります。万が一，本問の建物が倒壊し，小学生等に被害等が出た場合，建物の所有者がその責任を負うことは当然ですが，市区町村が速やかに除却までの対応をなさなかった，という責任が問われる可能性もあります。

空家特措法上は応急措置について特段規定をしておりませんが，緊急事態においては，災害対策基本法や他の法令に基づく応急措置を講じることや，条例において所有者の同意のもとに緊急安全措置を行うことも考えられます。

建物について過失がなくてその措置を命ぜられるべき者を確知することができないときは，空家特措法14条10項に基づく略式代執行を行うことも可能ですが，同項には，相当の期限を定めて，あらかじめ公告を行うことと規定されています。公告の方法として市区町村の掲示板に掲示し，かつ，その掲示があったことを官報に少なくとも１回掲載することを原則としますが，相当と認められるときは，官報への掲載に代えて，当該市区町村の「広報」・「公報」等に掲載することをもって足りるものと解される（ガイドライン第３章７(2)）とされています。

いずれの場合も，空家特措法上の代執行を実施する場合，それなりの期間が必要とされるため，急迫の事態に陥る前に手続を行う必要があります。また，一時的には市区町村の予算からその費用を拠出することとなりますので，その周辺の生活環境への悪影響の大きさも優先順位を判断する材料となります。

空家特措法においては市区町村長は，代執行を視野に入れながら，本問の建物について，助言又は指導，勧告，命令の手続において，他の手段によってその履行を確保することが困難であり，かつ，その不履行を放置することが著しく公益に反すると認められるときに当たるか否かを慎重かつ確実に判断をすることになります。

2 不在者財産管理人について

(1) 制度概要

不在者がその財産の管理人を置かなかったときは，家庭裁判所は，申立てにより，財産管理人選任等の処分を行うことができます（民法25条）。選任された不在者財産管理人は，不在者の財産を管理，保存するほか，家庭裁判所の権限外行為許可を得た上で，不在者に代わって，遺産分割，相続放棄の申述，不動産の売却等を行うことができるとされています。

(2) 不在者財産管理人選任の要件

① 不在者が財産管理できないこと

② 不在者自身が財産管理人を置いていないこと

③ 利害関係人又は検察官からの申立てがあること

なお，利害関係人とは，法律上正当な利害関係を有するものをいい，事実上の関係を有するにすぎないもの（単なる友人や隣人等）は含みません。不在者と共同相続人になる者や不在者に対して何らかの債権債務（例：徴税債権）を有している者は，利害関係人といえます。

④ 管理すべき財産が存在すること

なお，財産は積極財産（例：現金，預貯金，不動産）に限られず，消極財産（例：借金等の負債）のみの場合も含まれます。

(3) 申立先

申立ては，不在者の従来の住所地又は居所地を管轄する家庭裁判所に対して行います。不在者の従来の住所地又は居所地ともに不明な場合は，不在者の財産の所在地を管轄する家庭裁判所又は東京家庭裁判所となります（家事事件手続法７条，家事事件手続規則６条）。

⑷　申立手続について

申立ての記載例，申立ての際に提出すべき添付書類等については，裁判所のウェブサイトに記載があります（http://www.courts.go.jp/saiban/syurui_kazi/kazi_06_05/）。

⑸　申立てに必要な費用

①　収入印紙800円分

②　郵便切手（申立てをする家庭裁判所へ要確認。なお，各裁判所のウェブサイトの「裁判手続を利用する方へ」中に掲載されている場合もあります。）

③　家事予納金

金額は，事案や裁判所によって異なります。納める必要のない場合もありますが，一般的に30万円〜50万円程度といわれています。不在者の財産が多いときや，管理人候補者が低額の報酬でよいと事前に話をしているとき等の場合には，事情を裁判所に伝えることによって，予納金を免除，減額してもらうことができます。空き家の除却を念頭に置いて不在者財産管理人選任を申し立てる場合は，その除却費用もこの予納金の算定に考慮されることになります。

3　相続財産管理人について

Q70を参考してください。

Question 69

空き家の所有者が判明しましたが，認知症で施設入所しています。どうすればよいですか。

A　意思能力がない者の法律行為は，無効とされています。したがって，空き家の所有者等の意思能力がないと思われる場合は，高齢者福祉の担当部署と連携し成年後見人の選任等を検討しましょう。

解　説

1 意思能力とは

意思能力とは，「自分の行為の性質や結果を判断することのできる精神的能力」をいいます。この判断能力がない者が行った契約等の法的行為は無効です。また，この判断能力が著しく不十分な場合も，無効かどうかが争われる可能性があり，当事者やその取引の対象者を保護するためにも，成年後見制度を利用することを検討すべきです。

2 認知症の場合

軽い認知症の場合には，基本的には一般人と同様に契約等の法律行為を行うことができます。しかし，認知症が重度で，判断能力が不十分だと判断される場合，上記のとおり無効かどうか分からず，契約等がいつも不安定な状況になります。

3 意思無能力者の意思表示の受領能力

民法98条の２では「意思表示の相手方がその意思表示を受けた時に未成年者又は成年被後見人であったときは，その意思表示をもってその相手方に対抗することができない。ただし，その法定代理人がその意思表示を知った後は，この限りでない。」と規定されています。

この条文は，成年被後見人に意思表示を行っても，その成年被後見人には「対抗」=「その意思表示があったと主張」することはできませんと規定しています。これは，成年被後見人を保護するものですが，同様の趣旨で，成年後見を利用するくらい判断能力が著しく不十分な人には，意思表示があったと主張することができないと解されています。

したがって，市区町村が，成年後見人を選任せずに，認知症で著しく不十分な判断能力のない方に空家特措法14条の助言又は指導，勧告，命令を行ったとしても，その助言又は指導，勧告，命令を行ったことが無効であると争われる可能性があります。

なお，平成27年５月26日に国土交通省住宅局，総務省地域力創造グループが発行した〈『「特定空家等等に対する措置」に関する適切な実施を図るために必要な指針（ガイドライン）（案）』に関するパブリックコメントの募集の結果について〉の７頁中段にて，「立入調査の事前通知，助言又は指導，勧告について，（中略）所有者が認知症等の場合でも，成年後見人の選定を空家特措法上必須としていません。」と回答していますが，それでも意思能力の有無は注意すべきです。最高裁判所判決（最判昭和57年７月15日民集36巻６号1146頁）では，「行政処分が行政処分として有効に成立したといえるためには，行政庁の内部において単なる意思決定の事実があるかあるいは右意思決定の内容を記載した書面が作成・用意されているのみでは足りず，右意思決定が何らかの形式で外部に表示されることが必要であり，名宛人である相手方の受領を要する行政処分の場合は，さらに右処分が相手方に告知され又は相手方に到達することすなわち相手方の了知しうべき状態におかれることによってはじめてその相手方に対する効力を生ずるものというべきである。」（下線は筆者）としています。空家特措法上の指導，勧告，命令も名宛人である相手方の受領を要する行政処分であると解されますので，意思表示の受領能力のない者に行ったとしても，効力は生じないと解されます。

4 成年後見制度の利用等

判断能力が不十分な方を支援し，本人の代わりに法律行為を行う者を選任する制度が成年後見制度です。この手続の申立ては市区町村長も行うことができます。本件のような場合で，認知症が重いと判断できる場合には，地域包括支援センターや市区町村の高齢者福祉の担当と連携し，成年後見制度の利用等について相談するべきです。

Question 70

数年来，固定資産税が未納となっている空き家を調査したところ，所有者が死亡しており，その相続人も不存在であることが分かりました。どうすればよいですか。

A　死者への固定資産税の課税は無効であると解されています。本問の空き家の所有者は既に死亡しており，その相続人も不存在ということですから，固定資産税の課税は，相続財産法人に行うことになります。この場合，市区町村長が利害関係人として，管轄する家庭裁判所に相続財産管理人の選任を申し立てることが必要です。

解　説

死者への課税

地方税法では，固定資産税の納税義務者を，「土地又は家屋については，登記簿又は土地補充課税台帳若しくは家屋補充課税台帳に所有者（中略）として登記又は登録されている者」と規定しています（地方税法343条２項前段）。また，固定資産の所有者が既に死亡している場合は，「所有者として登記又は登録されている個人が賦課期日前に死亡しているとき（中略）は，同日において当該土地又は家屋を現に所有している者」と規定しており（同項後段），その相続人や相続人不存在時の相続財産法人が納税義務者となると考えられます。

なお，地方税法では，「被相続人の地方団体の徴収金につき，被相続人の死亡後その死亡を知らないでその者の名義でした賦課徴収又は還付に関する処分で書類の送達を要するものは，その相続人の１人にその書類が送達された場合に限り，当該被相続人の地方団体の徴収金につきすべての相続人に対してされたものとみなす。」と規定されています（地方税法９条の２第４項）が，この要件を満たさない場合，原則，当該課税は無効になると解されています。

そこで，本問のような相続人が存在しない空き家について，その固定資産税を徴収するためには，相続人を調査し，相続人不存在を確認した上で，納税義務者を死者から相続財産法人に変更し，その相続財産管理人に対し，改めて課税に係る手続を行うことが必要です。この相続財産法人に相続財産管理人が選任されていない場合には，その選任の申立てが必要となります。

2 相続財産管理人の役割

相続人のあることが明らかでないとき（相続人全員が相続放棄をした場合も含む。），相続財産は法人となります（民法951条）。相続人のあることが明らかでないとき，相続人が存在しないときに，相続財産を法人とすることで，法律上の帰属主体が定まることになります。

相続財産が法人となった場合，家庭裁判所は，利害関係人又は検察官の請求によって，相続財産の管理人を選任します（民法952条１項）。相続財産管理人は，相続財産法人の管理，清算等を行うほか，相続人の捜索の公告を家庭裁判所に申し立てる等の職務を行います。

なお，相続財産管理人が相続財産の清算を行った後に残余財産がある場合，家庭裁判所は，特別の縁故があった者の請求により，その全部又は一部を与えることができます（民法958条の３）。これらの手続で処分されなかった相続財産は国庫に帰属します（民法959条）。

3 相続財産管理人選任を申し立てる要件

① 相続が開始したこと

② 相続人のあることが明らかでないこと

戸籍上に生死不明又は所在不明の相続人がいる場合は，相続人不存在とはいえません。この場合には，失踪宣告や不在者財産管理人選任の申立てを検討することになります。

③ 相続財産が存在すること

消極財産しかない場合も相続財産は法人となりますが，相続財産管理人の選任を申し立てる実益は少ないと考えられます。

④　利害関係人又は検察官からの申立てがあること

利害関係人とは，法律上正当な利害を有する者をいいます。単に事実上の関係を有するにすぎない者（単なる友人や隣人）は含みません。市区町村の場合，税債権や空家特措法上の略式代執行の執行費用債権等を有するとき，法律上正当な利害があるといえます。

4　相続財産管理人選任の申立手続について

①　申立先

申立ては，被相続人の最後の住所地を管轄する家庭裁判所に対して行います。

②　申立書等について

申立書の記載例，申立ての際に提出すべき添付書類等については，裁判所のウェブサイトに記載があります（http://www.courts.go.jp/saiban/syurui_kazi/kazi_06_15/）。

5　相続財産管理人選任の申立てに必要な費用

相続財産管理人の選任申立てに必要な費用は次のとおりです。なお，家事予納金については，積極財産が消極財産より多い場合，原則として申立人に返還されます。

①　収入印紙800円分

②　郵便切手（家庭裁判所によって納付する切手の額や種類が異なりますので，申し立てる家庭裁判所に確認することが必要です。なお，各裁判所のウェブサイトの「裁判手続を利用する方へ」中に掲載されている場合があります。）

③　官報公告料3775円（家庭裁判所の指示により納付します。）

④　家事予納金

予納金の額は，事案や家庭裁判所によって異なります。一般的に50万円から100万円程度といわれます。空き家の除却を念頭に置いて申し立てる場合，その除却費用相当額を含め予納金が算定されることがあります。

⑤　添付書類の取得費

申立てに当たって戸籍等の調査を行うことになりますが，これら費用も必要となります。

市区町村による相続財産管理人の選任申立て

相続人が不存在で相続財産が相続財産法人となる場合，当然に相続財産管理人が選任されるわけではありません。相続財産法人に相続財産管理人が選任されていない場合，その相続財産法人に対し税債権等を有する市区町村は，相続財産管理人選任について法律上の利害関係を有することになりますので，相続財産管理人の選任を申し立てることが可能です。

ただ，一般に，相続財産管理人選任の申立てには，予納金等の費用の負担が必要となります。この予納金は高額になる場合があり，費用対効果の観点から，申立てそのものを躊躇してしまうこともありますが，相続財産法人を構成する相続財産を換価することにより，予納金等の費用の回収が見込める場合には，積極的に相続財産管理人の選任の申立てを行うべきです。

Question 71

空き家の所有者調査のため相続人の調査を行いましたが，除籍や改製原戸籍の保存期間が満了しており，その謄本の交付が受けられません。どうすればよいでしょうか。

A　謄本を請求した市区町村から，除籍や改製原戸籍（以下「除籍等」といいます。）等の謄本を交付することができない旨の証明書を取得します。

相続による所有権移転登記を申請する際においては，一部の除籍等の謄本が取得できない場合であっても，戸籍及び残存する除籍等の謄本のほか，この除籍等の謄本を交付することができない旨の市区町村長の証明書を提供することで登記が受理されますので，この取扱いが参考になります。

解　説

1 除籍等の保存期間

除籍等の保存期間は，平成22年５月31日までは80年，平成22年６月１日からは150年です。除籍等の保存期間が満了したからといって，ただちにこれを廃棄しなければならないというわけではありませんので，市区町村によっては，この保存期間の経過後であったとしても，除籍等の謄本の発行が受けられることがあります。

2 相続人の範囲

相続人の範囲は，民法で次のとおり定められています。

死亡した人の配偶者は常に相続人となり，配偶者以外の人は，次の順序で配偶者と一緒に相続人になります。

第１順位　死亡した人の子（子が死亡している場合は，孫等の直系卑属）

第２順位　死亡した人の直系尊属（父母や祖父母など）

第３順位　死亡した人の兄弟姉妹（兄弟姉妹が死亡している場合は，兄弟姉

妹の子）

なお，第１順位の者が誰も存在しない場合に限り，第２順位の者が相続人となります。第１順位，第２順位の者が誰も存在しない場合に限り，第３順位の者が相続人となります。配偶者が存在せず，かつ，第１順位から第３順位の者が存在しない場合には，相続人不存在となります。

3 相続人の調査

相続人の調査は，まず第１順位の相続人の有無を除籍等の謄本により確認します。その結果，第１順位の相続人が存在しない場合は第２順位の相続人の調査を行い，第２順位の相続人が存在しない場合に第３順位の相続人の調査を行うことになります。

ところで，第２順位の相続人は直系尊属ですが，どの範囲の直系尊属まで除籍等によって調査をするのかが問題となることがあります。

これまで日本の最高齢記録は118歳であるといわれています。したがって，第２順位の相続人となる直系尊属を調査する場合，相続開始時を基準として，その直系尊属が120歳程度を超えているときには，さらに遡って直系尊属を調査する必要はないと考えられます。

なお，120歳を超えても戸籍に死亡の記載のないものの，既に死亡していると認められる場合には，市区町村長は法務局長の許可を得て，職権で戸籍に死亡の記載をすることができます（高齢者消除）。しかし，高齢者消除は戸籍上の整理にすぎませんので，相続の効果を発生させるためには，失踪宣告の手続をすることが必要です。

4 本問の検討

除籍等の保存期間が満了したため，除籍等が廃棄された場合には，当該被相続人の除籍等の謄本を発行する市区町村に対し，除籍等の謄本を交付することができない旨の証明書を取得するほかありません。

なお，平成28年３月11日，法務省民事局より次の通達が発せられています。相続による所有権移転登記の申請に関するものですが，他の手続にも参考になるものと考えます。

○除籍等が滅失等している場合の相続登記について

平成28年３月11日法務省民二第219号法務省民事局長通達

相続による所有権の移転登記（以下「相続登記」という。）の申請において，相続を証する市町村長が職務上作成した情報（不動産登記令（平成16年政令第379号）別表の22の項添付情報欄）である除籍又は改製原戸籍（以下「除籍等」という。）の一部が滅失等していることにより，その謄本を提供することができないときは，戸籍及び残存する除籍等の謄本のほか，滅失等により「除籍等の謄本を交付することができない」旨の市町村の証明書及び「他に相続人はいない」旨の相続人全員による証明書（印鑑証明書添付）の提供を要する取扱いとされています（昭和44年３月３日付け民事甲第373号当職回答参照）。

しかしながら，上記回答が発出されてから50年以上近くが経過し，「他に相続人がいない」旨の相続人全員による証明書を提供することが困難な事案が増加していることなどに鑑み，本日以降は，戸籍及び残存する除籍等の謄本に加え，除籍等（明治５年式戸籍（壬申戸籍）を除く。）の滅失等により「除籍等の謄本を交付することができない」旨の市町村長の証明書が提供されていれば，相続登記をして差し支えないものとしますので，この旨貴管下登記官に周知方お取り計らい願います。

なお，この通達に抵触する従前の取扱いは，この通達により変更したものと了知願います。

Question 72

空き家の所有者に相続が発生しましたが，相続人全員が家庭裁判所で相続放棄の申述をしました。その後，家庭裁判所により相続財産管理人が選任されましたが，相続財産管理人には，どのような権限がありますか。

A　相続財産管理人は，相続財産により構成される法人の管理，清算等を行います。相続財産管理人の権限は，相続財産の保存又は物や権利の性質を変えない範囲内での利用・改良を目的とする行為に限られますので，この権限を超える行為を行う場合には，家庭裁判所の許可が必要となります。

なお，相続財産管理人が管理する相続財産は，相続人の捜索を行いながら清算され，最終的に残った財産は国庫に帰属します。

解　説

1　相続人が存在しない相続財産

相続人がもともと存在しない場合や本問のように相続人全員が家庭裁判所において相続放棄の申述をした場合，相続財産は法人となります（民法951条）。そして，家庭裁判所は，利害関係人又は検察官の請求により，法人となった相続財産の管理人を選任します（民法952条１項）。

2　相続財産管理人の権限

相続財産管理人の権限は，相続財産の保存又は物や権利の性質を変えない範囲内での利用・改良を目的とする行為に限られ，この権限を超える行為を必要とする場合には，家庭裁判所の許可を得て行う必要があります（民法953条，28条前段，103条）。

例えば，相続財産管理人が，本問の空き家を売却する場合には，家庭裁判所の許可が必要です。

3 相続財産管理人の職務

相続財産管理人は，管理すべき財産の目録を作成し（民法953条，27条１項前段），相続債権者又は受遺者の請求があるときは，相続財産の状況を報告しなければなりません（民法954条）。

家庭裁判所は，相続財産管理人を選任した場合，その旨の公告を行いますが，その選任の公告から２か月以内に相続人が明らかにならなかったとき，相続財産管理人は，すべての相続債権者及び受遺者に対し，２か月以上の期間を定め，その期間内に請求の申出をすることを求める旨の公告（以下「請求申出の公告」といいます。）を行います（民法957条１項）。

相続財産管理人は，知れたる相続債権者，受遺者や請求の申出をした相続債権者，受遺者に対する弁済を行います（民法957条２項，929条）。

また，相続財産管理人は，請求申出の公告で定めた期間の満了後，なお相続人のあることが明らかでないときに，家庭裁判所に対し，相続人があるならば６か月以上の期間内に権利を主張すべき旨の公告（以下「相続人捜索の公告」といいます。）を請求します（民法958条）。

相続財産管理人選任の公告，請求申出の公告，相続人捜索の公告を経た上でも相続人のあることが明らかにならなかった場合，家庭裁判所は，被相続人と特別の縁故があった者の請求によって，清算後に残存する相続財産の全部又は一部を分与することができます（民法958条の３）。

これら一連の手続を経た後に残存する相続財産は，国庫に帰属しますので，相続財産管理人は，遅滞なく管理の計算を行います（民法959条，956条２項）。

4 本問の空き家

相続財産である本問の空き家は，相続人不存在により相続財産法人を構成する財産となり，家庭裁判所が選任した相続財産管理人により管理されることになります。

その後，本問の空き家は，必要に応じて換価される等の手続を経て，相続債権者や受遺者への弁済の原資，特別縁故者への分与財産等になることが考えられ，これら手続を経ても残存する場合，最終的には国庫に帰属することになります（一般的には換価されることが多いと思われます。）。

なお，相続財産管理人制度の詳細については，Q70を参照してください。

Question 73

空き家の敷地は，いわゆる記名共有地の状態です。所有者等をどのように特定すればよいでしょうか。

A　法務局で旧土地台帳及びその共有者氏名表を確認します。また，市区町村で保管している書類や当該敷地の近隣住民への聞き取り調査等により情報を収集することも有益です。

これら調査の結果，共有者が判明する場合には，表題部所有者の更正登記の申請を促すことが考えられます。共有者の特定ができない場合には，必要に応じ，財産管理人制度や民事訴訟手続の利用を検討することになります。

解　説

記名共有地とは

昭和35年の不動産登記法改正により，従来の台帳制度を廃止し，これを登記簿の表題部に移記する一元化が行われました。

旧土地台帳法では，土地台帳に記載されるべき土地の共有者が多数いる場合，土地台帳の所有者の欄には「何某外何名」と記載し，その「外何名」については「共有者氏名表」を別冊として設け，住所及び氏名を記載する取扱いがされていました。

土地台帳を登記簿に一元化した際，この「共有者氏名表」が登記簿の「共同人名票」として作成されず，登記簿の表題部の所有者欄に，単に「何某外何名」という記載しかされなかった土地が多数存在するようです。

このように，登記簿の「共同人名票」が作成されず，表題部の所有者欄に「何某外何名」と氏名と共有者の人数しか記載されていない土地を「記名共有地」といいます。

2 共有者の調査方法

上記１の経緯で記名共有地が生じていることから，法務局で旧土地台帳を閲覧し，この「共有者氏名表」を確認することで，共有者の住所及び氏名が判明する場合があります。記名共有地の場合，旧土地台帳や「共有者氏名表」の確認は必ず行うべき作業といえます。

旧土地台帳を確認しても共有者の住所及び氏名が判明しない場合には，市区町村で保管している書類の確認や，当該敷地の近隣住民への聞き取り調査等を行い，共有者の特定を進めていくことになります。

3 共有者が判明した場合

調査の結果，共有者が判明した場合は，共有者と連絡を取り，表題部所有者の更正登記の申請を促すべきです。記名共有地の状態でさらに登記を放置してしまうと，後日，改めて共有者の確定作業が必要になる場合も生じかねません。

4 共有者が判明しなかった場合

財産管理人の選任や民事訴訟を検討することが考えられます。不在者の財産管理人制度を利用する場合には，当該不在者の氏名が判明し，当該不在者が死亡していない（少なくとも生死不明である）ことが必要です。

なお，民事訴訟手続を利用する場合には，平成10年３月20日法務省民三第552号民事局第三課長通知が参考になります。

この法務省の通知を前提としますと，次の４つの要件を満たすことで，記名共有地の登記で判明する者，例えば「甲外10名」とある場合に甲のみを被告として所有権確認訴訟を提起し，その確定した判決をもって所有権保存登記を申請することができることになります。

〈通知から読み取れる４つの要件〉

①　記名共有地であること

②　記名されている者の全員を被告とすること

例えば，登記簿の所有者欄に「甲及び乙外10名」と登記がされている場合は，甲及び乙を必ず被告とします。

③　原告の所有権を確認する判決であること

調停や和解ではなく，判決である必要があります。

④　判決理由中において，表題部所有者の登記にかかわらず，当該土地が原告の所有に属することが「証拠」に基づいて認定されていること

証拠に基づいて認定されていることが必要ですので，自白による判決やいわゆる欠席判決で勝訴しても，この方法での所有権保存登記は認められないことになります。

【参考先例】

○判決による所有権保存の登記の取扱いについて

平成10年３月20日法務省民三第552号民事局第三課長通知

（通知）標記について，別紙甲号のとおり東京法務局長から民事局長あて照会があり，別紙乙号のとおり回答されたので，この旨貴管下登記官に周知方取り計らい願います。

（別紙甲号）

一　権利の登記のされていない不動産の登記簿の表題部に記載されている所有者が甲及び乙である場合において，丙が不動産登記法第100条第１項第２号の規定により自己名義で所有権保存の登記を受けるために申請書に添付する判決は，甲及び乙両名が被告であることを要し，表題部に記載されていない者を被告とした判決はもとより，甲又は乙のいずれか１名を被告とした判決も含まないものと考えますが，いかがでしょうか。

二　登記簿の一元化作業により旧土地台帳から移記した登記簿の表題部の所有者欄に「甲外何名」と記載され，共同人名簿が移管されなかった等の理由により「外何名」の氏名住所が明らかでない土地について，「甲」のみを被告とする所有権確認訴訟に勝訴した者から，当該訴訟の判決書を申請書に添付して，不動産登記法第100条第１項第２号の規定による所有権保存の登記の申請があった場合，当該判決の理由中に，「甲外何名」の記載にかかわらず当該土地が原告の所有に属することが証拠に基づいて認定されているときに限り，便宜，当該判決を，不動産登記法第100条第１項第２号にいう判決として取り扱って差し支えないものと考えますが，いかがでしょうか。

（別紙乙号）
平成10年３月９日２不登１第41号をもって照会のあった標記の件については，貴見のとおりと考えます。

（質疑応答）登記研究793号143頁

問　登記記録の表題部の所有者欄に「甲外何名」とのみ記録されたいわゆる記名共有地について，甲の相続人全員のみを被告とする所有権確認訴訟に勝訴した者から，当該訴訟の判決書を申請書に添付して，不動産登記法（平成16年法律第123号）第74条第１項第２号の規定による所有権保存の登記申請があった場合において，当該判決の理由中に，当該表題部中の「甲外何名」の記載にかかわらず当該土地が原告の所有に属することが証拠に基づいて認定されているときは，被告である相続人の一部が口頭弁論の期日に出頭しなかったとしても，当該判決を，同号にいう判決として取り扱うことができる（平成10年３月20日付け民三第552号法務省民事局第三課長通知参照）ものと考えますが，いかがでしょうか。
答え　ご意見のとおりと考えます。

Question 74

管理がされていない空き家の登記記録を調べたところ，所有者は解散法人となっています。管理の指導をしたいのですが，どこに連絡したらよいか分かりません。どうすればよいですか。

A　解散原因が破産の場合は破産管財人に連絡をすべきです。破産以外の場合は，原則，解散法人の清算人に連絡をすべきです。

解　説

1　いつまで法人として取り扱うべきか

法人は，解散では消滅せず，清算が終わった時点で消滅します。逆にいうと，法人名義の財産が残っている場合は，清算は終わっておらず，例え商業登記記録で清算が終わった旨の登記がなされていたとしても，法律上では清算は終わっておらず，法人格は残っていると扱われます。

2　法人登記記録の確認

登記記録からどのような理由で解散したか確認します。

株主（法人によっては社員）総会の決議や存続期間の満了で解散した場合は，清算人が登記記録に記載されています。空き家が解散法人名義で残っているのであれば，清算結了の旨が登記記録に記載されていても，清算は完了しておらず，残っている財産の清算が終わるまでは，その法人は存続していることになります。

破産によって解散している場合は，上記は当てはまらず，破産管財人に連絡をすることになります。

3　解散時の会社の代表者

解散した後の会社の代表者は清算人といいます。この清算人は登記事項であり，会社の登記事項証明書を見ることで判明します。そして，その上で上記１のとおり，法人名義の財産が残っていれば，登記上清算が終了し，会社の登記が閉鎖されていたとしても法人は残っています。また，清算人には任期がなく，清算が終了するまでずっと清算人です。

したがって，連絡先は登記記録上，清算人と登記されている者となります。

なお，登記記録に記録されている清算人が死亡している場合，清算人の地位は一身専属的なものであり相続されません。したがって，登記記録上の清算人の相続人は解散法人について何らの権利義務を負いません。この場合，当該法人の株主や社員に連絡を取ることが可能な場合は，清算人に関する定款の規定の有無の確認をし，規定があれば，その定款の規定に基づいて誰が清算人になるのか確認します。規定がない場合は，株主（社員）総会の開催を促し，開催が可能であれば，その総会で新たに清算人を選任してもらいます。そのような方法で清算人が確定すれば，当該清算人に空き家についての管理を促す連絡をします。

株主や社員に連絡が取れなかったり，連絡が取れたとしても株主（社員）総会を開催することが不可能な場合は，裁判所に清算人選任の申立てを行い，選任された清算人に連絡し管理を促すこととなります。

4　破産の場合

破産によって解散している場合，会社の代表者の権限は破産管財人に移ります。したがって，破産管財人がいる場合は，破産管財人に連絡することになります。

5　破産手続終了後の場合

破産した場合，破産管財人が破産会社の財産を金銭に換え，その金銭を会社の債権者に分配します。しかし，経済価値がなく，破産管財人が不動産をお金に換えることができない場合，裁判所の許可を得て，破産財団から放棄されることにより，破産管財人は金銭に換えることなく，破産事件を終了することができます。その結果，破産手続が終了したのにもかかわらず，法人名義で放置される不動産が発生します。

そのような場合，この不動産を管理する者は誰もいないということになります。したがって，不動産を管理する者（清算人）を新たに選任してもらうよう裁判所に清算人選任の申立てを行う必要があります。

6 清算人選任申立手続について

(1) 清算人選任申立ての要件

① 清算人となる者がいないこと

会社法478条１項の規定にしたがって清算人は選任されます。したがって，上記３に記載したとおり，清算人の選任に関する定款の規定や，株主総会の決議で清算人が選任できるのであれば，そちらが優先され，裁判所に対して清算人選任を求めても選任はされません。

② 利害関係人からの申立てであること

当該法人の清算について法律上の利害を有する者からの申立てが必要です。一般的に株主，監査役，会社債権者が利害を有する者に当たります。

(2) 申立先

申立ては，解散法人の本店や主たる事務所の住所地を管轄する地方裁判所に対して行います。

(3) 申立手続について

申立書の記載例，申立ての際に提出すべき添付書類等については，裁判所のウェブサイトに記載があります（http://www.courts.go.jp/osaka/saiban/minji4/dai2_5/）。

(4) 申立てに必要な費用

① 収入印紙1000円分

② 郵便切手（申立てをする地方裁判所へ要確認）

③ 予納金

大阪地方裁判所の場合，不動産の任意売却が見込まれる場合の清算人選任申立事件の予納金は20万円～50万円である事例が多いとウェブサイトで記載しています。空き家の管理を促す場合でも，清算人が任務を終了するためには不動産の任意売却をすることが必要になると考えられるので，そのくらいの予納金が必要であると思われます。

Question 75

空き家所有者が海外に住所を移転した上，現在，所在不明になっています。連絡を取るには，どのようにすればよいですか。

A　日本在住者と同様の調査方法として，親族や空き家の近隣からの聞き込み等の方法があります。海外在住者に特有な調査方法として，市区町村役所の税を扱っている部署に固定資産税等の納税管理人が選任されていないかどうか確認する方法があります。選任されている場合は，納税管理人から連絡先を聞きます。また外務省に対して所在調査を依頼する方法や各国の日本人会・県人会があれば都道府県の国際課等を通じて問い合わせるという方法もあります。

解　説

1 海外在住者の住民票（戸籍の附票）

海外に居住する際に，転出届を住んでいた市区町村に提出すると，その者の住民票除票（戸籍の附票）には，転出した国の国名は記載されますが，それ以上の住所は記載されません。したがって，海外在住者については，住民票や戸籍の附票から所有者等の所在の確認はできません。

2 納税管理人

固定資産税等の税を納付するために海外在住者が，転出等の際に納税管理人を選任している場合が多くあります。この納税管理人の情報も税務情報であると考えられるので，空家特措法10条１項により内部活用することが可能であると考えられます。

3 外務省の所在調査

所在調査とは，外務省が実施するもので，海外に在住する日本国籍を有する邦人の所在について，管轄在外公館にて把握できる資料を中心に調査する制度です。３親等以内の親族，裁判所，官公署，弁護士会からの依頼に限って実施されます。また，国（あるいは地域）を限定して実施されるため，被調査人の所在する国や地域を特定する資料があり，親族間において長きにわたり連絡が取れない状況が続き，その所在を親族間で確認できない場合に限られます。

〈調査申し込みのための必要書類（官公署）〉

① 調査依頼書（「海外法人安全課長」宛の公文書で，公印等の押印のあるもの）

② 所在調査申込書

③ 被調査人の戸籍謄本

④ 被調査人の戸籍の附票全部事項証明書

⑤ 遺産相続等の場合で，依頼人と被調査人との関わりが分かりにくい場合は，その関係を表す相関図

⑥ 住所の手がかりとなる資料

⑦ 回答送付用の返信用封筒

（参考：外務省ウェブサイト　所在調査について）

http://www.mofa.go.jp/mofaj/toko/todoke/shozai/

4 日本人会・県人会

国によっては，日本人会や県人会を作っている所があります。その日本人会や県人会に照会をかけることも有効です。県人会の場合は，各都道府県の国際課を通すとスムーズに行く場合もあります。

5 連絡が取れない場合

上記の方法を試みても，連絡が取れない場合は，行方不明であると考えることができます。Q68の不在者財産管理人の選任手続を検討するべきでしょう。

Question 76

空き家所有者が外国人で，住民票を確認すると死亡していることが判明しました。相続人調査の存否や所在調査は，どうすればよいでしょうか。

A　空き家所在地や所有者の住所地での聞き込み等の調査は，日本人と同様です。住民票から家族の存在が把握できる場合は，その家族から相続などについて聞きましょう。平成24年７月８日以前から日本に居住する外国人については，閉鎖外国人登録原票を取得することで，家族関係が判明する場合があります。また，外国に住む外国人については納税管理人を設けていることも多くありますので，税の担当部署で納税通知人が存在するか否かの確認も必要です。

なお，外国人の相続については，その外国人の本国法が適用されることが原則となっています。その結果，相続人の範囲が日本法と異なりますので注意が必要です。

解　説

1 戸籍等について

戸籍関係や家族関係等の証明書を本人や相続人の協力を得ずに第三者（日本の市区町村も含む。）が取得することは困難です。外国人の場合，戸籍以外の方法で，相続人の調査をしなければならない場合もあります。

2 閉鎖外国人登録原票

平成24年７月９日から，外国人住民票制度が始まり，それまでの外国人登録原票の制度は廃止されました。制度は廃止されましたが，外国人登録原票は現在，法務省で管理しており，本人（本人死亡時は，同居の親族か死亡時の配偶者）からの開示請求に応じています。

本人からの開示請求とは別に，公務員も行政機関の保有する個人情報の保護に関する法律14条２号ハを根拠に開示の請求をすることが可能です。外国人登録原票には父，母，子，兄弟等の記載欄もありますので，そこを端緒に相続関係を把握することができる可能性があります。

3 相続人について

外国人の相続が起こった場合，日本の法律を適用して，相続を考えてもよいのでしょうか。

例えば，日本の不動産を韓国人が所有していた場合に所有者が死亡した際のことを考えてみましょう。

法の適用に関する通則法36条には，「相続は，被相続人の本国法による。」と規定されています。したがって，韓国人が死亡した場合は，韓国の法律が適用されることとなります。そして韓国法が適用される場合，日本と相続人が異なるケースが存在します。

韓国の相続法では，死亡した者に配偶者がいる場合，兄弟姉妹は本人の財産を相続しません。また，場合によっては，日本では相続人とならない，おじ・おば・いとこ等が相続人となります。

以上は韓国の話をしましたが，本人の本国法によって内容は異なります。アメリカ等の多くの英米法系の国では，不動産の相続については，その不動産の所在地法を適用することが定められています。法の適用に関する通則法41条では，「当事者の本国法によるべき場合において，その国の法に従えば日本法によるべきときは，日本法による。」と規定されています。したがって，英米法系の国の多くは，空き家の相続に関して，日本の民法の規定が適用されることとなり，相続人の範囲も変わらないということになります。

このように国によって相続の際に適用する法律が変わりますので，当該外国人の国籍を確認し，日本法が適用されるのか，当該外国人の国の法律が適用されるのかを確認し，外国の法律が適用されるのであれば，その内容を確認し相続人を確定する必要があります。

4 相続人が判明しないとき

上記に記載した調査を行っても相続人が判明しないときは，日本人で相続人の存在が不明であるときと考え方は同様です。事案によって相続財産管理人の選任申立て等を検討すべきでしょう。詳しくはQ70を参考にしてください。

Question 77

空き家の登記事項証明書を取得したところ，権利の登記はなく，表題部に所有者としての住所はなく氏名しか記載されていませんでした。どこに連絡したらよいか分かりません。どうすればよいですか。

A 家屋台帳や閉鎖登記事項証明書を確認しましょう。その結果，住所が記載されているときもあります。また，近隣住民からの聞き取りや過去の電話帳等で調査できる場合があります。住所と本籍が同一であることもありますので，戸籍を調査することで住所が判明することもあります。調査した結果，所有者等を特定できない場合は当該登記の名義人は行方不明者と同様です。空家特措法に基づく略式代執行や不在者財産管理人の選任を検討しましょう。

解　説

1 同一の住所の省略の取扱い

家屋の所在地と家屋の所有者の住所地とが同一である場合，不動産の表題登記の所有者の住所地の記載が同一である範囲で省略されていました。例えば，家屋の住所と家屋の所有者の住所が完全に同一であれば，住所の記載は省略され，表題部には氏名しか記載されないこともありました。また，家屋の所在地が「東京都千代田区丸の内１番地の１」であり，その家屋の所有者の住所地が「東京都千代田区丸の内１番地２」だった場合，その不動産の表題部の所有者の欄には住所としての「２」とその所有者の氏名しか記載されないこともありました。

2 調査の必要性

上記１のとおり，住所が省略されている物件が多く存在するため，住所が省略されている物件の所有者を調査するには，閉鎖登記事項証明書や家屋台帳等の確認など古い記録を調べる必要があります。

3 略式代執行

所有者調査の結果，本問のような登記記録の不備のために所有者が分からない場合でも，空家特措法14条10項の「過失なくしてその措置を命ぜられるべき者を確知することができないとき」に該当します。

したがって，本問の空き家が特定空家等と認められる場合には，解決方法として略式代執行によることも考えられます。

4 不在財産管理人制度の検討

所有者調査の結果，本問のような登記記録の不備のために所有者の住所が分からない場合でも，氏名さえ分かっているのであれば，不在者財産管理人の選任を申し立てて，その財産管理人に管理をお願いする方法も考えられます。

なお，不在者財産管理人制度は，当該不在者が死亡していると判明している場合は，利用することができません。生死不明であれば利用できますが，死亡していると判明している場合には利用できず，相続財産管理人制度の利用を検討することとなるでしょう。

Question 78

荒れ放題の空き家の所有者に，現状のままだと不利益があることを説明し，管理・処分の行動を促したいと思っています。不利益には，どのようなものがあり，どう説明すればよいですか。

A　現状のまま放置すると，瓦や壁が落下した際に，通行人等にけがを負わせた場合，損害を賠償しなければならないことを説明しましょう。また，長年放置した空き家から出火した場合，隣家への延焼の責任を負う可能性が，空き家ではない家と比べて格段に高くなることも説明しましょう。

このほかにも，空家特措法に基づく指導又は助言に従わず放置し続けると，勧告を行うことができますが，その際には空き家の底地の住宅用地特例が排除され，現在より底地の固定資産税が上がることを説明しましょう。そのほかにも勧告後に更に放置すると，命令を行うことができ，この命令に従わない場合，過料を課せられる可能性があることも説明しましょう。

解　説

工作物責任

民法717条１項では，次のとおり定められています。「土地の工作物の設置又は保存に瑕疵があることによって他人に損害を生じたときは，その工作物の占有者は，被害者に対してその損害を賠償する責任を負う。ただし，占有者が損害の発生を防止するのに必要な注意をしたときは，所有者がその損害を賠償しなければならない。」

上記の定めのとおり，空き家も含む工作物の設置又は保存に瑕疵があり，第三者に損害を及ぼした際の責任は，まずは占有者に責任があり，占有者が損害の発生を防止するのに必要な注意をしたときは，所有者が責任を負うことになっています。

そして，この所有者の責任は占有者のように必要な注意をしたからといって，免れることはありません。過失がなくても責任を負わされる無過失責任だといわれています。

したがって，空き家の崩壊等で近隣住民に損害を与えた場合は，管理者か所有者が必ず責任を負うことになっています。

そして，この責任は場合によっては非常に重いものとなります。公益財団法人日本住宅総合センターが損害賠償額について試算を行っています。例えば，空き家の崩壊により，隣接する家ごと倒壊させ一家３名全員を死亡させた場合の損害賠償額を約２億円と試算しています。場合によっては，そのような責任を所有者等が負うことがあります。

2 失火責任法

失火により，隣家に損害を及ぼした場合，寝たばこ等の重大な過失がない限り，延焼についての損害を賠償する必要はありません。失火責任法で，次のように定められているからです。「民法709条ノ規定ハ失火ノ場合ニハ之ヲ適用セス但シ失火者ニ重大ナル過失アリタルトキハ此ノ限ニ在ラス」

では，長年，空き家を放置した結果，失火になり隣家を延焼させた場合ではどうなるのでしょうか。長年，空き家を放置することをどのように評価するかが問題となります。一概にいえませんが，本問のように荒れ放題な空き家ですと，その放置する期間が長ければ長いほど，行政や近隣からの注意等を受けた回数が多ければ多いほど，重大な過失であると認定される可能性が高くなります。

したがって，火事が起こった場合にも多くの損害賠償を支払わなければならないことがあります。

3 住宅用地特例の排除

荒れ放題の空き家をそのまま放置すると特定空家等であると判断され，空家特措法14条２項の勧告を受ける可能性があります。勧告を受けた場合，空き家の底地は固定資産税の住宅用地特例の対象から除外され，固定資産税・

都市計画税が上がります。

4 過　料

上記の勧告を受けたのにも関わらず，正当な理由がなくその勧告に従わなかった場合には，市区町村は当該特定空家等の所有者等に命令を行うことができます（空家特措法14条３項）。

この命令にも従わない場合は50万円以下の過料に処せられる可能性があります。

なお，非訟事件手続法119条により，裁判所の職権によりこの過料を科すことが定められています。しかし，何もないのにかかわらず，裁判所が職権でこの過料を科すことは考えられませんので，現実には，市区町村が，問題解決のために資すると考えた際に，この過料を科すよう裁判所に促す形になると考えられます。

Question 79

特定空家等の所有者等に変更があった場合の注意点を教えてください。

A　特定空家等の所有者等が，代執行が行われる前に死亡した場合のように，所有者等に変更があった場合は，前所有者等への「助言又は指導」「勧告」「命令」の効力は新所有者等に引き継がれません。このため，新たに新所有者等になった者に対し，改めてできる限り迅速に「助言又は指導」から手続を行わなければなりません。

解　説

1 特定空家等に関する措置と手続保証

空家特措法では特定空家等に関する措置の手続は必ず「助言又は指導」「勧告」「命令」「代執行」の順を経る必要があります。これは，代執行の対象となる特定空家等は，「そのまま放置すれば倒壊等著しく保安上危険となるおそれがある」など，将来の蓋然性を考慮した内容が含まれていること，かつその判断には裁量の余地があること，また措置の内容が所有者等の財産権を制約する側面があることから，前述の順を経て，所有者等から当該措置に関して反論する機会を保証する必要があるためです。また，所有者等に接触をして所有者等が必要な措置を講じることが望ましいのであり，それを促すためにも前述の順を経る必要があります。

このため，ガイドラインでは，市区町村長による勧告を受けた後に特定空家等の建物部分とその敷地のいずれかが売買等がされると，売買等による変更があった特定空家等の建物部分又はその敷地の所有者等に対するそれまでの勧告の効力は失われ，新たに特定空家等の建物部分又はその敷地の所有者等となった者に対し，改めてできる限り迅速に，助言又は指導から行う必要があるとされています。一方，売買等による変更のない所有者等に対するそれまでの手続の効力は維持されます。

2 「特定空家等の所有者等に変更があった場合」とは

ガイドラインでは，特定空家等の建物部分とその敷地のいずれかが「売買等」がされると新たに特定空家等の建物部分又はその敷地の所有者等となった者に対し，改めて助言又は指導から行う必要があるとされていますが，ガイドラインに関するパブリックコメントに寄せられた意見に対する国土交通省及び総務省の考え方では，この「売買等」には，贈与，相続，法人合併により所有者等が変わった場合も含むとされています。

したがって，例えば登記簿上の所有者等が死亡して複数の相続人が存在する場合に，当該相続人全員に対する特定空家等に関する措置にかかる手続の途中でその１人が死亡した場合には，改めてその死亡した者の相続人全員に助言又は指導から行う必要があります。

Question 80

所有者不明や相続登記未了の空き家等に対する措置の注意点を教えてください。

A　調査を尽くしたのにもかかわらず所有者が不明な場合は，空家特措法14条10項に規定する「過失がなくてその措置を命ぜられるべき者を確知することができないとき」に当てはまるので，同条の規定に基づき略式代執行を行うことができます。

相続登記未了の場合は，相続登記が行われなくとも相続人全員を名宛人として特定空家等に対する措置を講ずるよう求めることができます。ただし，相続人が相続していることを認識していないこともあり得ますので，助言又は指導を行う際には，登記名義人が誰なのか，名宛人とその登記名義人との相続関係を明示できるようにすべきです。また，相続の認識がない相続人については相続放棄手続を行う可能性があるので，相続の意向も早い段階から確認する必要があります。

相続人間の紛争により相続登記未了の可能性もあります。相続人間に紛争がある場合は，相続人全員にできる限り同じ内容で指導等を行うよう心がけましょう。

解　説

所有者不明と略式代執行

特定空家等について，①過失がなくてその措置を命ぜられるべき者を確知することができず，②その措置が他人が代わってすることができる作為義務（代替的作為義務）である場合には，市区町村長は，空家特措法14条10項の規定に基づいて，空家特措法14条に規定する「助言又は指導」「勧告」「命令」を行わずに，事前の公告を行うことにより，特定空家等に関する措置を自ら行い，又はその命じた者若しくは委任した者に行わせることができます。

なお，住民票情報，戸籍謄本等，不動産登記簿情報，固定資産税情報等の所有者調査の方法として容易に想像できる情報を活用せずに，所有者等を特定できなかった場合，前記「①過失がなくてその措置を命ぜられるべき者を確知することができず」の「過失がない」とは言い難く，調査を尽くす必要がありますので注意が必要です。

2 登記と特定空家等に関する措置

登記記録を調査した結果，登記記録上の所有者は死亡しているが相続人名義になっていないことはよくあります。この場合，特定空家等に関する措置を講ずるよう求める場合には，登記名義人の相続人全員に対して，「助言又は指導」から行わなければなりません。したがって，登記名義人の相続人調査が重要になります。

3 相続の認識と相続放棄

登記名義から調査をして判明した相続人の中には，登記名義人とは疎遠で，自分が相続人であることを認識していない人もいます。その場合は，まず，相続関係説明図等を作成し，登記名義人と相続人の関係を分かりやすく説明する必要があります。その上で特定空家等であることの事情を説明し，相続をするか否かの意向を確認しましょう。

相続放棄手続を行うと家庭裁判所から相続放棄申述受理通知書という書類が届きますので，その写しを提出してもらう等の方法で相続放棄の事実を確認を行うべきでしょう。

相続放棄手続は，原則，自己のために相続の開始があったことを知った時から３か月以内にしなければなりません（民法915条）。なお，この期間は家庭裁判所への申立てによって伸長することもできます（同条ただし書）。したがって，相続の意向調査を行った後，相続放棄手続を行うと主張していたのにもかかわらず前述の相続放棄手続を行った旨の書類を３か月以内に提出しなかった者に対しては，手続を行ったか確認して，行っていない旨の回答があれば，その後は相続人として扱うべきでしょう。

4 相続人間の争い

空家特措法14条に規定する措置は，助言又は指導から勧告，命令，代執行に至るまで，その手続は，相続人全員に行う必要があります。

相続人間同士に争いがあり，相続登記が未了になっていることも想定されます。その場合，行政は相続人全員に同様の対応を行うよう心がけるべきです。例えば，複数の相続人がいる場合に，１人の相続人に対して偏った助言又は指導を行えば，当該相談人は自分ばかりが対応を強いられていると思われることで更に相続問題を複雑化させることにも繋がりかねません。当該特定空家等から遠方の相続人，近隣に住んでいる相続人を問わず，当事者であることをきちんと伝え，丁寧に助言又は指導を行うようにしましょう。

Question 81　**代執行又は略式代執行による費用の回収について，教えてください。**

A　通常の代執行でも，略式代執行でも，その費用は所有者等が支払うこととなります。所有者等が任意に支払えば問題はありません。しかし，任意の支払いがない場合は，通常の代執行では，行政代執行法６条１項に費用の徴収については国税滞納処分の例によると規定されていますので，訴訟等を行うことなく義務者の財産を差押えすることができます。

これに対して，略式代執行は，行政代執行法の規定による手続ではないので，一般の原則どおり，義務者の財産を差押えするには訴訟等を行い，債務名義を得た上で，その債務名義に従い，民事執行法に基づく差押えの手続を行う必要があります。なお，略式代執行の場合，費用の回収を目的として不在者財産管理人や相続財産管理人選任の申立てをすることが検討されます。

解　説

行政代執行法に基づく代執行の場合の費用回収

行政代執行をした場合，その費用は所有者等から回収することになります。回収が容易なのにもかかわらず，回収を行わなければ住民監査請求の対象になると考えられます。

費用を回収する場合，市区町村長は文書（納付命令書）において，①実際に要した費用の額，②その納期日を定め，その納付を命ずる必要があります（行政代執行法５条）。

任意に義務者から支払ってもらえるのであれば問題はないのですが，義務者が任意に支払わない場合，所有者等の財産を差し押さえて換価し，その換価したものから費用の回収を図る必要があります。その手続は行政代執行６条により国税滞納処分の例によるとされていますので，裁判等の債務名義取得のための手続を経ずに，督促手続，財産調査，差押え，公売等を行い，費用の回収を図ることができます。

全体の流れは上記のとおりですが，専門知識が必要な手続がありますので実際に代執行を行う際には，法務部や強制徴収を担当する税務部局と連携して手続を進めるべきです。

2 略式代執行における費用回収

略式代執行の場合，「過失がなくてその措置を命ずるべきものを確知することができないとき」に行われるものなので，費用の回収を行う際にも，誰に対してその手続を行えばよいのか問題となります。当事者を確定しなければ費用を回収することはできません。しかしながら，略式代執行に至る前の所有者調査で所有者等が判明しなかったのですから，略式代執行後に所有者等が判明することはかなり困難であることが想定されます。そこで，不在者財産管理人や相続財産管理人を選任し，その財産管理人を当事者とすることが考えられます。

略式代執行後の費用の回収策として財産管理制度を活用した事例として，「所有者の所在の把握が難しい土地に関する探索・利活用のためのガイドライン（第２版）」で大阪府箕面市の取組「略式代執行後に箕面市が利害関係人として家庭裁判所に相続財産管理人選任申立てを行い，滞納された固定資産税と略式代執行費用の回収手続」を紹介していますので参考にするとよいでしょう。

上記のとおり，略式代執行を行った場合，財産管理人を選任し，その財産管理人と交渉し費用を回収することが原則だと考えます。しかし，前述のQ70のとおり，財産管理人制度を利用するには多額の費用が必要です。所有者等に財産がなく，財産管理人を選任しても費用倒れになる場合は，財産管理人を選任せずに，事実上費用回収をあきらめざるを得ないと思われます。

なお，略式代執行は行政代執行法に基づくものではありません。したがって，財産管理人を選任した際に，何らかの事情で財産管理人が略式代執行の費用の支払いを拒否した場合には，民事訴訟を提起し債務名義を得た上で，その債務名義に従い民事執行法に基づく差押えの手続を行う必要があります。

第3章

事 例 集

事例　空き家の所在及び所有者等の確認

自治体の空き家担当者Ｙは，空家等対策計画に基づき空き家のデータベースを作成するために，ある空き家の所在地番を特定し，その所有者の確認をしました。

空き家の所在の確認

Ｙは，現地において空き家の状況等を確認した上で，住宅地図，法務局に備え置きの地図（公図），登記事項証明書及び建物図面により空き家の所在場所，その地番及び家屋番号等を特定しました。

- ☑ 自治体の担当者が把握している空き家の住所地は市区長村が定めた住居表示の番号である場合もあります。登記情報は地籍地番を基準として調整されているので，地籍地番と住居表示が併記されている住宅地図や無料のインターネット情報を利用する方法，又は法務局窓口で確認する等の方法により，地番を把握する必要があります。

- ☑ 把握した地番の公図によってその周辺の土地の形状と地番が分かるので，住宅地図とつきあわせることにより，当該空き家の地番を確定します。

- ☑ 建物は登記されていない場合があり（未登記建物と呼ばれます。），当該空き家の所在する地番において法務局に建物の登記があるかどうかを確認する必要があります。また，登記されている古い建物を取り壊して新しい建物を建築した場合に，古い建物について滅失の登記をせず，かつ新しい建物の登記をしていない場合，あるいは，登記されている建物に対して増改築工事を施した場合に，床面積の変更の登記（表示変更登記といいます。）をしていない場合があり，建物図面等により登記情報として記録されている建物の登記と当該空き家との同一性を確認する必要もあります。なお，登記された年代によっては，建物図面が備え置かれていない建物もあります。

☑ 不動産登記情報は，もともと入手可能なものですが，空家特措法10条３項の規定によって，法務局長に対して，電子媒体による必要な不動産登記情報の提供を求めることができます。

☑ 自治体の職員が，その職務を遂行するために登記事項証明書等の交付を請求する場合は，その手数料は免除されます（登記手数料令19条）。

☑ 空家特措法における「空家等」には，その敷地も含まれるので，空き家の所在を確認する場合は，その敷地となる土地の所在地番等も確認をする必要があります（空家特措法２条１項）。

2 所有者の生存及び現住所の確認

⑴　Ｙは，登記記録上の住所（Ａ市），氏名をもとに住民票の写しの交付を請求しましたが，当該住民票は消除されており交付を受けることができませんでした。そこで，当該住民票の除票の交付請求をしたところ，Ａ市からＢ市へ転出したことにより消除されていることが判明しました。

⑵　Ｙは，Ｂ市に対して住民票の写しの交付を請求しましたが，Ｂ市においても住民票が消除されていることが判明したので，当該住民票の

除票の交付を請求したところ，除票の保存期間が過ぎていることにより，交付を受けることができませんでした。

(3)　Ｙは，固定資産税の担当部署から固定資産課税台帳に記載された当該空き家の所有者に関する情報を入手したところ，所有者は既に死亡しており，その相続人の１人が納税管理人となっていることが判明しました。

☑ 住民票は，住民基本台帳に記録されている者が転出をし，又は死亡した場合等には，消除されます（住民基本台帳法施行令８条）。

☑ 消除された住民票は消除した日から５年間保存することとされています（住民基本台帳法施行令34条１項）が，自治体によっては，５年を経過しても，その記録が廃棄されずに残っている場合もあります。そこで，国交省「所有者の所在の把握が難しい土地への対応方策に関する検討会」の最終取りまとめ（平成28年３月公表）においては，所有者の円滑な探索事務のための環境を整備するための方策として，法令上の保存期間（５年）を超えた住民票の除票の活用を図ることとされました。ただし，その活用に当たっては，市区町村の判断によること，個人情報の長期保存となることに十分留意することとされており，市町村によって取扱いが異なるので確認が必要となります。

☑ 国又は地方公共団体の機関は，法令で定める事務の遂行のために必要である場合は住民票の交付を請求することができます（住民基本台帳法12条の２）。

☑ 固定資産課税台帳に記載された情報には，空き家の所有者を特定する上で有力な情報が含まれていることから，空家特措法の施行のために必要な限度において，固定資産課税台帳に記載された空き家の所有者に関する情報を内部利用することができることとされました（空家特措法10条１項）。この場合，内部利用が許される情報は，具体的には，空き家の所有者（納税義務者）又は必要な場合における納税管理人の氏名又は名称並びに住所及び電話番号といった事項に限られることとされています（Q67参照）。詳細は「固定資産税の課税のために利用する目的で保有する空家等の所有者に関する情報の内部利用等について」（平成27年２月26日付け国住備第943号・総行地第25号）を参照ください（巻末資料No.7のURL参照）。

3　所有者に対する意向の確認

Ｙは，固定資産課税台帳に記載された納税管理人に連絡を取り，当該空き家をどのように管理・活用又は処分する意向なのかを聞き取り調査しました（空家特措法９条１項）。その上で，空き家の管理や処分に関する助言を行い（空家特措法12条），相続登記が未だなされていないことから，納税管理人の住所地の最寄りの司法書士会の相談窓口その他の専門家の相談窓口に関する情報を提供し，相続手続について相談するよう助言しました。

☑ 基本指針によれば，相談体制の整備に当たっては，空き家に関する一般的な相談はまず市区町村において対応した上で，専門的な相談については関係事業者や関係資格者等専門家の団体と連携して対応することも考えられるとされています。

事例２　「特定空家等」と相続財産管理人

自治体の空き家担当者Ｙは，老朽化した空き家があり危険な状態になっているとの近隣住民からの苦情を受けました。住民によると，所有者は既に死亡しており，相続人はどこにいるかは分からないとのことでした。

１　空き家の所在と状態の確認

Ｙは，空き家の所在の確認を行い（事例１の手順参照），その状況の確認を行ったところ，そのまま放置すれば倒壊等著しく保安上危険となるおそれのある状態であること及び固定資産税の滞納があることが判明しました。そして，当該空き家は自治体の空家等対策協議会において，「特定空家等」として扱うとの判断がなされたので，Ｙは，空家特措法に基づき「特定空家等」に対する措置を講じることとしました。

☑「特定空家等」の定義及び「特定空家等」に対する措置については，Ｑ７・Ｑ17を参照。

２　空き家の所有者の相続人の調査

⑴　Ｙが当該空き家の所有者の確認を行った（事例１の手順参照）ところ，住民票の除票により，空き家の登記記録上の所有者甲は既に死亡してい

ることが判明しました。そこで，Ｙは，戸籍（本籍）の記載のある住民票の除票の交付を請求し，その住民票に記載されている本籍をもとに，甲の相続人を調査しました。甲の配偶者は既に死亡しており，相続人として子乙がいること，かつ，子は乙のみであることが確認できました。

☑ 住民基本台帳法では，特別の請求をしない限り，戸籍の表示が省略された住民票の交付を受けることとなります（住民基本台帳法12条の２第４項ほか）。したがって，所有者の生存及び現住所の確認のために住民票や住民票の除票の交付を請求する場合は，戸籍の表示が省略されたものの交付を受けることになります。そして，住民票の除票により所有者が死亡していることが判明した場合には，その相続人を確認する必要があるとして，再度特別の請求をすることにより，戸籍（本籍）の記載のある住民票の除票の交付を受けることとなります。

☑「特定空家等」に対する措置の手続は，所有者が死亡している場合は，相続人全員に対して行う必要があるため，戸籍等により相続人を探索し，法定相続人全員を特定する必要があります。

(2)　Ｙは，乙に連絡を取り，空き家の管理等に関する意向を聴取したところ，乙は，相続放棄をしているから自分は関係がない旨を述べました。Ｙは，甲の死亡時の住所地の家庭裁判所に対して，甲の相続に関する「相続放棄の申述の有無」について照会を行ったところ，確かに乙の相続放棄の申述が受理されていることが確認できました。

　そこで，Ｙは，戸籍等により乙の次順位の相続人（甲の父母又は祖父母，兄弟姉妹等）について調査をしたところ，甲の父母及び祖父母は甲の死亡時において既に死亡しており，甲の兄弟姉妹はいないことが判明しました。

☑ 相続人から口頭で相続放棄をした旨を聴取した場合は，当該相続人から相続放棄申述受理の証明書等を徴求するか，家庭裁判所に対して「相続放棄の申述の有無」の照会を行って，間違いなく相続放棄がされているかどうかの確認を行う必要があります。

被相続人に対する債権者等利害関係を有する者（本事例において租税債権を有する自治体）は，家庭裁判所に対して相続放棄の申述の有無の照会を行うことができます。

☑ 「特定空家等」の所有者が死亡しており，措置を行うために所有者の法定相続人の調査をした場合においては，判明した法定相続人から意向の聴取等を行う前に，事前に相続放棄の申述の有無の照会をしておくことが必要な場合もあろうと思われます。

☑ 相続放棄をした者は初めから相続人でなかったとみなされ（民法939条），被相続人の配偶者や子（第一順位の相続人）の全員が相続放棄をすると，被相続人の父母又は祖父母（第二順位の相続人）が相続人の地位を取得し，それらの者が既に死亡しているか又は全員が相続の放棄をすると，被相続人の兄弟姉妹（第三順位の相続人）が相続人の地位を取得します。

したがって，相続人の調査に当たっては，第二，第三順位の相続人を調査し，それらの者の相続放棄の申述の有無を調査しなければならない場合があります。

3 相続放棄をした者の管理責任

Ｙは，民法940条によれば，「相続の放棄をした者は，その放棄によって相続人となった者が相続財産の管理を始めることができるまで，自己の財産におけるのと同一の注意をもって，その財産の管理を継続しなければならない。」と規定されているので，乙に対して空き家の適正な管理を求めようとしました。

しかし，Ｙは，乙の管理継続義務は自治体等の第三者に対して負うものではなく，また，乙には老朽化した建物の大修繕や除却をする権限もないことから，乙に対して特定空家等に対する措置の手続を行うことができないことを知りました。

☑　相続放棄をした者の管理継続義務については，Q43を参照ください。

4 相続財産管理人制度の利用

(1)　Ｙは，甲の死亡時の住所地の家庭裁判所に対して，市長名で相続財産管理人選任の申立てをしました。

☑ 相続人のあることが明らかでないとき（相続人全員が相続放棄をした場合を含む。）は，検察官又は相続財産に対して法律上の利害関係を有する者（本事例において租税債権を有する自治体）は，相続財産管理人選任の申立てをすることができます（民法952条）。

☑ 相続財産管理人選任については，Q70を参照ください。

(2)　家庭裁判所の審判により選任された相続財産管理人は，家庭裁判所の許可を得て，当該空き家の敷地を売却し，その売却代金で建物を除却するとともに，滞納固定資産税等の債務を弁済しました。そして，最終的に残余財産を国庫に帰属させました。

☑ 相続財産管理人制度の利用については，Q42・Q70を参照ください。

☑ 空き家には，例えば不動産としての価値がほぼ無いものや，固定資産税滞納等を始め不動産に関連づけられる複数の債務が残存するものなど，売却することで債権が十分に回収できないものもあります。このような場合においては，相続財産管理人を選任するかあるいは略式代執行を行うかは，個別の事案に則して自治体において判断すべきとされています。

したがって，本事例のような特定空家においても，略式代執行の手続を選択すべき場合もあろうと思われます。

事例３　成年被後見人所有の建物が特定空家である場合の対応（成年後見人の対応）

成年被後見人は自宅で一人暮らしをしていましたが，認知症のため施設に入所し10年近くの月日が経過しています。成年被後見人には身寄りがなく，自宅を代わりに管理する者もいないため朽廃はかなり進み，成年後見人が就職する前に特定空家等と判断されていました。その後，選任された成年後見人は，成年被後見人の自宅は倒壊のおそれがあり危険な状態であるとして，市長から除却の指導を受けました。

1　空家等と特定空家等

空家等とは，建築物又はこれに附属する工作物であって，居住その他の使用がなされていないことが常態であるもの及びその敷地（立木その他の土地に定着する物を含む。）をいいます（国や地方公共団体が所有し，又は管理するものを除く。）。また，特定空家等とは，そのまま放置すれば倒壊等著しく保安上危険となるおそれのある状態等のために放置することが不適切である状態にあると認められる空家等をいいます（空家特措法２条。詳しくはＱ６・Ｑ７参照）。

2　空家等の管理者

空家等の所有者等は，周辺の生活環境に悪影響を及ぼさないよう，空家等の適切な管理に努めるものとする（空家特措法３条）とされています。成年後見人は，成年被後見人の財産を管理し，かつ，その財産に関する法律行為について成年被後見人を代表する（民法859条１項）ことから，成年後見人は空家等の管理者に当たります。

3 特定空家等に対する措置

特定空家等は，周辺の生活環境を保全するため，そのまま放置することが不適切な状態にあることから，市区町村長は特定空家等の所有者等に対して必要な措置を助言・指導，勧告又は命令することができます（空家特措法14条１項ないし３項）。

市区町村長による必要な措置の助言・指導，勧告又は命令を受けながら，所有者等がこれに従わず又は履行しない場合，市区町村長は，行政代執行法の定めるところに従い，特定空家等の所有者等が履行すべき措置を代執行することができます（空家特措法14条９項）。

4 成年後見人の対応

(1) はじめに

成年後見人は，空家等が周辺の生活環境に悪影響を及ぼさないよう適切に管理する必要がありますが，既に成年被後見人の自宅は特定空家等とされ，市長から除却の指導を受けていることから，早急に対応する必要があります。空家特措法上の措置である指導を受けながらこれに従わず，さらに必要な措置の勧告や命令を受けることは妥当ではありません。

市長は，成年後見人に対し，成年被後見人の自宅を除却するよう指導していることから，成年後見人は，自宅の解体を前提にした対応を検討することになります。

(2) 居住用財産の解体

成年後見人は，成年被後見人に代わり，その居住の用に供する建物又はその敷地について，売却，賃貸，賃貸借の解除又は抵当権の設定その他これに準ずる処分をする場合，家庭裁判所の許可を得なければならない（民法859条の３）とされています。また，成年後見人が，成年被後見人に代わり，営業若しくは民法13条１項各号に掲げる行為をするには，成年後見監督人があるときは，その同意を得なければならない（民法

864条）とされています。建物の解体は，売却等に準ずる処分と解されているので，自宅を解体する場合には，事前に家庭裁判所の許可が必要です。

(3) 解体費用の支払い

成年後見人は，市長から指導を受けた成年被後見人の自宅を，家庭裁判所の許可を得て解体することを検討しますが，市長の指導で自宅を解体する場合であっても，その費用は成年被後見人の財産から支出することになります。成年被後見人の財産に余裕がある場合は問題ありませんが，自宅の解体費用を支出することができない場合，その対応方法を検討する必要があります（もちろん，成年後見人自身が解体費用を支払う必要はありません。）。

(4) 解体費用の捻出が困難な場合

成年被後見人の財産から建物の解体費用を捻出することが困難なことがあります。この場合には，自治体による老朽建物の解体費用の助成制度を利用できないかを検討することが考えられます（なお，自治体によって助成制度の有無やその内容が異なります。）。

助成制度を利用したとしても建物の解体が難しい場合やそもそも助成制度の利用ができない場合には，解体すべき建物とその敷地の売却を検討することが考えられます。この場合，成年被後見人の土地及び建物が居住用財産であることを踏まえ，その売却の是非について十分な検討が必要です（なお，この場合には，売却についての家庭裁判所の許可を得ることが必要です。）。

事例４　空き家の相続人の一部に行方不明者がいる場合の対応（相続人の対応）

実家で一人暮らしをしていた父親Ａが亡くなり，遠方に居住する相続人Ｘは空き家となった実家を相続登記未了のまま，特段の管理をしていない状態にしていました。その後，Ｘは自治体Ｂから意向調査を受けたことをきっかけに処分の検討を始めましたが，相続人の１人が行方不明者であることが明らかになり，その対応を始めました。

１　空き家の管理（遺産共有状態）

(1)　その他の住宅

住宅・土地統計調査による空き家の定義上，「賃貸用の住宅」「売却用の住宅」「二次的住宅」以外の人が住んでいない住宅（空き家の区分の判断が困難な住宅を含む。）は「その他の住宅」に区分されます。本件空き家もその他の住宅に区分されます。その他の住宅は利活用の予定がないことから管理が不十分となるおそれがあります（Ｑ３参照）。

(2)　遺産共有状態で可能な行為

不動産の所有者に相続が発生し，遺産分割未了の状態のままであると，当該不動産は遺産共有状態となりますが，遺産共有状態で可能な行為は限られています。相続人が単独で行える保存行為には，空き家の修繕，雑草木の伐採，固定資産税の納付などが挙げられます（Ｑ36参照）。

解体等の処分するには，相続人全員の同意が必要です（民法251条）。

(3)　相続登記の未了から管理放置のおそれ

相続人Ｘは，本件空き家について積極的に利用の計画がなかったことから相続登記手続は行っておらず，かつ遠方であることから特段の管理も行っていません。このような遺産共有状態で相続人の１人が修繕等の費用を支出することは消極的になりがちです。管理がされないことにより，空き家の劣化を招くことも予想されます。なお，空き家の巡回サービスを始めとする管理サービスを利用することにより，空き家の劣化を抑えることが考えられます（Q29参照）。

2 意向調査

(1) 意向調査

自治体Ｂは，空家特措法６条に規定する空家等対策計画を策定する前提として当該行政区域内の空き家の実態調査を行うこととしました。自治体Ｂの行政区域内に所在する空き家の所有者及び所有者に相続が発生している場合は納税管理者に対し，意向調査書を発送しました。意向調査では，空き家の管理状況や利活用の予定とともに適切な管理の重要性の情報提供を行いました（Q25参照）。

(2) 意向調査に対する対応

意向調査を受け取った相続人Ｘは，相続登記未了であること，積極的な管理を行っていないことを回答しました。相続人Ｘは，実家であることから処分を先延ばししていましたが，意向調査をきっかけに空き家の管理放置が様々な問題に発展するおそれがあると知ったことから，Ｘ名義にして売却することを決断しました。

3 相続人の確認

本件空き家を処分するためには，遺産分割協議を経て相続登記手続が必要なことから，司法書士Ｃに相続登記手続の依頼を行いました。相続人は亡兄の子２人，Ｘ，妹の４人であり，戸籍の収集を行ったところ，亡兄の子のうちＹが行方不明者であることが判明しました。司法書士Ｃから，相続登記をするためには，Ｙに対する不在者財産管理人の選任が必要な旨の説明を受けました。

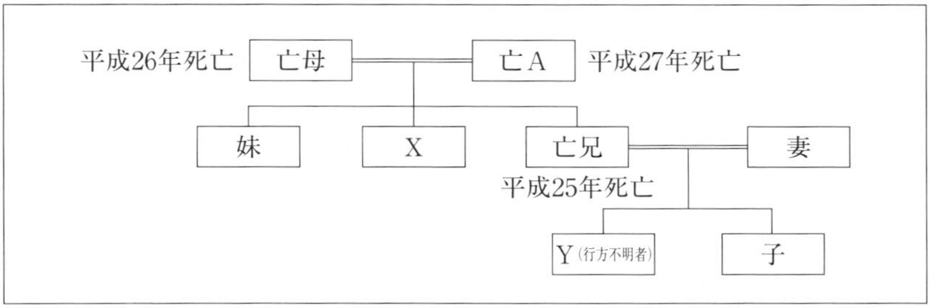

4 不在者財産管理人選任申立て（Q68参照）

(1) 不在者であることの確認

住民票や戸籍の附票に登録されているＹの住所地の調査を行うとともに，親族，元勤務先，知人，近隣住民などの関係者に聞き取りをして，不在となった経緯，帰来の可能性などを確認し，これら調査結果を「不在の事実を証する資料」として収集しました。また，Ｙの財産に関する資料も調査が可能な限り収集を行いましたが，Ｙに亡父Ａの相続財産以外の財産は見当たりませんでした。

(2) 申立人（利害関係）

従来の住所又は居所を去った者（以下「不在者」という。）がその財産の管理人を置かなかったときは，家庭裁判所は，利害関係人又は検察官の請求により，その財産の管理について必要な処分を命ずることができます（民法25条）。

本事例の場合，亡父Ａの遺産について，ＸはＹを含めた相続人間で遺産分割協議を行う予定のため，Ｘは利害関係人に該当します。

(3) 不在者財産管理人の候補者

不在者財産管理人選任申立てに当たり，不在者財産管理人の候補者を必ずしも立てる必要はありませんが，管理人の職務を適正に行えることができる候補者を立てることで同人を選任する運用をしている家庭裁判所もあります。特定の候補者がいない，候補者が適当でない場合などには，家庭裁判所で弁護士又は司法書士などの専門職を選任する運用がされています。本事例では，特定の候補者を立てていなかったことから，司法書士Ｄが選任されています。

(4)　予納金

不在者が保有する財産から不在者財産管理人の報酬や管理費用を捻出できないと思料される事件の際は，家庭裁判所は申立人に家事予納金を納付させる運用を行っています。この予納金は，予想される不在者財産管理人の業務内容に応じて家庭裁判所が決定します。なお，不在者が保有する財産から上記の費用が捻出できた場合には予納金は申立人に返還されます。

本事例では，申立人Ｘは家庭裁判所から30万円の予納金納付の指示を受け，納付を行いました。

(5)　権限外行為許可（遺産分割）

不在者財産管理人は不在者の財産について管理及び保存行為をする権限があります（民法28条，103条）。不在者の財産を処分（売却や遺産分割など）をする場合は，家庭裁判所の権限外行為許可を得る必要があります。なお，遺産分割においては，不在者財産管理人は不在者の法定相続分相当の財産を確保する必要があります。

不在者財産管理人Ｄは，財産調査を行いましたが，新たな財産は発見されませんでした。続いて，不在者財産管理人Ｄは，Ｘを含めた相続人全員でＡ名義の空き家とその敷地について遺産分割協議を行い，Ｘが空き家とその敷地を相続し，不在者はＸから法定相続分６分の１相当額の金員を受ける代償分割を行うことにしました。なお，不在者が帰来した際に，他の相続人が不在者に対して代償金を支払う帰来時弁済の運用については，Q40を参照してください。

Ｘは不在者財産管理人Ｄに対して代償金を支払い，Ｘ名義に空き家とその敷地の相続登記手続を行いました。

不在者財産管理人Ｄは，代償金を財産管理人名義の口座で管理を継続し，家庭裁判所から管理業務に関する報酬付与審判を受け，同決定額を支出しました。

代償金が支払われたことにより，不在者財産管理人の報酬と管理費用が捻出できることになったことから，予納金はXに全額返還されました。

(6) 不在者財産管理人の業務の終了事由

不在者財産管理人の職務は，遺産分割により終了するのではなく，以下の事由が発生するまで継続します。

・不在者が現れたとき

・不在者について失踪宣告がされたとき

・不在者が死亡したことが確認されたとき

・不在者の財産がなくなったとき　等

したがって，不在者の帰来，失踪宣告又は死亡の確認がない限り，不在者財産管理人Dの業務は，預金管理を継続し，定期的に家庭裁判所の報酬付与決定を受けた報酬を支出し，管理すべき預金がなくなるまで継続することも考えられます。

5 空き家の処分

自治体Bは，空き家バンク制度を設けていることから，空き家の所有者となったXは，この空き家バンクに登録することにしました（Q23参照）。登録後しばらくして，空き家の購入希望者が現れ，空き家バンクの協定先である不動産取引業団体の紹介による宅地建物取引業者の仲介により，売却の契約が成立することになりました。

なお，空き家の処分に当たっては，事前に譲渡所得の3,000万円特別控除の特例措置の適用についても確認を行いました。この特例措置については，タックスアンサー「被相続人の居住用財産（空き家）を売ったときの特例」を参照してください（https://www.nta.go.jp/taxanswer/joto/3306.htm）。

事例５　借地上の空き家に対する対応（地主の対応）

下記の相談がＡさんから司法書士Ｓに寄せられました。

Ａさんは，40年くらい前からＢさんに土地を貸していました。Ｂさんは当該土地に住宅を建て，一人で暮らしていましたが，５年前に失踪し，行方不明になりました。失踪の２か月前から地代も支払われていません。Ａさんは心当たりを探しましたが，Ｂさんの所在を確認することができなかったので，そのまま放置の状態になっています。住宅の壁の一部はＢさんが失踪する前から痛んでいたのですが，誰も管理をしていないため，崩れるほどの傷みが見受けられるようになってきました。

最近になり市役所から「近隣住民からＢさんの住宅の外壁が崩れ落ちてきており，道路に落ちたら危険であると苦情が出ています。Ｂさんの連絡先は分かりますか。」「住宅を確認したところ，外壁は危険な状態と思われます。このままだと空家特措法14条の特定空家等の対象となる可能性があります。」と連絡がありました。

説明を受けた後の相談時の司法書士ＳとＡの会話

司法書士Ｓ：（固定資産税等の住宅用地特例の対象から除外）

このまま住宅の放置の状態が継続して特定空家等と認定され，勧告を受けると，貸している土地は固定資産税等の住宅用地特例の対象から除外され，固定資産税は４倍強上がり，都市計画税も上がりますよ。

※固定資産税等の住宅用地特例は，Q22を参照にしてください。

Ａ：それは困ります。今，４月の納税通知書に記載されている税額は１万

6000円くらいです。ざっと概算すると年間４万円以上も増えますね。ただでさえ，地代が入らなくなったのに，それは我慢できません。

空家特措法では，行政は問題のある空き家を除却できると聞きました。このまま行政に任せることはできないのでしょうか。

司法書士Ｓ：（代執行）

行政が代執行をするには，前提としてＢさんの所在を確認する作業を行う必要があります。Ｂさんの所在が判明すれば，特定空家等に対する修繕等の措置を講ずるよう助言又は指導，勧告，命令と順を経て行われます。Ｂさんが行方不明の場合，略式代執行が選択されることになるでしょう。ただし，予算の関係もあり，行政がいつ代執行するかは分かりません。仮に代執行が行われたとしても，建物全体を除却するかどうかは特定空家等の状態によりますので，周囲に危険を及ぼさないように最低限の保全として，ブルーシートや板で覆うだけかもしれません。そうすると，固定資産税は上がった状態が継続することもあり得ます。

※代執行については，Q18を参照にしてください。

A：それは困ります。何とかＢを見つけることはできませんか。

司法書士Ｓ：行方不明で連絡が付かないとなると困りましたね。滞納地代は総額60万円ですね。地代回収の手続をご依頼をいただくことで，この手続内で住民票上の住所を辿る作業は行います。

A：いや，先生。前に賃料の回収をしたくて，別の先生に頼んだことがあるのですが，その際，住民票の住所は今回の住宅の所在地のままで断念しました。住所は今も変わっていないと思います。今回は借地の根本的な解決をお願いしたくて来ました。どのような方法がありますか。

2　司法書士からの提案

上記の事情を聴取した司法書士Ｓは，Ｂが行方不明であることを前提に次の選択肢を提示しました。

〈案１　地代回収の訴訟と不動産競売による解決〉

Ｂを被告として，地代回収の訴訟を提起します。この場合，Ｂの住所・居所は分かりませんので，公示送達の申立ても行います。公示送達には，Ｂの住民票等のほか，Ｂの住所・居所について調査した結果を調査報告書として添付します。勝訴判決を得た後，その判決を債務名義として，不動産の競売の申立てを行います。不動産の競売の申立ての際，公示送達の申立て，不在者財産管理人の選任申立て，特別代理人の選任申立てのいずれを要するかは事案によります。不動産の競売手続において，Ａ自らが買受人となり，落札することで住宅の処分が可能となります。

メリット	権利関係が複雑であっても競売手続により整理される。 借地契約を解除することで土地の利用権がなくなり，入札者が限られる。
デメリット	依頼者が必ずしも競落できるとは限らない。 不動産競売に予納金が必要で，裁判所によって異なるが，60万円～90万円くらい要する。 本件の不動産は安く，不動産鑑定費用等が売却代金から賄えないと思われ，予納金の多くが返還されない可能性がある。

〈案２　建物収去土地明渡訴訟による解決〉

Ｂを被告として，賃料不払いを理由に賃貸借契約を解除し，建物収去土地明渡訴訟を提起します。送達については，公示送達の申立てを行います。

勝訴判決を得た後，その判決を債務名義として，建物解体の強制執行の申立を行います。

メリット	強制執行をすることで，建物を除却することができる。
デメリット	事実上，除却費用はＡの負担になる。

〈案３　不在者財産管理人選任による解決〉

家庭裁判所へＢに対する不在者財産管理人の選任申立てを行います。Ａは選任された不在者財産管理人に対して，土地の賃貸借契約の解除及び滞納地代の請求をします。その際に賃料債務に対し，本件住宅による代物弁済を交渉します。なお，不在者財産管理人による代物弁済は家庭裁判所における権限外行為許可が必要です。

メリット	３つの選択肢の中では一番安価に手続が行える可能性がある。
デメリット	不在者の財産が他に存在する場合，手続が複雑化する。また，不在者の財産が債務超過の場合，住宅の購入による解決を要することもある。 事案によって異なるが，予納金として20万円～50万円程度が必要と考えられる。

3 方針決定後の経緯

解決案の提示を受けたＡは，不動産業者から本件建物はリフォームを行えば利用できるとの回答を得たことを考慮し，可能であれば，除却するのではなく，活用する方向で考えたいので，〈案３〉を依頼したいと司法書士Ｓに回答しました。

依頼を受けた司法書士Ｓは，不在者財産管理人の選任手続を行いました。申立書には，住宅の固定資産税評価額は約20万円であるところ，賃料債務に対して代物弁済してもらえれば，地代の残額は放棄する旨を上申書として添付しました。また，申立書の提出後，すぐに裁判所から外壁の応急修理代の見積りを取得するように求められ，提出後に予納金に関する連絡が裁判所書記官からあり，予納金を納めました。

申立ての約１か月後に，不在者財産管理人には弁護士のＭが選任されました。崩れていた外壁については財産管理人Ｍが選任後，すぐに応急修理を行いました。

選任から約２週間後に，Ａは，本件の土地の賃貸借契約を解除し，併せて滞納分の地代を請求する内容証明郵便を財産管理人Ｍに送付しました。

選任から約３週間後に，Ａは，財産管理人Ｍと面会し，Ｂに対する地代の疎明資料を交付し，Ｂの他の財産については本件の住宅以外は何も知らないことを伝えました。Ａは財産管理人Ｍに対し，申立書に添付した上申書のとおり，地代の残額を放棄するので住宅の代物弁済についての家庭裁判所への権限外行為の許可を求めました。

選任から約６か月後，財産管理人Ｍから連絡があり，家庭裁判所から当該住宅の代物弁済についての権限外行為の許可を得た旨の連絡があり，それから２週間後に財産管理人Ｍから当該住宅の所有権移転登記手続に必要な書類の交付を受け，登記申請を行いました。

購入したＡは，住宅のリフォームを行い，賃貸物件として活用することができました。

事例６　隣地の木から大量の落ち葉が落ちてくる場合の対応（隣地所有者の対応）

私Ａは甲地の所有者で，同地に居住しています。隣地である乙地には住宅が建っていますが，一人暮らしの高齢者が亡くなって以来，長年，空き家になっています。乙地には，今も庭木があります。亡くなった方に，子どもはいないようでした。

毎年，秋になると，乙地の庭木から落ち葉が甲地に落ちてきますが，ここ数年，庭木が特に繁茂し，落ちてくる落ち葉の量が激増して困っています。

当初は，私が，甲地内に落ちてきた落ち葉を掃除することで済ませていましたが，私たち夫婦も高齢となり，これからも毎年，大量の落ち葉に悩まされると思うと，秋になると，憂鬱な日々を過ごしていました。

先日，市役所で，司法書士による「空き家問題相談会」が開催されていたので，思い切って，相談に行ってみました。

すると，次のような，回答がありました。

手続等の選択

空家特措法が制定されたこともきっかけに，行政（市の住宅課など空家等対策の担当課）に相談することが，まず考えられます。

行政に相談し，行政から空き家の所有者（相続人）に働きかけて，空き家の所有者（相続人）自身の対応を促すことができる可能性があります。

行政からの働きかけによらずに，Ａさんが，民法等の民事の規定に基づいて，直接，空き家の所有者（相続人）に連絡を取って対応を要請したり，場合によっては，Ａさん自身や，裁判所に強制してもらうことも考えられます。

2 行政に働きかける場合

空家特措法が制定され，市区町村は，それまで以上に，空き家問題に適切に対応することが可能となりました。

市区町村は，空家等対策計画の作成，空家等に関する対策の実施その他の空家等に関する必要な措置を適切に講ずるよう努める（市区町村の責務）ものとされ（空家特措法４条），空家等対策計画の作成及び変更並びに実施に関する協議を行うための協議会を組織することができ（空家特措法７条１項），所有者等による空家等の適切な管理を促進するため，所有者等に対し，情報の提供，助言その他必要な援助を行うよう努めるものとされています（空家等特措法12条）。

また，市区町村長は，空家等の所在及び当該空家等の所有者等を把握するための調査その他空家等に関しこの法律の施行のために必要な調査（登記事項，住民票情報，戸籍情報）を行うことができ（立ち入り調査が認められる場合もあります。空家特措法９条１項・２項），市区町村長は，固定資産税の課税その他の事務のために利用する目的で保有する情報であって氏名その他の空家等の所有者等に関するものについては，一定の場合，その保有に当たって特定された利用の目的以外の目的のために内部で利用することができることになっていますので（空家特措法10条１項），市区町村長が，空き家の所有者（相続人）を特定することが以前に比して容易になっています。

さらに，その空き家が特定空家等に当たる可能性がある場合には，市区町村長は，所有者等に対し，当該特定空家等に関し，除却，修繕，立木竹の伐採その他周辺の生活環境の保全を図るために必要な措置をとるよう助言又は指導をすることができ，なお当該特定空家等の状態が改善されないと認めるときは，当該助言又は指導を受けた者に対し，相当の猶予期限を付けて，除却，修繕，立木竹の伐採その他周辺の生活環境の保全を図るために必要な措置をとることを勧告することができ，勧告を受けた者が正当な理由がなくてその勧告に係る措置をとらなかった場合において，特に必要があると認めるときは，その者に対し，相当の猶予期限を付けて，その勧告に係る措置をとることを命ずることができることになっています（空家特措法14条１項〜６項）。そして，市町村長は，その措置を命じた場合において，その措置を命ぜられた者がその措置を履行しないとき，履行しても十分でないとき又は履行しても期限までに完了する見込みがないとき，又は，その措置を命じようとする場合において，過失がなくてその措置を命ぜられるべき者を確知することができないときは，行政代執行又は略式代執行をすることができることになっています（空家特措法14条９項・10項）。

以上のような，市区町村の行うべきことは，必ずしも，市区町村の義務ではありませんが，市区町村の責務をかんがみ，市区町村の担当課に，粘り強く働きかけることも重要でしょう。

※空家特措法に基づく，措置等の詳細は，Ｑ９〜Q18を参照してください。

3 民事で解決を試みる場合

前記２のように，Ａさんとしては，行政に働きかけることもできますが，Ａさん自身が，民事の手続に基づいて，次のような対応をとることもできる場合があります。

・空き家の所有者等に対する枝の切除の請求
・空き家の所有者等に対する保持，予防，損害賠償の請求
・家庭裁判所に対する不在者財産管理人，相続財産管理人の選任の申立て
・事務管理

その他，Ａさんに請求権があるわけではありませんが，事例によっては，市に，成年後見人の選任について，家庭裁判所に市長が申立てを行うことを働きかけることも考えられます。

前記２のように，行政に働きかける場合は，Ａさん自身が，空き家の所有者（相続人）を特定しておく必要はありませんが，民事の手続で対応す

る場合は，Ａさん自身が（司法書士等に依頼して），まず，空き家の所有者（相続人）を特定しておくことが原則となります。

※空き家の所有者（相続人）を特定する方法については，Q58を参照してください。

※成年後見人の制度については，Q41・Q47〜Q51を参照してください。

4 枝の切除の請求

空き家の樹木が生い茂ることにより，越境され，迷惑を被っているＡさんは，その枝については，その竹木の所有者に切除させることができます（民法233条）。

※詳細は，Q61を参照してください。

5 保持，予防，損害賠償の請求

落ち葉によって，Ａさんの権利が侵害されていたり，侵害されるおそれあるときは，Ａさんには，空き家の所有者（相続人）に対して，自己の権利を保持するための請求権，あるいは，その予防のための請求権が発生します。また，そのことによって損害が生じたときは，損害賠償請求権も発生します。

通常想定し得る量の落ち葉程度では，これらの請求権を行使するできるとは限りませんが，権利の侵害の程度によっては，請求権を行使することができる場合もあります。

Ａさんは，空き家の所有者（相続人）に対して，直接請求することもできますが，それだけで解決に至らないときは，それらの請求権を基に訴訟を提起することもでき，確定判決に基づいて，強制執行することもできる場合があります。

※詳細は，Q60と次の条文を参照してください。

【参照条文】

民法

（占有の訴え）

第197条　占有者は，次条から第202条までの規定に従い，占有の訴えを提起することができる。他人のために占有をする者も，同様とする。

（占有保持の訴え）

第198条　占有者がその占有を妨害されたときは，占有保持の訴えにより，その妨害の停止及び損害の賠償を請求することができる。

（占有保全の訴え）

第199条　占有者がその占有を妨害されるおそれがあるときは，占有保全の訴えにより，その妨害の予防又は損害賠償の担保を請求することができる。

（占有回収の訴え）

第200条　占有者がその占有を奪われたときは，占有回収の訴えにより，その物の返還及び損害の賠償を請求することができる。

２　占有回収の訴えは，占有を侵奪した者の特定承継人に対して提起することができない。ただし，その承継人が侵奪の事実を知っていたときは，この限りでない。

（占有の訴えの提起期間）

第201条　占有保持の訴えは，妨害の存する間又はその消滅した後１年以内に提起しなければならない。ただし，工事により占有物に損害を生じた場合において，その工事に着手した時から１年を経過し，又はその工事が完成したときは，これを提起することができない。

２　占有保全の訴えは，妨害の危険の存する間は，提起することができる。この場合において，工事により占有物に損害を生ずるおそれがあるときは，前項ただし書の規定を準用する。

３　占有回収の訴えは，占有を奪われた時から１年以内に提起しなければならない。

（本権の訴えとの関係）

第202条　占有の訴えは本権の訴えを妨げず，また，本権の訴えは占有の訴えを妨げない。

２　占有の訴えについては，本権に関する理由に基づいて裁判をすることができない。

6 不在者財産管理人，相続財産管理人の選任

空き家の所有者（相続人）が把握されたとしても，行方不明であったり，そもそも相続人がいないときは，前者にあっては不在者財産管理人を，後者の場合は相続財産管理人の選任を家庭裁判所に申し立てることも考えられます。ただ，一般に，Ａさんは予納金の負担が必要となります。

申し立てることができる者は利害関係人とされていますが，隣接する空き家によって迷惑を被っているＡさんは，通常は，利害関係人に該当すると考えられます。

なお，市税滞納などがあると，市も，利害関係人と認められる場合もあります。

不在者財産管理人，相続財産管理人が選任されると，Ａさんは，その管理人との協議によって，管理人に適正に空き家を管理してもらうことができる場合もあります。

また，管理行為だけではなく，空き家の敷地について購入希望者があり，管理人も売却することが相当であると思われるときは，家庭裁判所の許可を受けて，売却することできます。

※詳細は，Q68・Q70を参照してください。

7 事務管理

もし，Ａさんが，自己の庭に落ちている隣地からの落ち葉を片づけるだけでなく，既に，空き家となっている隣地に立ち入って，義務はないものの，Ａさんのためでもあるものの，どこの誰か分からない空き家（及びその敷地）の所有者（相続人）のためにも，継続的に，隣地内の樹木を剪定し，庭の落ち葉や雑草を除去し，隣地の傾きかけたブロック塀を補修するなどの管理をしているとすると民法上の事務管理に当たる場合もあります。

事務管理に当たるとなると，その事務の性質に従い，最も本人の利益に適合する方法によって，その事務の管理をしなければならず（民法697条１項），管理者は，事務管理を始めたことを遅滞なく本人に通知しなければ

ならず（民法699条），本人又はその相続人若しくは法定代理人が管理をすることができるに至るまで，事務管理を継続しなければならないという義務が発生します（民法700条）。

※詳細は，Q58を参照してください。

8 経過～行政への相談

以上の相談を受けて，Ａさんは，まず，市の空家等対策を担当している住宅課に相談してみると，この空き家は，Ａさん以外の他の近隣の住民も数多く，迷惑を被っているとの相談があったということでした。Ａさんは，粘り強く住宅課と話合いを持ちました。

その後，住宅課が，現地確認や聞き取り調査を行ったところ，特定空家等と認定することができる程度の空家等ということは難しいものの，住宅課で，空き家の所有者（相続人）を探索することとなり，複数の相続人を特定することができたため，住宅課から相続人に事情を記した文書を送付しました。

9 経過～所有者（相続人）との話合い

そうすると，相続人の１人（B）から住宅課へ連絡があり，住宅課から詳細を説明し，他の相続人とも協力して，問題を解決できないか要請しました。そして，その相続人の了解を得て，Ａさんと連絡を取り，Ａさんが，直接，Ｂさんと話合いを持ちました。

Ｂさんは，「空き家の所有者は，付き合いのなかった叔父で，叔父の兄弟は既に死亡していたので，他の相続人は従兄弟であり，私も含めて，叔父が死亡したことは知りませんでした。今回初めて，現地を見て，確かに，Ａさんや近隣の人に迷惑をかけていることは分かりましたが，正直，私とは関係ないと思っています。他に遺産があるのかどうかも分かりませんが，空き家を相続するつもりもなく，どうしようもありません。」ということでした。

その後，Ｂさんから，「叔父の地元の金融機関で，相続人として預貯金の調査をすると，約300万円の預貯金があることが分かりましたが，私も，他の従兄弟の５人も，空き家の管理はできないので，相続の放棄をしようと思っています。」と連絡があり，後日，相続人全員から，Ａさんに相続放棄申述受理通知書が送られてきました。

10 結果～相続財産管理人の選任

Ａさんは，この際，何とかしたいので，以前，相続登記を依頼したことがある司法書士に相談し，相続財産管理人の選任手続をとることとしました。

相続財産管理人選任申立書の作成の依頼を受けた司法書士は，職務上請求書をもって，空き家（及び敷地）の所有権登記名義人の相続人全員を特定し，その全員から相続放棄申述受理通知書が送られてきたことが確認されました。

次に，Ａさんは，もう一度，Ｂさんと連絡を取り，「Ｂさんの事情は分かりましたので，これからは，こちらで相続財産管理人選任の手続をとりますが，分かる範囲で預貯金の内容や，他に不動産がないか，教えてもらえませんか。」とお願いしました。

その後，Ｂさんから，遺産である預貯金の明細と，固定資産税登録事項証明書が送られて，遺産として計323万円の預貯金があり，不動産は本不動産しかないことが分かりました（固定資産評価額865万円)。また，固定資産税の滞納もあることが分かりました。

そこで，相続財産管理人候補者には，同司法書士が引き受けることとなり，また，遺産には，すぐに換価し得る一定額の預貯金があることともあり，予納金を納めずして，申立てが受理されました（ただし，予納金の要不要は，事案によって異なります。)。

11 結果～処分

その後，申立てのとおり，同司法書士が相続財産管理人に選任され，同司法書士が，被相続人の遺産を基に，当該空き家の樹木の伐採等を行うなど，管理を始めました。

そうすることにより，相続財産管理人が選任されたことが，これまで，この空き家によって迷惑を被っていた近隣の住人も安堵し，その中に，近隣に駐車場を探していた人（C）もいて，Aさんは相談を受けました。

Aさんは，さっそく，同司法書士に，その旨を伝えました。

すると，相続財産管理人である司法書士は，Cさんに，適正な価格であれば売却の可能性もありますと言い，Cさんも，是非買いたいということになりました。

そこで，同司法書士とCさんとで売買価格（解体はCが行うため，解体費用分165万円を控除）などの条件を詰め，700万円で売却することで家庭裁判所の許可を得られたので，空き家（及び敷地）はCさんが買い受けました。

Cさんは，すぐに空き家を解体し，今では，駐車場として利用しています。

なお，同司法書士は，遺産及び不動産売却益で滞納市税を支払い，譲渡所得税（譲渡所得の特別控除に関しては，Q28を参照）を納付し，法定の期間の経過後，家庭裁判所の付与審判による管理人報酬を差し引いて，残遺産を国庫に納めました。

巻末資料

空き家問題に関連する法令・通知，参考となる資料一覧

No	法令・通知・資料ほか	概　要
		URL
1	空家等対策の推進に関する特別措置法（平成26年11月27日法律第127号）	平成27年２月26日一部施行，平成27年５月26日完全施行されています。
		http://www.mlit.go.jp/common/001080536.pdf
	同上（概要）	http://www.mlit.go.jp/common/001080534.pdf
2	空家等対策の推進に関する特別措置法の施行期日を定める政令（平成27年２月20日政令第50号）	空家特措法の施行期日は，附則１項ただし書に規定する規定以外の規定について平成27年２月26日とし，同項ただし書に規定する規定について同年５月26日と定めています。
		http://www.mlit.go.jp/common/001080569.pdf
3	空家等対策の推進に関する特別措置法施行規則（平成27年４月22日総務省・国土交通省令第１号）	空家特措法14条11項（命令をした場合の公示）の国土交通省令・総務省令で定める方法は，市町村（特別区を含む。）の公報への掲載，インターネットの利用その他の適切な方法と定めています。
		http://www.mlit.go.jp/common/001089207.pdf
4	空家等に関する施策を総合的かつ計画的に実施するための基本的な指針（平成27年２月26日付け総務省・国土交通省告示第１号，最終改正平成28年４月１日付け総務省・国土交通省告示第３号）	国土交通大臣及び総務大臣が定めた空家特措法５条１項に基づき空家等に関する施策を総合的かつ計画的に実施するための基本的な指針です。
		http://www.mlit.go.jp/common/001126396.pdf
	同上（概要）	http://www.mlit.go.jp/common/001126395.pdf
5	「特定空家等に対する措置」に関する適切な実施を図るために必要な指針（ガイドライン）	国土交通省において，空家特措法14条14項に基づき，特定空家等に対する措置に関し，市町村の「特定空家等」の判断の参考となる基準等及び「特定空家等に対する措置」に係る手続について，参考となる考え方を示した指針です。
		http://www.mlit.go.jp/common/001090531.pdf
	同上（概要）	http://www.mlit.go.jp/common/001090532.pdf
6	『「特定空家等に対する措置」に関する適切な実施を図るために必要な指針（ガイドライン）（案）』に関するパブリックコメントの募集の結果について	国土交通省及び総務省において募集した左記意見募集に寄せられた意見の概要及びそれに対する考え方です。
		http://search.e-gov.go.jp/servlet/PcmFileDownload?seqNo=0000129798

7	固定資産税の課税のために利用する目的で保有する空家等の所有者に関する情報の内部利用等について（平成27年２月26日付け国住備第943号・総行地第25号）	市町村の税務部局が保有する固定資産税の課税情報を空き家対策のために活用することについての通知です。
		http://www.mlit.go.jp/common/001080649.pdf
8	空家の除却等を促進するための土地に係る固定資産税等に関する所要の措置（固定資産税等）	空家特措法の規定に基づき，市町村長が特定空家等の所有者等に対して必要な措置をとることを勧告した場合は，当該特定空家等に係る敷地について固定資産税等の住宅用地特例の対象から除外します。
		https://www.mlit.go.jp/common/001091835.pdf
9	空家法の施行に伴う改正地方税法の施行について（平成27年５月26日付け総税固第41号）	市町村長が特定空家等の所有者等に対して必要な措置をとることを勧告した場合の当該特定空家等に係る敷地について固定資産税等の住宅用地特例の対象から除外の対応についての通知です。
		http://www.soumu.go.jp/main_content/000368164.pdf
10	空き家の譲渡所得の3000万円特別控除	相続時から３年を経過する日の属する年の12月31日までに，被相続人の居住の用に供していた家屋を相続した相続人が，当該家屋（耐震性のない場合は耐震リフォームをしたものに限り，その敷地を含む。）又は取壊し後の土地を譲渡した場合には，当該家屋又は土地の譲渡所得から3,000万円を特別控除します。
		https://www.mlit.go.jp/common/001127709.pdf
11	空き家所有者情報の外部提供に関するガイドライン（試案）（詳細）	国土交通省住宅局において，市町村の空き家部局が収集・保有する空き家所有者情報を外部に提供するに当たっての法制的な整理，所有者の同意を得て外部に提供していく際の運用の方法及びその留意点，市町村における先進的な取組を内容を取りまとめたガイドライン（試案）です。
		http://www.mlit.go.jp/common/001178116.pdf
	同上（概要）	http://www.mlit.go.jp/common/001178115.pdf
12	空家等対策の推進に関する特別措置法の施行状況等について（平成29年３月31日時点）	国土交通省・総務省による平成29年３月31日時点の空家特措法の施行状況の調査結果です。
		http://www.mlit.go.jp/common/001191889.pdf

13	平成25年住宅・土地統計調査　調査の結果	住宅・土地統計調査は，総務省統計局によって，５年ごとに日本の住宅とそこに居住する世帯の居住状況，世帯の保有する土地等の実態を把握し，その現状と推移を明らかにするため調査されています。
		http://www.stat.go.jp/data/jyutaku/2013/tyousake.htm
14	日野市空き家住宅等対策計画	日野市において策定した空き家住宅等対策計画です。空家等の状況は，所有者の暮らしの変化に応じ，変わる可能性があることから，施策を効果的に行うため，住宅が建築されてから戸建空き家となる流れを例示し，施策を実施するタイミングを整理するなど，空家等対策の先進的な施策が計画されています。
		http://www.city.hino.lg.jp/index.cfm/196,140709,c,html/140709/20160812-093744.pdf
15	所有者の所在の把握が難しい土地への対応方策 最終とりまとめ（本文）	「所有者の所在の把握が難しい土地」の現状，課題について整理した上で，所有者の探索手法やこのような土地の利活用等，現場における対応の進展を支援するための総合的な方策を取りまとめています。
		http://www.mlit.go.jp/common/001122933.pdf
	同上（概要）	http://www.mlit.go.jp/common/001122932.pdf
16	所有者の所在の把握が難しい土地に関する探索・利活用のためのガイドライン第２版（平成29年３月公表）	所有者の所在の把握が難しい土地について，所有者の探索方法と所有者を把握できない場合に活用できる制度，解決事例等を整理した市区町村等の職員向けのガイドラインです。平成29年３月に第２版が公表されました。
		http://www.mlit.go.jp/common/001178691.pdf
	所有者の所在の把握が難しい土地に関する探索・利活用のためのガイドライン（概要）	http://www.mlit.go.jp/common/001122940.pdf

日本司法書士会連合会
空き家・所有者不明土地問題等対策部

日本司法書士会連合会
「全国空き家問題110番」実施報告

Ⅰ　実施日時等について

・実施日時　　平成27年８月23日（日）10：00～16：30
・実施場所　　司法書士会館B1F「日司連ホール」
・相談員　　　司法書士40名
・設置電話　　20台
・相談件数　　377件

Ⅱ　相談分類について

1．空き家については，売却，賃貸，寄付等処分をしたいという要望が多いと想定されたので，それを考慮して，あらかじめ以下の５類型の分類を用意して相談に望んだ。

①「活用型」　　処分が可能と思われる空き家についてその処分方法と手続きに関する相談
②「活用困難型」　　処分したいが，相手方を見つけるのが不可能と思われる空き家に関する相談
③「管理困難型」　　処分するつもりはないが，管理をするのが困難な空き家に関する相談
④「近隣空き家型」　　近隣住民からの相談
⑤「その他」　　相続や空家法等の制度に関する情報提供その他の相談

2．相談分類④「近隣空き家型」については，司法書士が早期に具体的な事件として受託する必要のある事例もあることを想定して，妨害排除請求等の請求権の有無をチェックすることとした。

Ⅲ　相談結果について

1．全体

①　相談分類

「活用型」と「活用困難型」を合わせると56％になり，相談者の半分以上が，空き家（その敷地を含めた不動産）を手放したいと考えていることになる。

５つの類型のうち，「空き家となっている不動産を活用するには何から始めればよいか」という初期相談が中心である「活用型」が37％を占めており，この時点で司法書士が相談を受けた場合，的確に状況等を聞き取った上，利活用するための法的アドバイスを提供することが重要となる。

活用困難型，管理困難型で合計27％，特定空家化が最も懸念される近隣空き家型が11％を占め，これら利活用の可能性が低い空き家が約４割を占めることは今後，空き家化，さらには「特定空家化」の増加が懸念される。これらの対応を司法書士のみで解決することは困難が予想され，「空家等対策の推進に関する特別措置法」（以下，「空家特措法」という。）に基づき自治体を中心とした各種専門家のネットワークで解決を図る必要がある。

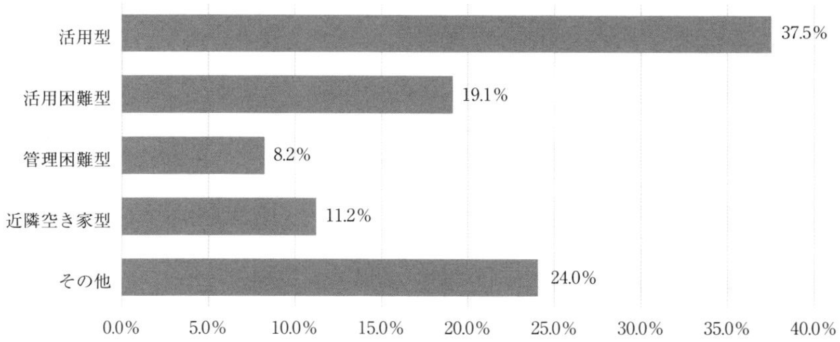

内　容	件　数
活用型	147
活用困難型	75
管理困難型	33
近隣空き家型	44
その他	94
合　計	393

② 今までの相談先

今までどこにも相談していなかった（今回の110番が初めての相談である）という「相談歴なし」が60％を占めているという結果に注目すべきである。市民は，空き家問題についてどこに相談してよいか，どこに相談窓口があるかを知らないといえる。また，どこに相談をしてよいかがわからないということは，何を相談してよいかということもわからないという状況も想定できる。

司法書士は，全国50の司法書士会（各都道府県に１会，北海道は札幌・函館・旭川・釧路の４会）全てに相談センターを設置し（平成27年現在のセンター数は合計155。），市民に対する相談窓口を用意しているが，空き家問題に関する相談についても対応していることの周知を行い，法的問題について早期に対応できるよう支援していくことが重要である。

過去に相談経験があるうち，相談先として一番多かったのが「行政」の14％である。「空家特措法」の施行により，いっそう行政による助言やアドバイスが重要となると思われる。

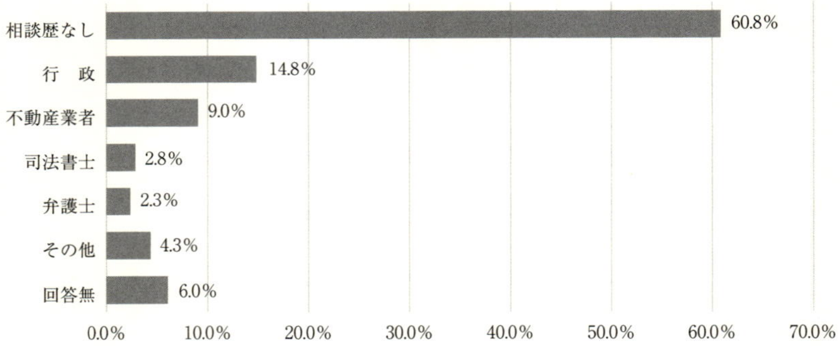

相談先	件数
相談歴なし	242
行　政	59
不動産業者	36
司法書士	11
弁護士	9
その他	17
回答無	24
合　計	398

③　空き家になった原因

所有者の死亡が原因であるものが過半数を占めており，入院・入所も転居・転職・転勤についで多くなっている。独居高齢者の世帯が増加しており，その高齢者が死亡したり，入院・入所したりすることで空き家が増加していることが窺える。所有者の死亡により最初に直面する法的課題は相続であり，相続手続を早期に行うことにより，その後の様々な対応をスムーズに行うことができ，特定空家化の防止にも繋がる。空き家問題に司法書士が積極的に関わることが重要であることを示す大きなファクターである。

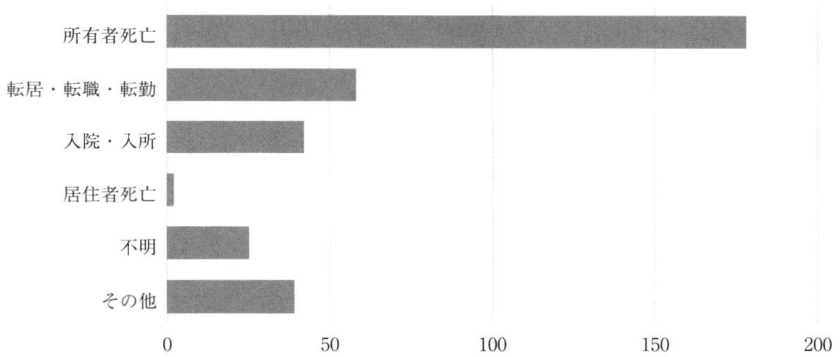

空き家になった原因	件数
所有者死亡	178
転居・転職・転勤	58
入院・入所	42
居住者死亡	2
不明	25
その他	39

④　相談者の年齢

60代・70代までの年齢で過半数を占めており，50代を入れると70%を超える。上記③「空き家になった原因」との関連を示す結果となっている。

【相談者の年齢】

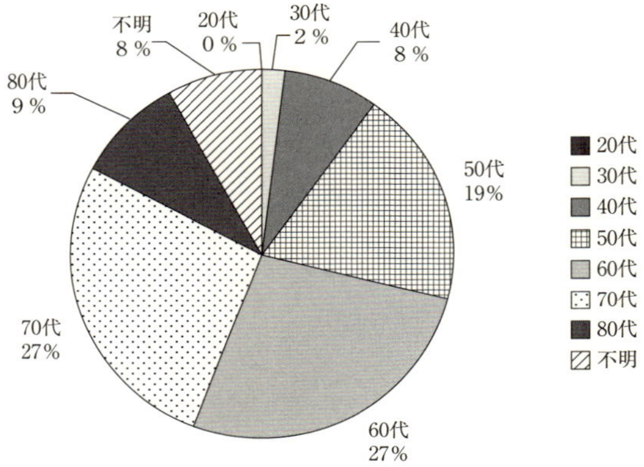

相談者の年齢	人数
20代	1
30代	7
40代	30
50代	70
60代	103
70代	103
80代	32
不明	31
合　計	377

2．活用型

① 「活用型」における希望する活用方法は，売却が圧倒的に多い。現在は管理はしているが，「高齢化」・「遠方に住んでいる」・「管理費用の負担」・「相続が発生し遺産分割が難航している」等の理由により不安を感じ，処分しようとする動機にもなっている。

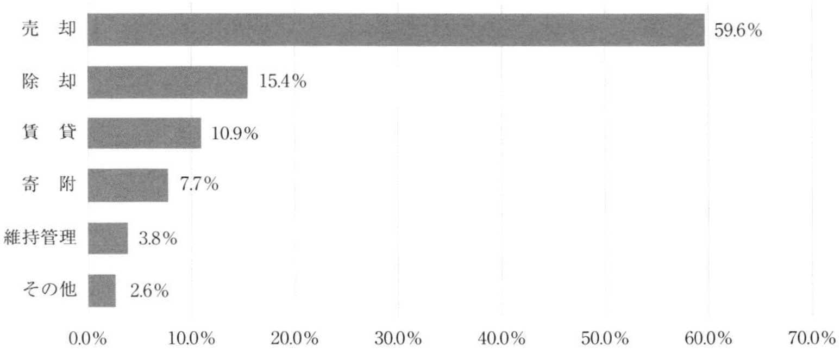

希望する活用方法	件数
売　却	93
除　却	24
賃　貸	17
寄　附	12
維持管理	6
その他	4
合　計	156

② 「活用型」の相談内容については，売却を希望する場合は手続きについての相談が多く，「売却手続きを一人でできるか不安」，「家のなかのものをすべて廃棄しないと売れないので負担」，「動産が残っていても売却は進めることができるか」等，内容によっては比較的容易に解決できるのに相談先がわからなかったという事例が散見される。

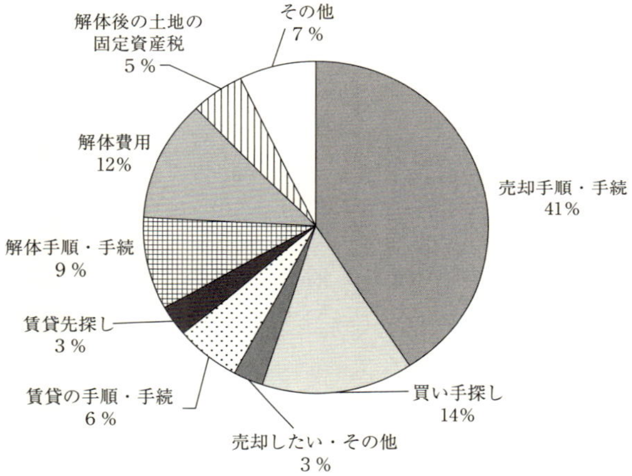

	相談内容	件数
売却したい	売却手順・手続きについて	60
	買い手探しについて	20
	その他	4
賃貸したい	賃貸の手順・手続きについて	9
	賃貸先探しについて	5
解体したい	解体手順・手続について	13
	解体費用（助成金を含む）	18
	解体後の土地の固定資産税について	8
その他		10
合　計		147

③　処分にあたっての懸念材料としては，第一に，建物の解体費用（解体費助成制度の有無），解体後の土地の固定資産税，売却価格等に関するものが多く，空き家の所有コストにより不動産がいわゆる「負動産」として捉えられていることが窺える。

次に，遺産分割の難航，相続登記未了，判断能力の衰え等の懸念材料があり，これら法的な問題については，司法書士の関与により適切な支援ができる事例も多くあると思われる。

売却か賃貸の決断もできない，活用方法について基本的な相談先が分からないという相談もあり，例えば司法書士が総合的な窓口となり，適切に各士業へ相談を振り分けるということも重要であり，適切な振り分けにより，将来の空き家化，特定空家化を防ぐことに繋がる。

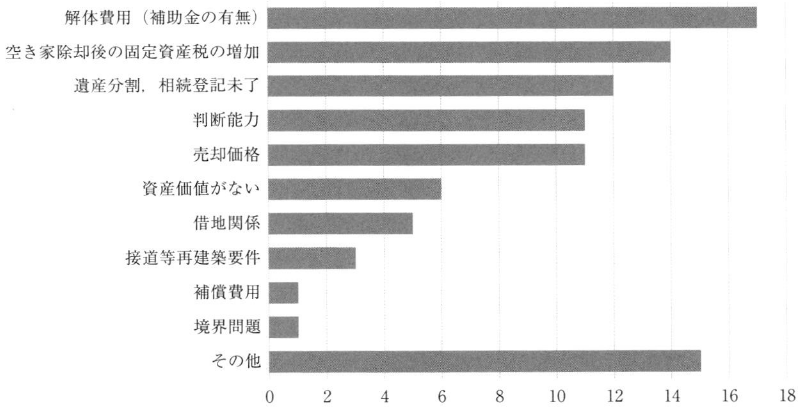

相談内容	件数
解体費用（補助金の有無）	17
空き家除却後の固定資産税の増加	14
遺産分割，相続登記未了	12
判断能力	11
売却価格	11
資産価値がない	6
借地関係の整理	5
接道等再建築要件	3

補償費用	1
境界問題	1
その他	15

④ 空き家の利活用について，行政が積極的に関与することによって特定空家化の防止に繋がる。利活用の重要性について周知すべきであり，その際問題となる論点やリスクを士業連携で研究し，シェアハウス等利活用成功事例を含め自治体間で情報交換すべきであると思われる。司法書士は職能上，空き家や空き家予備軍に接するすることが多く，それらの利活用も視野に入れて積極的に対応すべきである。

3. 活用困難型

① 「活用困難型」における処分・活用を阻む要因としては，買い手や借り手がいないというものが圧倒的に多い。次に，解体費用や解体後の固定資産税増額等のコストの問題や，接道要件（建築基準法においては，建物を建築する場合には敷地に接する道路幅が一定のもの以上であること等の要件が定められている。）等の敷地の問題が続く。「行政に対して寄付をしたいが断られた」という相談もあった。

② 遺産分割の難航，相続人が不明，相続人の一部が行方不明等相続手続きに伴う問題を処分・活用を阻む要因とするものも散見されるが，これらは司法書士が関与することにより，相続手続全般を支援したり，法的手続（遺産分割調停手続や不在者財産管理人の選任手続等）を経ることで一定の解決が見込めるものである。

③ 売りたいけれども売れない・貸したいけれども貸せないという問題は，効果的な回答を提示することが難しい問題でもある。活用困難型の空き家は，空き家所有者の努力だけでは解決が困難な事例もあり，現在は管理されている空き家であっても，将来管理不全・管理放棄の空き家になる可能性も高い。行政等による何らかの施策も必要と感じる。

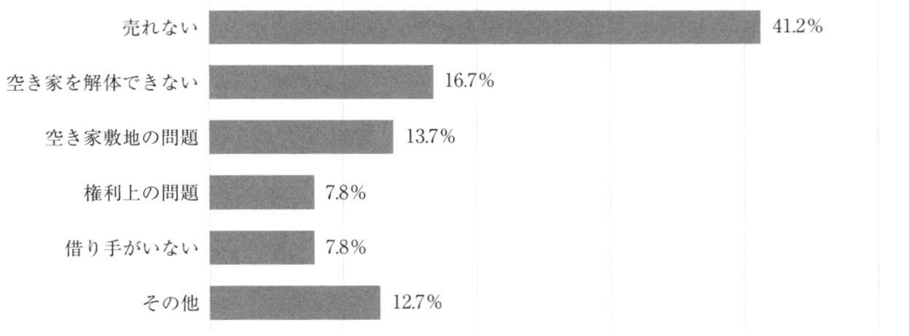

活用できない理由	件数	内訳（複数回答）
売れない	42	
買主が見つからない		40
売りたいが価格が折り合わない		2
そもそも資産価値がない		3
その他		2
借り手がいない	8	
活用するにあたり空き家を解体できない	17	
解体費用が捻出できない		12
解体後の固定資産税の問題		6
空き家及びその敷地の問題	14	
接道要件がない，袋地等再建築に問題		12
長屋で他の所有者の協力が得られない		2
事故物件		1
境界に問題		2
その他		1
権利上の問題	8	
相続人が不明		2
相続放棄		1
遺産分割協議が調わない		4
相続人の一部が行方不明		3
賃借人に相続発生，管理放棄		1
借地関係の整理		1
その他	13	
合　計	102	

4．管理困難型

① 管理困難型は，「処分するつもりはないが管理することが困難な空き家」という空き家の所有者又は管理者側に何らかの事情があり管理を困難にしている類型である。ⅰ）空き家となった理由は相続が約6割を占めること，ⅱ）管理状況は管理不十分46％，管理放棄24％であること，ⅲ）管理できない理由としては，遠方，高齢，遺産分割難航で6割近くを占めること等から，その多くは所有者又は管理者の相続発生を機に相続人による管理が不十分となっている現状が読みとれる。

【ⅰ 空き家になった原因】

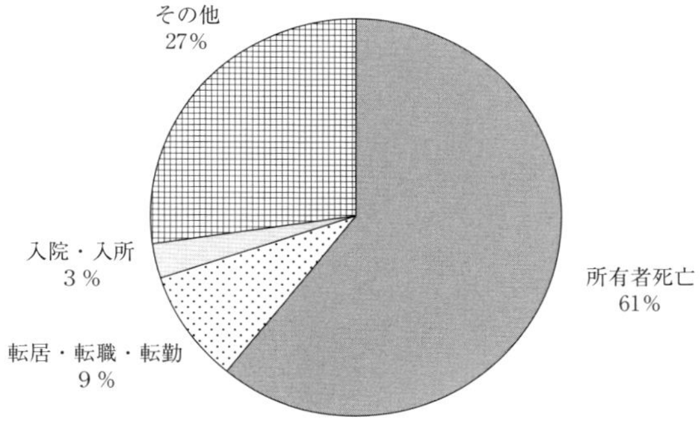

空き家になった原因	件数
所有者死亡	20
転居・転職・転勤	3
入院・入所	1
その他	9
合　計	33

【ii　空き家の管理状況】

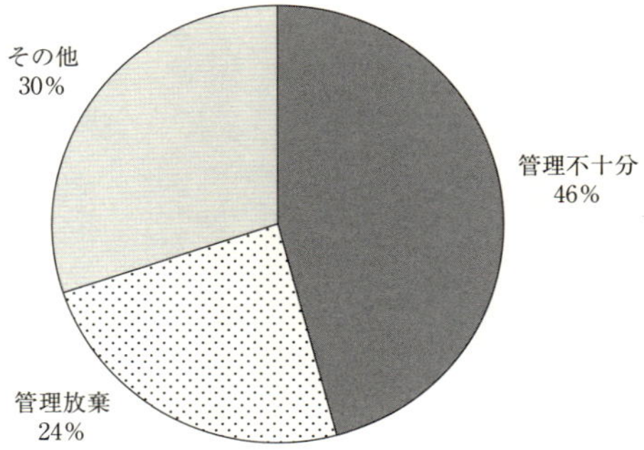

空き家の管理状況	件数
管理不十分	15
管理放棄	8
その他	10
合　計	33

【iii　管理できない理由】

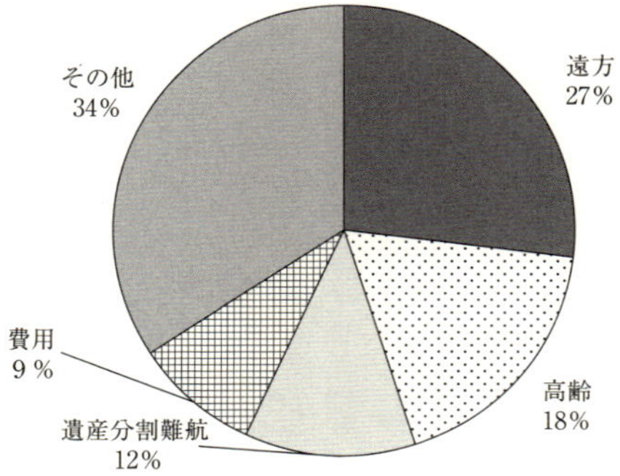

管理できない理由	件数
遠方	9
高齢	6
遺産分割難航	4
費用	3
その他	11
合　計	33

② この類型は空き家化により想定される問題としての「防災／防犯上の問題」,「ごみの不当投棄」などの発生が懸念され，自治体から所有者又は管理者への早期のアプローチが求められる。管理困難型の空き家への対策としては，当該類型になることが想定される所有者又は管理者への「空き家化の防止」の施策，そして既に管理困難型になっている空き家に関しては，処分・除却を所有者・管理者に促す施策，また管理希望者に対するサービスの提供などが考えられる。

司法書士としては，前者に関しては成年後見制度をはじめとする財産管理，遺言の活用等の支援，後者に関しては行政への各種施策の設置の要望等，行政と連携した取り組みが求められる。

5．近隣空き家型

① 近隣空き家型は，近隣住民からの相談に分類される類型である。近隣住民は，空き家から様々な被害を受けていることが多いがその解決策を自ら持つことは少なく，仮に妨害排除等の法的な請求権が認められるとしてもその請求権を行使するためには相当の負担を負うことになる。また，被害を是正してもらう事は当然のことだと考え行政に期待をするし，そこに費用を掛けたくないと考えるのも一般的である。

② 空き家の状況としては，敷地の雑草が繁茂しているなど，比較的，被害の程度が深刻でないものもあったが，朽廃が著しい，倒壊寸前というものも36%を占めており，それらは特定空家である可能性が高いと思われる。空家特措法施行前においては，空き家に関する条例を持たない市区町村では，行政としての対応は難しいこともあったであろうが，同法施行後においては，市民が行政に寄せる期待は大きいものになると思われる。

司法書士としては，妨害排除請求が認められる事案等においては，裁判手続の支援と空家特措法の活用との選択を図りながら対応していくことも重要となる。

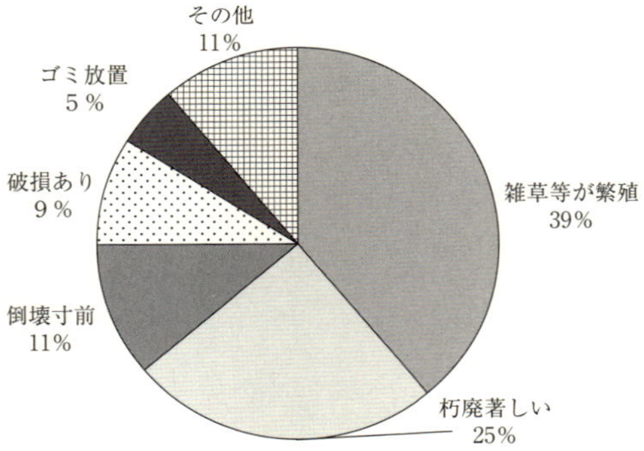

近隣空き家の状況	件数
雑草等が繁殖	17
朽廃著しい	11
倒壊寸前	5
破損あり	4
ゴミ放置	2
その他	5
合　計	44

6．その他

① 他の４分類に該当しない相談を「その他」として分類したが，前記１．全体でも触れた「今までどこにも相談していなかった」数値60％という結果との関連について，民事一般に関する相談が14％もあったことに注目すべきである。これらは，まさに司法書士が日常的に相談を受けるべき内容のものである。市民がどこに相談してよいかわからなく困っているという状況にあることを再認識すべきであり，司法書士の相談窓口の充実とその周知が必要である。

② 空家特措法に関する相談では，修繕解体等の費用の補助の相談が多く，空き家対策については，市区町村においてその取り組み状況がまちまちであるため，それぞれの地域の自治体の情報を入手しておく必要がある。

将来空き家になることが想定されるもの（いわゆる「将来空き家」）に関するものも目立つ（14％）。市民が将来空き家となることが予想される不動産を持つことに対して不安を感じていることが窺えるとともに，現在の管理の仕方，売却・賃貸等の活用方法，将来の相続への備え等その多くは，司法書士が業務として日常的に受けている相談が多いと思われる。今後は，司法書士としても，空き家対策その他所有者不明土地等の問題及びそれらの問題に対する国の政策等を理解しつつ相談に応じる必要があると思われる。

③ 注目すべき相談として，「相続放棄をしたが，自治体から民法940条による相続放棄をした者による管理責任を指摘された」とするものがある。今後，この規定が問題になる事案が増加すると予想され，民法918条（相続財産の管理），940条（相続放棄をした者による管理）の整理が必要となると思われる。

②相談内容

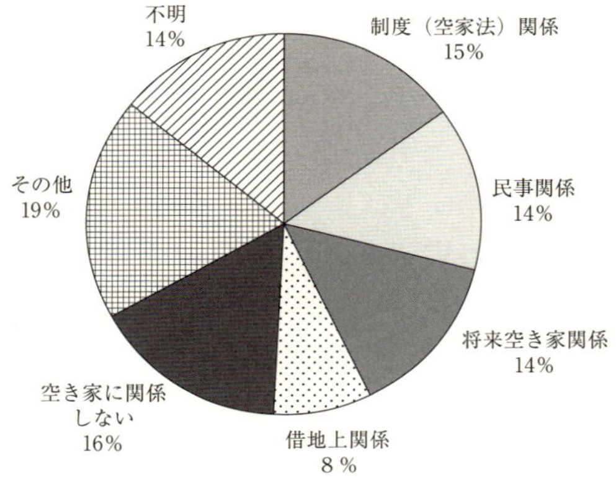

相談内容	件数
制度（空家法）に関するもの	14
民事関係に関するもの	13
将来空き家に関するもの	13
借地（使用貸借）上の空き家に関するもの	8
空き家に関係しない	15
その他	18
不明	13
合　計	94

《参　考》

民　法

（相続財産の管理）

第918条　相続人は，その固有財産におけるのと同一の注意をもって，相続財産を管理しなければならない。ただし，相続の承認又は放棄をしたときは，この限りでない。

2　家庭裁判所は，利害関係人又は検察官の請求によって，いつでも，相続財産の保存に必要な処分を命ずることができる。

3　第27条から第29条までの規定は，前項の規定により家庭裁判所が相続財産の管理人を選任した場合について準用する。

（相続の放棄をした者による管理）

第940条　相続の放棄をした者は，その放棄によって相続人となった者が相続財産の管理を始めることができるまで，自己の財産におけるのと同一の注意をもって，その財産の管理を継続しなければならない。

2　第645条，第646条，第650条第１項及び第２項並びに第918条第２項及び第３項の規定は，前項の場合について準用する。

（無主物の帰属）

第239条　所有者のない動産は，所有の意思をもって占有することによって，その所有権を取得する。

2　所有者のない不動産は，国庫に帰属する。

空き家問題１１０番　相談票

担当者		所属会	会	相談時間	：　～　：

★相談者について★

氏名	※受託司法書士紹介等、必要がある場合に記載	性別	男・女	年齢（又は年代）	歳（　歳代）
住所	※都道府県及び市区町村名は必ず聞き取る				
電話等連絡先	※継続相談、受託司法書士紹介等、必要がある場合に記載				
空き家との関係	□所有者本人（□相続人）　□所有者親族　□近隣住民　□活用希望者　□自治体職員　□その他（　）				
相談を知った情報源	□テレビ（　）　□ラジオ（　）　□新聞（　）　□その他（　）				

★空き家について★

空き家所在地		※都道府県及び市区町村名は必ず聞き取る			
所有者について		□本人　□不明　□相続人の一部が不明　□分かっている　□その他（　）			
敷地所有者		□本人　□不明　□空き家所有者と同一　□賃貸人　□その他（　）			
登記について		□不明　□現所有者名義　□被相続人名義　□その他（　）			
建物形態		□戸建住宅　□集合住宅　□戸建店舗　□集合店舗　□その他（　）			
空き家の状態	建物構造	□木造　□非木造（　）			
	建物	建築年数	年	空き家になってからの年数	年
		現状	□破損あり　□朽廃著しい　□倒壊寸前（□全体　□一部）　□ゴミ屋敷　□その他（　）		
		管理状態	□管理されている　□管理不十分　□管理放棄　□その他（　）		
		再建築	□可　□不可（原因：□接道　□越境　□その他　）　□不明		
	敷地	現状	□雑草等が繁茂　□ゴミ放置　□危険物放置　□その他（　）		
		管理状態	□管理されている　□管理不十分　□管理放棄　□その他（　）		
苦情の有無		□行政から　□近隣から　□なし　□その他（　）			
今までの相談先		□相談歴なし　□行政　□空き家の近隣者　□不動産業者　□建築業者　□弁護士 □司法書士　□土地家屋調査士　□解体業者　□その他（　）			
今後の希望		□売却　□賃貸　□寄付　□除却　□維持管理　□その他（　）			

No.

★相談内容★

【相談内容詳細】

空き家になった原因	□所有者死亡　□転居　□転職・転勤　□入院・入所　□不明　□その他（　　　）
管理できない理由	□高齢　□費用　□遠方　□遺産分割協議難航　□その他（　　　）
相続登記をしていない理由	□費用　□遺産分割協議難航　□必要性感じない　□相続したくない □その他（　　　）

相談結果	□相談のみ　□単位会紹介（　　会）　□自治体紹介　□その他（　　　）
相談票の取扱い	□担当司法書士に送付してよい　□送付しないでほしい　□その他（　　　）

★相談分類★

□活用型 □売買　□賃貸借　□除却 □その他（　　　）	□活用困難型 □買い手、借り手がいない □その他（　　　）	
□管理困難型	□近隣空き家型 □現所有者不明　（請求権　有り／無し） □現所有者判明　（請求権　有り／無し） □その他（　　　）	□その他 □相続　□空き家法 □その他（　　　）

※ 活用型・・・・・・・・　処分が可能と思われる空き家についてその処分方法や手続に関する相談
活用困難型・・・・・・　処分したいが、相手方を見つけるのが不可能と思われる空き家に関する相談
管理困難型・・・・・・　処分するつもりはないが、管理をするのが困難な空き家に関する相談
近隣空き家型・・・・・　近隣住民からの相談（所有者に対しての請求権の有無をチェックする）
その他・・・・・・・・　相続や空き家法等の制度に関する情報提供その他の相談

執筆者一覧

日本司法書士会連合会
空き家・所有者不明土地問題等対策部

井口　　学（神奈川県司法書士会）

今川　嘉典（石川県司法書士会）

河田　真一（大阪司法書士会）

佐藤　　剛（山形県司法書士会）

白井　聖記（静岡県司法書士会）

末光　祐一（愛媛県司法書士会）

（50音順）

Q&A空き家に関する法律相談
—空き家の予防から，管理・処分，利活用まで—

定価：本体3,200円（税別）

平成29年７月28日　初版発行

編　著　日本司法書士会連合会

発行者　尾　中　哲　夫

発行所　日本加除出版株式会社

本　社　郵便番号 171-8516
東京都豊島区南長崎３丁目16番６号
TEL （03）3953-5757（代表）
（03）3952-5759（編集）
FAX （03）3953-5772
URL http://www.kajo.co.jp/

営業部　郵便番号 171-8516
東京都豊島区南長崎３丁目16番６号
TEL （03）3953-5642
FAX （03）3953-2061

組版・印刷　㈱ 郁 文 ／ 製本　牧製本印刷 ㈱

落丁本・乱丁本は本社でお取替えいたします。

Printed in Japan
ISBN978-4-8178-4412-5 C2032 ¥3200E